NON-
TRADITIONAL
SECURITY

非传统安全概论

第三版·下卷

余潇枫 主编
魏志江 王 卓 副主编

图书在版编目(CIP)数据

非传统安全概论.下卷/余潇枫主编.—3版.—北京:北京大学出版社,2020.4
ISBN 978-7-301-30917-9

Ⅰ.①非… Ⅱ.①余… Ⅲ.①国家安全—高等学校—教材 Ⅳ.①D035.3

中国版本图书馆CIP数据核字(2019)第236884号

书　　　名	非传统安全概论(第三版·下卷)
	FEI CHUANTONG ANQUAN GAILUN(DI-SAN BAN·XIAJUAN)
著作责任者	余潇枫　主编
责任编辑	尹　璐　朱梅全
标准书号	ISBN 978-7-301-30917-9
出版发行	北京大学出版社
地　　　址	北京市海淀区成府路205号　100871
网　　　址	http://www.pup.cn　新浪微博:@北京大学出版社
电子信箱	sdyy_2005@126.com
电　　　话	邮购部 010-62752015　发行部 010-62750672　编辑部 021-62071998
印　刷　者	北京圣夫亚美印刷有限公司
经　销　者	新华书店
	787毫米×1092毫米　16开本　14.75印张　257千字
	2006年11月第1版　2015年10月第2版
	2020年4月第3版　2021年7月第2次印刷
定　　　价	42.00元

未经许可,不得以任何方式复制或抄袭本书之部分或全部内容。
版权所有,侵权必究
举报电话: 010-62752024　电子信箱: fd@pup.pku.edu.cn
图书如有印装质量问题,请与出版部联系,电话: 010-62756370

作 者 简 介

书序作者：王逸舟，男，1957年生于湖北武汉，现为北京大学"博雅特聘教授"、博士生导师，《国际政治研究》杂志主编、中国国际关系学会副会长。曾经担任中国社会科学院研究生院世界经济与政治研究系主任、教授，中国社会科学院世界经济与政治研究所副所长、研究员，《世界经济与政治》杂志主编，北京大学国际关系学院副院长。著有《当代国际政治析论》（1995）、《西方国际政治学》（1998）、《恐怖主义溯源》（2012）、《全球政治和中国外交》（2003）、《中国外交新高地》（2008）、《中国外交十难题》（2015）、《仁智大国》（2018）等作品。其系列著作《创造性介入：中国外交三部曲》，在国内产生广泛影响的同时，被译成英文、俄文、韩文、阿拉伯文、泰文等语种在海外出版。先后主持完成"中国与国际组织关系研究""中国与非传统安全""中国外交转型"等重大科研项目。迄今为止到过50多个国家及地区讲学访问。

主编、前言作者：余潇枫，男，1957年生于浙江宁波，哲学博士，浙江大学公共管理学院教授、博士生导师，浙江大学非传统安全与和平发展研究中心主任；哈佛大学、牛津大学、哥本哈根大学、维尔茨堡大学、比萨大学高级访问学者，兼任中国人民外交学会理事；主要从事哲学、伦理学、非传统安全理论研究。著有《哲学人格》《思想等式》《国际关系伦理学》《非传统安全与公共危机治理》等，合著有《非传统安全理论前沿》《中国非传统安全能力建设：理论、范式与思路》《边疆安全学引论》《人格之境：类伦理学引论》等；译有《国际安全研究的演化》《非传统安全研究导论》，合译有《女性主义与后现代国际关系》等；主编《中国非传统安全研究报告》蓝皮书、《非传统安全研究》《公共危机管理》及"非传统安全能力建设丛书""非传统安全与当代世界译丛""非传统安全与平安中国丛书"，执行主编"非传统安全与现实中国丛书"；发表《"类哲学"与人的现代化》《安全哲学新理念："优态共存"》《共享安全：非传统安全研究的中国视域》《从危态对抗到优态共存：广义安全观与非传统安全战略的价值定位》《和合主义："广义安全论"的建构与可能》《和合主义：国际关系理论的中国范式》《"认同危机"与国家安全》《重塑"安全文明"》等论文百余篇。主持国家社会科学基金重大项目"中国非传统安全威胁识别、评估与应对研究"、一般项目"中国非传统安全应对能力建设研究"等。

下卷第一章作者：余乃忠，男，1961年生于江苏盐城，哲学博士，长沙理工大学马克思主义学院教授、博士生导师，浙江大学非传统安全与和平发展研究中心兼职研究员。主要从事马克思主义哲学、人工智能哲学和类安全的研究。主持国家社会科学基金一般项目"习近平新时代中国特色社会主义思想的世界观与历史观研究"等各类课题10多项。主要著作有《后现代主义批判》《现代性批判》等；以独立作者或第一作者发表《人工智能时代人的对象世界与意义世界》《积极的"异化"：人工智能时代的"人的本质力量"》《自我意识与对象意识：人工智能的类本质》《大数据时代的实践论转向》《大数据时代的认识论重塑》《人工智能时代的中国机遇：第四次科技革命的领导者》等80余篇CSSCI论文。

副主编、下卷第二章作者：魏志江，男，1962年生于江苏淮阴，南京大学历史学博士，复旦大学历史地理研究中心博士后出站。曾任教于扬州大学，现任中山大学国际关系学院教授兼中山大学韩国研究所所长、博士生导师。台湾大学，韩国高丽大学、延世大学、建国大学以及日本东京大学客座教授或访问学者。主要从事中韩关系与朝鲜半岛、中日韩三国关系与东北亚国际关系和非传统安全研究以及东亚区域丝绸之路史研究。代表作有《中韩关系史研究》《"冷战"后中韩关系研究》《历史与现实：东亚三国国际关系形态论》《非传统安全概论（第二版）》《论中日韩三国的非传统安全合作及其趋势》等。主持有关朝鲜半岛和东北亚以及非传统安全威胁识别、评估与应对等国家社会科学基金重大项目、一般项目等课题。

下卷第二章合作作者：陈佳，男，1990年生于湖南凤凰，浙江大学公共管理学院与瑞典斯德哥尔摩国际和平研究所联合培养博士，湖南师范大学马克思主义学院讲师。主要从事非传统安全视角下的核安全、国际核不扩散与核战略、美国核政策研究。在《世界经济与政治》《美国问题研究》等期刊上发表有关核正义理论、核安全、美国核政策相关研究论文数篇。参与《非传统安全研究导论》一书的翻译工作。

下卷第三章作者：李志斐，女，1980年生于河北石家庄，法学博士，中国社会科学院亚太与全球战略研究院副研究员，硕士生导师。主要从事亚太地区非传统安全等相关领域研究。北京大学国际关系学院博士后，中国人民大学国际关系外交学博士。曾为日本早稻田大学、德国法兰克福大学、美国乔治·华盛顿大学访问研究员。主要著作有《水与中国周边关系》《国际河流河口：地缘政治与中国权益思考》《东亚安全机制构建：国际公共产品提供与地区合作》等；译著代表作有《红星照耀太平洋》等；代表性学术论文有《美国的全球水外交战略之探析》《气候变化与中国周边水资源安全》等。主持国家社会科学基金一般项目、教育部青年项目和博士后一等面上资助与特别资助项目等，参与多项科技部、水利部、外交部和环境部等国家单位委托的重大项目与课题，内部报告曾获习近平主席批示，以及获得多个中国社会科学院专攻信息奖。

副主编、下卷第四章作者：王卓，女，1965年生于重庆，教授，法学博士；公共管理学、边疆学博士生导师。四川大学中国西部反贫困研究中心主任。主持包括国家社会科学基金重大招标项目（子项目）、重点项目、一般项目，国家民委重点项目、中共中央对外联络部项目、文化部创新项目、四川省社科重大招标项目以及国际合作项目、国内地方政府委托项目60余项。在《经济学家》《中国农村经济》《社会科学研究》等公开发表论文70余篇。在社会科学文献出版社等出版专著8部。多份研究报告被采纳并被省部级以上领导批示。研究成果获得四川省政府一等奖1项，三等奖4项，是四川省有突出贡献优秀专家。任全国国际政治学会理事、中国社会学会社会建设专业委员会理事、中国扶贫基金会高级顾问、四川省社会学会常务理事、四川省人口学会常务理事、成都市社会工作委员会顾问。出访美国、瑞典、英国、法国、菲律宾、尼泊尔、孟加拉、蒙古等国开展国际学术交流。

下卷第五章作者：王晓丽，女，1977年生于宁夏银川，中国社会科学院博士后，法学博士，曾任社会科学文献出版社融合发展办公室主任，现就职于北京语言大学国别和区域研究院。主要从事中东地区政治与国际关系问题研究。主持国家社会科学基金西部项目"中东地区伊斯兰教派冲突研究"，在《现代国际关系》《和平与发展》等期刊上发表学术论文，并从2013年起连续参加《阿拉伯发展报告》的撰写工作。

下卷第六章作者：寿慧生，男，1971 年生于内蒙古集宁，政治学博士，北京语言大学国别和区域研究院研究员。曾在美国弗吉尼亚州克里斯托弗·纽波特大学任助理教授。主要研究领域为国际政治经济学、国际发展、比较公共政策、中美关系、地方治理与参与、非传统安全。出版独著 Globalization and Welfare Restructuring in China: The Authoritarianism that Listens（Routledge，2016），编著 Chinese Environmental Governance: Dynamics, Challenges, and Prospects in a Changing Society（Co-edited with Bingqiang Ren）（Palgrave Macmillan，2013），合著《创新与发展：乡镇长选举制度改革》。近期发表的中英文论文包括：《美国不平等的政治经济学分析》；Political Economy of Organizational Violence in Chinese Industry（Journal of Current Chinese Affairs，2016）；Globalizing the Chinese Social Assistance Program: The Authoritarianism that Listens?（International Journal of Chinese Studies，2016）；Between the Formal and Informal: Institutions and Village Governance in Rural China（China: An International Journal，2015）；Myth of the Chinese Exceptionalism: The Case of Social Protection in a Globalized Economy（Journal of Chinese Political Science，2013）。

下卷第七章作者：肖晞，女，1976 年生于吉林长春，法学博士，吉林大学公共外交学院院长，国家发展与安全研究院院长，匡亚明特聘教授、博士生导师。美国康奈尔大学访问学者，英国牛津大学高级访问学者，日本早稻田大学高级访问学者，兼任中国高等教育学会国际政治研究专业委员会副秘书长，中国政治学会理事，长春市青年联合会第十七届委员会副主席。国家"万人计划"青年拔尖人才，教育部"新世纪优秀人才支持计划"入选者，吉林省"长白山学者"特聘教授。主要从事中国外交与国家安全研究。主持国家社会科学基金重大专项工程项目"十八大以来党中央治国理政的外交思想创新与战略布局研究"、一般项目"维护我国海外利益研究"等。主要著作有《东北亚非传统安全研究》。主要中英文论文有《加强中国国家安全战略的思考》；《国际秩序变革与中国路径研究》；《构建中国特色大国外交理论体系的框架》；China's National Security: Strategic Challenges and Choices；Defining and Safeguarding Priorities in China's National Security 等70 余篇，多篇论文被《新华文摘》《中国社会科学文摘》等全文转载，多篇咨询报告获得国家部委、司局的肯定性批示。荣获吉林省第九届、第十二届社会科学优秀成果一等奖，吉林省第七届教育科学优秀成果一等奖等多项教学科研奖励。

下卷第七章合作作者：郎帅，男，1985 年生于河北沧州，法学博士，中国石油大学（华东）马克思主义学院讲师、硕士生导师。丹麦哥本哈根大学联合培养博士。主要从事国际政治和马克思主义中国化研究，长期专注于中国国家利益和中国海外利益研究。主持山东省社会科学规划项目"新时代习近平国家利益观研究"、青岛市社会科学规划项目"'双驱动'背景下的青岛市海外利益拓展战略研究"、中央高校基本科研业务费专项资金项目"'一带一路'语境下的中国海外利益维护研究"、中国石油大学（华东）科研启动经费资助项目"中国海外利益维护战略研究"等。主要著作有《东北亚非传统安全研究》（合著）等，在《学习与探索》《社会科学战线》《中国战略报告》等刊物发表学术论文、译文近 30 篇。

下卷第八章作者：樊守政，男，1974 年生于山东淄博，中国人民公安大学警务战术研究室副教授、硕士生导师，南京大学国际关系研究院博士研究生。主要从事国际反恐、反骚乱等非传统安全问题研究。代表性成果有：《2016—2017 全球恐怖威胁现状及未来发展趋势预测报告》《当前全球恐怖威胁新态势》《车臣反恐战略评析》《当前国际反恐行动的前景分析》等。

下卷第九章作者：陈锴，男，1978 年生于福建福州，经济学博士，厦门大学国际关系学院助理教授。浙江大学公共管理博士后，复旦大学政治学博士后。作为访问学者，在牛津大学、伦敦国王学院、新加坡国立大学、日本京都大学、瑞典隆德大学、卡迪夫大学、美利坚大学、泰国朱拉隆功大学和法政大学等国外高校进行访问研究。近年来，主要研究跨国有组织犯罪问题，以及中国与中南半岛国家的地缘文化关系。出版英文专著 *Comparative Study of Child Soldiering on Myanmar-China Border*：*Evolutions*，*Challenges and Countermeasures*（Springer，2014）；中文专著《中国与中南半岛国家地缘文化关系研究》《21 世纪初中国与中南半岛国家地缘经济关系研究：安全挑战与应对之策》；译著《告别霸权！——全球体系中的权力与影响力》《国际关系的文化理论》。代表性学术论文有《试析中国与中南半岛国家地缘文化关系面临的挑战及应对之策》《试析 21 世纪初金三角地区替代发展及其面临的挑战》。

下卷第十章作者：米红，男，1962 年生于山东青岛，工学博士，浙江大学公共管理学院教授、博士生导师。浙江大学人口与发展研究所执行所长，浙江大学人口大数据与政策仿真工作坊主任，浙江大学非传统安全与和平发展研究中心常务副主任，人力资源和社会保障部第一届和第二届专家咨询委员会委员。主要从事数理人口与社会政策仿真方法模型及应用研究。先后多次为国家发改委、人口计划生育委员会、国家统计局、国家人力资源和社会保障部及山东、浙江、福建、深圳、厦门、北京等政府部门从事"十五""十一五""十二五""十三五"人口规划和社会保障规划研究。获得国家及省级自然科学基金项目8项，国家和地方社会科学基金项目12项，教育部及教育部基地重大招标项目2项，国家有关部委和地方政府各类委托研究课题80余项；获得省部级奖22项，全军科技进步奖1项。发表中英文论文200余篇，主要专著有《基于人口、资源、环境约束的人口发展战略规划研究：以嘉兴市为例》《人口安全》（合著）、《加快建立覆盖城乡居民的社会保障制度设计与政策仿真》《海峡两岸农村社会保险理论与实践研究》《农村社会养老保险的模式识别方法技术与政策仿真》。

下卷第十章合作作者：马齐旖旎，女，1993年生于广西桂林，浙江大学公共管理学院非传统安全管理专业博士研究生。主要从事"一带一路"国际人口迁移与人口安全公共治理、社会保障政策仿真研究。参与国家发改委社会司委托的外交部亚专资项目"'一带一路'沿线亚洲国家人口国际流动迁移模式特征暨多边人口安全策略研究"，国家卫健委和国家发改委联合委托重大课题"中国妇女生育率水平、生育结构与生育模式变化研究"与"中国不同生育模式情景下发展态势比较研究"。

下卷第十一章作者：吴磊，男，1962年生于云南泸西，历史学博士，云南大学国际关系研究院教授、博士生导师。主要从事国际能源问题、中国石油安全以及中东问题研究，出版《中国石油安全》《能源安全与中美关系》等著作，在 OPEC Review、Far Eastern Economic Review、MEES 以及《世界经济与政治》《西亚非洲》等发表多篇论文。《中国石油安全》一书获第四届中国高校人文社科优秀成果一等奖。

下卷第十一章合作作者：曹峰毓，男，1991年生于辽宁阜新，法学博士，西北大学中东研究所讲师。主要从事非传统安全、能源政治研究。主持浙江省2011协同创新中心"非洲研究与中非合作协同创新中心"资助项目"非洲反政府武装与油气资源开发互动关系研究"等课题;在《西亚非洲》《国际论坛》《太平洋学报》等发表论文十余篇。

下卷第十二章作者:李英桃,女,1967年生于内蒙古丰镇,法学博士,北京外国语大学国际关系学院教授、博士生导师。北京外国语大学社会性别与全球问题研究中心常务副主任,北京市妇女理论研究会副会长。富布赖特学者,美国弗吉尼亚大学、英国拉夫堡大学、德国外交政策协会研究所、日本东京大学访问学者。长期从事社会性别与国际关系研究,主要著作包括《社会性别视角下的国际政治》《女性主义和平学》《女性主义国际关系学》(主编)、《性别平等的可持续发展》(合著,第一作者)、《社会性别视角下的全球环境问题研究》(合著,第二作者)等。获得"北京市教学名师""北京市优秀教师""北京市三八红旗奖章"等荣誉,第七届全国高等学校科学研究优秀成果奖获得者,2017年入选北京外国语大学卓越学术带头人。

下卷第十三章作者:孙吉胜,女,1971年生于吉林白山,法学博士,外交学院副院长,教授、博士生导师。兼任中国国际关系学会秘书长、中国国际法学会常务副会长、《外交评论》副主编。曾任哈佛大学国际事务研究中心研究员。长期从事国际关系理论、国际政治语言学、话语政治、中国外交等领域的研究,在外交学院创设了国内首个语言学与国际关系的交叉学科"国际政治语言学"博士点。著有《语言、意义与国际政治——伊拉克战争解析》(专著)、《国际政治语言学:理论与实践》(主编)、《"中国崛起"话语对比研究》(合著)、《互构与变革:中国参与国际社会文化体系进程研究》(合著)等,译著有《我们建构的世界》《作为实践的安全:话语分析与波斯尼亚战争》(合译)、《国际实践》(合译);在《世界经济与政治》《外交评论》《国际政治研究》等期刊发表《国际关系的语言转向与建构主义理论发展研究:以语言游戏为例》《跨学科视域下的国际政治语言学:方向与议程》《传统文化与十八大以来中国外交话语体系构建》《改革开放以来中国国际关系理论发展:话语、实践与创新》等数十篇学术论文。主持、参与多项国家级及省部级项目。

下卷第十三章合作作者:郑世高,男,1976年生于山东日照,法学博士,中国石油大学(北京)教师,中国国际能源舆情中心研究员,麦考瑞大学访问学者。主要从事国际政治语言学、国际能源安全话语领域的研究。主要著作有《英语语言与功能研究》(合著)、《美国能源政策——历史、过程与博弈》(译著);发表《中国能源安全的话语建构》等论文。

序

大背景　新趋势

20世纪给人类留下许多重要遗产。无论从什么角度观察，这些遗产也是今天的非传统安全研究者无法回避的大背景，其中一些遗产更可能预示未来的趋势：

1. 两次世界大战，当然是20世纪最具有悲剧性的事件。它们以全球范围的战争对抗形态，先后造成数千万人命的丧失。但是，从另一方面讲，正是这种史无前例的恶果，使得各国决策者和公众比以往任何时候都更加懂得现代战争的残酷性，更加珍惜来之不易的和平局面。二战结束至今，大规模战争逐渐减少，尤其是重要国家的全面军事对抗受到更多内外约束；用大战方式解决问题的传统思维，逐渐让位于用综合手段处理严重事态的新战略。我相信，在21世纪国际关系里，战争和军事的权重将逐渐下降，而外交、法律等非军事手段的重要性在各国决策日程里会不断上升。

2. 高强度战争发生的可能性下降，这直接与20世纪前叶核武器的发明有关。正如爱因斯坦指出的那样，科学技术既可造福人类，也可摧毁人类。核武器的出现展示了这种双重性。自二战期间美军在日本广岛、长崎使用这一可怕的大规模杀伤性武器之后，世人目睹了它的巨大威力，见证了"核禁忌"的逐渐形成。迄今为止，对于正常国家而言，拥有核武器主要是为了防卫或威慑，而很少考虑用于实战。非万不得已，没有哪个理性国家会把它投入使用，因为这不仅将彻底毁灭对手，也可能使自身陷入难以预料的可怕境地。何况，这种高科技武器通常只有强国、大国才掌握，它事实上决定了大国间冲突的有限性。

3. 20世纪后半期，全球态势里出现一种特殊的冷战局面。美国、苏联之间始终保持着"核恐怖平衡"，维系了大国间无热战的态势。但是，与此同时，它们四处制造"代理人之战"，把世界分割成分立对峙的两块，还在长期的国际关系和外交实践中催生了一种简单僵化的"冷战思维"，即凡事非此即彼、总有你死我活，任何问题都潜含对抗性的逻辑。国际冷战结构及其思维定式虽然在20世纪最后一段时间遭到破解性冲击，但它根深蒂固，并未彻底被根除，其遗毒至今残存在国际安全和大国关系的不少角落，危害着人类和平与进步的事业。

4. 二战结束时最重要的国际成果，当属联合国体系的诞生。与一战结束时的国联及其法律不同，《联合国宪章》及其制度框架在其产生后的岁月里，呈现由弱到强、由点到面、由单一到复式的积极演进。发展到今天，联合国虽然没有常备军，预算主要来自成员国的捐赠，但其处于上升之中的道义权威和全球影响力已使它成为当代国际关系和世界外交领域不可忽略的重要力量。联合国的成长，也加快了各种国际规范和国际法的全球铺展。今天，可以不夸张地讲，世界政治里面尽管没有单一的、强力的政府权威，却有这样那样、有形无形的规则在支配各国和世人的思想行为。

5. 20世纪的另一重大遗产，是社会主义制度的实验。这个由马克思启迪的反资本主义旗帜和革命进程，从思潮、运动直至社会制度，一度延展到地球各主要大洲，所到之处摧枯拉朽。但是，到20世纪最后一二十年，随着苏联解体、东欧剧变，它又迅速衰败萎缩，直到中国、越南等国共产党推行改革开放路线后才重现生机。21世纪初期，随着以资本流动为核心的全球化进入相对低迷的周期，世界各地的社会主义和社会民主主义力量再度活跃。不管怎么说，社会主义的大起大落和它今日呈现的多样发展分支，是值得历史学者分析总结的现象，是新的国际格局演化的主要动能和变量之一。

6. 自20世纪中期开始，尤其到后半叶变得明显的是，一个被称作"经济全球化"的进程不断加速，它对国际关系的影响和塑造达到前所未有的程度。全球化并非始于20世纪，它与资本主义在欧美的勃兴相伴而生，近几十年通过全球贸易、全球金融、全球投资和全球性的人口流动等方式，加强带动全球范围的就业、脱贫、经济增长、各区域经贸一体化等事业。在此过程中，经济的全球化进程逐渐外溢为全球性的政治议题与努力、全球性的安全挑战与机遇、全球性的机制与工具、全球性的伦理与价值等，它们共同构成了国际舞台上最主要的场景。

7. 与上一点相关联，在20世纪最后一段时期，以互联网为代表的新技术革命开始发力，对人类生活和各国关系产生了重大的冲击。传统的国家权力受到广泛侵蚀，越来越难于保持垄断地位；拥有新技术、新媒体、新知识、新手段的各种非国家行为体（包括个人经营者和新型恐怖势力）和跨国机构，充分利用了互联网带来的机遇；以国家间交往为主体的国际政治逐渐朝着多角色和多取向的、相互联系又彼此制约的世界政治演化。技术进步不仅比以往任何时候都更深刻地影响人们的日常生活，也潜移默化地改变着"高大上"的国际关系格局。

8. 20世纪后期的另一伟大遗产，是区域一体化进程。它的最早模式是欧共体和欧盟，出现在世界上最早开始工业化和现代化的地区西欧。首先，区域内各国经济贸易的深度融合。其次，这种融合外溢到外交、防务、政治、法律各领域并形成主权国家间的某种共同体，之后成为世界的一极且产生广泛的示范效应。时至今日，可以说，整个世界已是"地区组成的世界"，哪怕各个区域一体化的理念、路径、深度和效果有很大差异。大体上讲，越是先进的地区，一体化的水平越高，治理区内各种重大问题的集体努力越是明显，区内各国民众对应对全球性挑战的必要性及难度越是感知强烈。

9. 社会世界的崛起，也可算作20世纪后半叶最了不起的结果之一。纵观世界史，在以往的绝大多数时期和绝大多数国家里，人民只是奴隶、臣民或"百姓"，而不是城市居民，不是拥有权利意识的公民，不是拥有财产处分权和政治投票权的"社会者"。但是，在最近几十年的世界政治实践及理念中，人民主权范畴越发广泛并得到应用，国家的专制权力受到更多约束，全球治理的参与者变得丰富多样并各施其能，这使得"经济世界"和"政治世界"之外站起了一个新的"社会世界"。能否看到和恰当面对"社会世界"，不管在什么地方、以什么表现形式，是区别新旧时代国家机器的显著标尺之一。

10. 20世纪产生了许多新的科学思维，它们有助于理解更加复杂且不断变动的世界。从国际政治和安全角度讲，例如，爱因斯坦的广义相对论冲破了牛顿力学的机械定理画面，启示研究者在可视的场域之外观察事物的变化和延展性；耗散结构理论强调，一个非线性的开放系统，通过不断与外界交换物质和能量，在系统内部某个参量的变化达到一定的阈值时，系统通过涨落可能发生突变，由原先的混沌无序状态转变为时间、空间或功能上的有序状态；量子力学和不确定性原理则教会我们，物质或能量的最小单位既是粒也是波，我们所观察到的东西不可能百分白精准，有的只是概率、倾向、或然率，因而不确定性是必然的。

梳理这些遗产，我想说明的是，今天的非传统安全研究看似在探讨各种新的威胁及应对的新思路，实际上这些"新"并非无源之水、无本之木。分析工作应当既保持开放性和进取心，又认真从历史汲取借鉴和智慧，特别是从20世纪学到不应遗忘的东西。特别让人欣慰的，是看到近年来以《非传统安全概论（第三版）》为代表的一批中国学者理论建构成果的涌现及其背后的深远意义。某种程度上，它对前面我所提到的一些大背景、新趋势作出了部分回应，从不同侧面折射出中国学者在21世纪前沿领域的积极探索。在此要向潇枫主编及其他作者致以祝贺与敬意！

王逸舟

2019年4月于北京

前言

人类的下一个危机是什么？

（一）

全球化给人类带来了"共享"文明进步的便利，也给人类带来了"共担"危机灾难的可能，"安全共享"与"风险共担"是深度全球化时代的一个典型特征。随着当今世界不确定性的增大，逆全球化现象不断从经济领域扩展到社会、政治、环境、文化等领域，在给人类社会带来普遍危害的同时，也让有识之士对全球化进行更深入的理性反思与更深刻的价值选择，有的认为这是"全球化的逆转""全球化的挑战""全球化的挫折"；有的认为这恰恰是"再全球化"的开始，是一种"选择性全球化"的到来，是"替代型全球化"向"互补型全球化"的回归；还有的认为这是"中国式全球化"的大好机会，等等。事实是，全球化的浪潮与逆全球化的回波共同推动着全球化向"深度"发展。

德国社会学家乌尔里希·贝克（Ulrich Beck）说，我们迎来的是一个从"我饿"转向"我怕"的"风险社会"；英国社会学家安东尼·吉登斯（Anthony Giddens）说，这是一个人类自己制造的"高风险社会"。无论是全球生态危机还是全球认同危机，直接产生于周遭世界的"不对称威胁"越来越使人类深陷于"生存性焦虑"与"本体不安全"之中，"危机常态化"似乎成了世界的生存现实。20世纪我们经历过两次世界大战的悲剧与"确保相互摧毁"的冷战恐惧，曾任哈佛大学教授、福特汽车公司总裁、美国国防部部长及世界银行行长的罗伯特·S.麦克纳马拉（Robert S. McNamara），在其书中写下这样一段话："亲身经历促使我反思：20世纪出了什么错，导致一些人对另一些人进行彻底的大屠杀，我们可以做些什么事情来避免这样的事再一次出现？"[①] 21世纪我们仍然面对一个绕不开的挑战性问题：人类的下一个危机是什么？

---

① 〔美〕罗·麦克纳马拉、詹·布莱特：《历史的教训：美国国家安全战略建言书》，张立平译，世界知识出版社2005年版。

当今时代，我们所面临的非传统安全威胁已经超越了任何传统学科或单一学科的"界限"，探讨"人类的下一个危机是什么"，必须要有多学科、跨学科甚至全学科的视野对其进行审视并寻找治理良方。然而，德国学者海拉德·威尔则（Harald Welzer）却指出，社会科学与人文科学对气候和环境变化导致的社会后果的研究几乎是"一片空白，仿佛社会秩序崩溃、能源矛盾、大规模移民、安全威胁、恐惧、极端化反应、战争和暴力经济等问题都不属于它们的研究范畴。从学科历史的角度看，世界范围内的生存环境发生变化，这一明显具有学术研究价值的情况，会像现在这样遭到社会科学与人文科学的漠视，也真是前所未有。这说明，人们既不具备决断力，又丧失了责任感"[①]。

"人类的下一个危机是什么"可以说是"人类社会最宏大和最重要的问题，而政治家必须在结果难料的情况下做出应对挑战的决策"[②]。非传统安全问题带来的"共同威胁"，激发了"人类只有一个地球""地球是人类的太空救生艇""各国共处一个世界"等与全球生存紧密关联的意识，改变着各国的安全理念与安全环境，使得越来越多的国家开始把非传统安全置于国家安全方略的重要位置，并把国家间应对非传统安全威胁的合作及全球各国共同行动视为拯救世界的重要方面。我们可以设问：如果各国不在"人类命运共同体"的共识下联合起来，人类如何能应对艾滋病、重症急性呼吸综合征（SARS）、禽流感、埃博拉出血热以及让整个世界恐慌的新冠病毒疫情等快速跨境扩散的传染病？如何能应对海盗、走私、贩毒等跨国有组织犯罪？如何能走出气候变暖、生态危机等全球困境？如何能有效治理世界性的恐怖主义威胁、金融危机、难民危机、人口危机、粮食危机、水资源危机等普遍难题？这一切都需要我们反思与提升传统的安全理念，总结与学习不同国家在应对非传统安全危机中形成的知识、经验与行之有效的政策，超越学科边界，共同建构非传统安全理论。

目前，非传统安全议题在各国无论是政界还是学界均备受关注，非传统安全研究不仅方兴未艾，而且正在走向"制度化"，在中国还发展为一门"显学"。在世界范围内，开设非传统安全研究课程的高等学府日益增多，如英国牛津大学圣安东尼学院在硕士生的国际关系理论研究课程中有"非传统安全"

---

① 〔德〕海拉德·威尔则：《不平等的世界：21 世纪杀戮预告》，史行果译，中国友谊出版公司 2013 年版，第 27 页。
② 〔美〕亨利·基辛格：《世界秩序》，胡利平、林华译，中信出版社 2015 年版，第 491 页。

专题；美国哈佛大学肯尼迪政府学院在"国际关系与外交"课程中有"非传统安全与外交"专题等。另外，众多高校也相继开设了与非传统安全专题相关的课程，且各有名目。例如，在美国，哈佛大学开设有"国家与国际安全研究"，耶鲁大学开设有"环境政治与法律"，麻省理工学院开设有"信息安全""核反应堆安全""安全理论""生物安全"，达特茅斯学院塔克商学院开设有"气候变化与商机"。在英国，伦敦大学首创了"能源与气候"硕士课程。在新加坡，南洋理工大学的非传统安全研究中心已经形成了亚洲智库联盟，出版了大量的研究成果，召开了多届非传统安全研究亚洲共同体年会。在中国，教育部专门发文要将"国家安全学"设为一级学科，并要求加强大中小学的国家安全教育，要在大学专门为国家安全设置学科与培养人才。如今，浙江大学、华中科技大学设有非传统安全管理的博士与硕士学位点，塔里木大学、上海社会科学院、四川大学、西南政法大学、浙江警察学院设立了关于非传统安全的"研究院""研究中心""研究所"，北京大学、中山大学、中国人民公安大学、重庆大学、西安外国语大学、浙江财经大学等高校也开设了非传统安全的课程或专题。另外，《国际安全研究》《浙江大学学报（人文社会科学版）》设有"非传统安全研究"专栏。

教育是面向现实、服务现实的，更是面向未来、服务未来的。国内外在教育活动中对非传统安全给予的极大关注，既表明了人类对非传统安全现实问题的自觉反思，也表明了非传统安全问题对人类生存与发展已经带来的普遍挑战与治理压力。同时人们也更加清晰地认识到，人类的生存和发展与"安全"紧紧缠绕，新型的"生存安全"与"发展安全"问题将不断涌现，"可持续发展"与"可持续安全"正在成为各国政府与超国家组织之重大决策中的首要议题。与此相应，"非传统安全"作为一种普世的话语正在改变人们对安全的传统认知，形式多样的非传统安全合作正被各国政府重视与推进。同时，越来越多的学者正以跨越学科、领域、国界的方式介入非传统安全的研究与教学，并且随着研究与教学的深入，与非传统安全威胁紧密相关的"人类的下一个危机是什么"的问题正在被不断地思考与揭示。

（二）

《非传统安全概论》是目前国内外首本关于非传统安全理论研究的通用性教材。2004年，浙江大学在国际政治专业开设了"非传统安全概论"课程，经过近三年的教学实践，《非传统安全概论》（作为王逸舟主编的"国际关系学前沿教材丛书"之一）于2006年11月问世。又历经九年的教学实践与理论研究（特别是2006年年底浙江大学成立"非传统安全与和平发展研究中心"以及后续开展的一系列学术活动，如2008年浙江大学在"公共管理学"一级学科下设立"非传统安全管理"二级学科博士点与硕士点，2012年起逐年出版非传统安全蓝皮书《中国非传统安全研究报告》），2015年出版了《非传统安全概论（第二版）》。又经过5年的研究积累与教学实践探索，全新的"第三版"（上、下卷，上卷又名《世界为什么不安全》，下卷又名《人类的下一个危机是什么》）与读者见面了。之所以用"全新"来概括，是因为"第三版"的时代背景、社会发展、理论语境、理论基础、体系结构、内容重点等均与"第二版"有了很大的不同，且运用了"新形态教材"的形式，特别是撰写"第三版"的作者队伍从"第二版"的12位扩展到了25所不同著名高校与研究机构的34位，这意味着非传统安全教学将在更多的高校展开，今后还将会有更多研究者参与教材的更新与完善。一个基于非传统安全教学与研究的共同体正在成长。

与"第一版""第二版"相比，"第三版"有了全新的体系结构。

"第一版"的结构分为三个模块："理论基础""领域分析""应对方略"。"理论基础"主要是对安全、安全研究和非传统安全的阐述；"领域分析"主要是阐明"人的安全""生态安全""经济安全""文化安全""信息安全""国际安全"等领域的非传统安全问题；"应对方略"主要是介绍非传统安全维护的国际多边合作、地区与国家方略等。

"第二版"的结构分为四个模块："理论语境""理论基础""层次分析""专题研究"。"理论语境"包括"类生存"与"类安全"的时代性标志，传统安全和非传统安全的基本内容、历史转型、相互比较；"理论基础"包括"场域安全"与非传统安全威胁的分类、西方非传统安全研究的演进与流派、非传统安全研究"中国学派"建构的社会背景与中国学者们的理论努力；"层次分析"包括全球层次、区域层次、国家层次的非传统安全问题分析，同时探讨了"人的安全"与"边疆安全"的维护；"专题研究"包括作为"国际热点"的恐怖主义威胁、作为"地区难点"的跨国有组织犯罪威胁和作为"中国看点"的"一带一路"倡议与非传统安全治理。

"第三版"分为上卷（理论卷）和下卷（案例卷）两大板块。"第三版"上卷（理论卷）的结构可分为三个模块："问题语境""理论基础""层次分析"。"问题语境"以全球化与逆全球化相冲撞为背景,探讨了深度全球化的运演特征;与之相应,对非传统安全挑战的国际语境与中国语境作了更为深入的考察。在"理论基础"模块,增加了"非传统安全威胁评估"作为独立一章;深化了作为非传统安全新视角的"场域安全"的阐述;新增了西方传统安全研究的"扩展—深化";整合了西方非传统安全研究的理论流派;针对中国非传统安全研究的历史演进、理论建构、范式探索、古今比较、外交途径等内容,分别在"和合主义"与"共享安全"之"中国范式"的框架下作了诸多新的阐述。"层次分析"模块的结构基本与"第二版"相同,但在观点阐述、材料选取、方略思考等方面进行了深化,并增加了"联合国与非传统安全治理"作为单独一章。同时,"第三版"还增加了下卷(案例卷),主要以人类命运共同体为视角,对人类现有的非传统安全威胁与危机作了重点的特征与趋势分析,涉及主题相当广泛,有人工智能危机、核危机、水危机、贫困危机、难民危机、种族冲突危机、恐怖主义危机、跨国有组织犯罪威胁、话语危机、人口危机以及非传统安全与女性安全等,其中对恐怖主义危机着重以两章的篇幅予以特别重视。尽管"第三版"在体系结构、知识模块、逻辑进路与案例研究等方面进行了全面的改写,但是为了与"第一版""第二版"相契合,"第一版""第二版"中的部分核心内容仍被保留在了"第三版"的相关章节之中。

(三)

"第三版"通过上卷(理论卷)和下卷(案例卷)的形式,力求体现非传统安全学术研究与教学实践的前沿性与创新性,特别是下卷又取名《人类的下一个危机是什么》,在注重理论性的前提下,凸显了其可读性与应用性。较之"第一版""第二版","第三版"的"学术性教材"特色没有变,而且对"教"与"学"提出了更高的理论要求,或者说"第三版"除了适合大学高年级学生和研究生学习,还适合非传统安全研究的爱好者以及广大干部与公务员进行专门化学习。

值得一提的是,面对"非传统安全与人类危机"的思考,"第三版"除了在中国视角、中国理论、中国话语、中国方案上着力之外,还以人类命运共同体为价值导向,对人类种种现有的和可能有的危机进行了全面的探讨。在中国新建构的国家安全体系中,安全领域众多,包括政治安全、国土安全、军事安全、经济安全、文化安全、社会安全、科技安全、信息安全、生态安全、资源安全、核安全、生物安全以及国民安全等，其中大多属于非传统安全的范围。当然，还可以列出更多的没有进入国家安全体系的非传统安全领域，如食品安全、公共卫生安全、海洋安全、太空安全、极地安全、海外利益安全等。为此，"第三版"在引介西方非传统安全研究理论的基础上，努力总结、提炼中国学者的非传统安全理论，并尝试以一种体现中国思想渊源的"和合主义"范式、"共享安全"和"优态共存"的广义安全观，探究全球安全、国际安全、国家安全、社会安全、人的安全、边疆安全的"中国方案"。基于此，"第三版"还尝试提供一个较合理的体系性的解释框架，以期有助于学习者对非传统安全理论进行总体性的把握。

除了内容上的完善，"第三版"在形式上也进行了革新。"第三版"上、下卷的总字数并未比"第二版"的单卷本多很多，一方面是作者们进行了文字精练的工作，另一方面是引入了"二维码"的手机阅读模式，把大量的个案、引介性材料、展开性内容以及相关的链接均置于"二维码"阅读材料中。读者只要用手机扫一扫，就可以进一步阅读与本书相关的重要概念的诠释与重要主题的拓展。这也是北京大学出版社为新形态教材所努力作出的一种创新。

（四）

本教材的宗旨是：以全球与未来的视角，反思当下人类面临的种种非传统安全威胁；以问题的求解为导向，设计国泰民安与世界和谐之良方；以理论与实践的结合为要旨，培养具有领袖素质的非传统安全管理领域的高级人才。

然而，非传统安全课程的教与学要取得成功还面临一些困难。探讨全球性非传统安全问题，特别是探讨"人类的下一个危机是什么"，远远超出了一般学习者或学生的视野与体验。我在浙江大学开设非传统安全课程有16个年头，除了非传统安全管理专业硕士生、博士生学位课"非传统安全管理 I""非传统安全管理 II"，还在公共管理学院的研究生选修课、行政管理专业的高年级本科生选修课、全校性核心通识课中开设非传统安全课程，颇受学生欢迎，教学收获也不少。特别是近几年中山大学在本科生和研究生中开设非传统安全课程很成功，在学生的各类课程评教中一直名列前茅。但是，从知识响应与能力提升的角度看，该课程的开设总体上并不是很成功。巧的是，北京大学查道炯教授曾与我谈起他在北京大学开设非传统安全课程并非很成功的同感。他认为，主要原因有三：一是高校学生缺少社会经历，进入大学后，个人安身立命的理想尚未牢固确立，就被要求思考人类的命运，有些为时过早；二是高校学生没有跨专业基础，低年级学生尚未进入专业课学习阶段，高年级学生和研究生缺乏跨学科意识与基础，而非传统安全研究是跨学科、跨领域的，往往难以深入；三是高校学生多缺乏方略性思考的训练，而非传统安全挑战的应对与全球治理的思考需要有宏大的战略眼光与处理社会复杂危机的知识储备，这让在校学生似乎难以响应。

尽管如此，我仍充满信心。在"后喻文化"中，年轻的一代有更多值得我们学习的东西。随着深度全球化时代的到来与"人—机"一体化进程的加快，学生们的学习能力与信息处理能力是强于我们这一代的。在信息化的情境中，他们能以自己的方式，快速进入非传统安全研究的学术殿堂。我相信他们能通过多途径的"边学习、边模仿、边实践、边创造"的方式，完好地交上一份"人类的下一个危机是什么"与"如何应对人类的下一个危机"的优秀答卷。

2019年5月1日一稿
2020年4月16日二稿
于求是园石流斋

目 录
Contents

第一章 人工智能危机：非传统安全威胁的"最后一极" 001
    第一节 人工智能危机的来袭：人类进化的非传统"奇点" 001
    第二节 人工智能危机的本质：人类中心主义的终结 006
    第三节 人工智能危机的应对：打开人的本质力量 009
    第四节 人工智能危机的中国机遇：第四次科技革命的领导者 012

第二章 核安全危机：生存还是灭亡 018
    第一节 核安全危机：人类难以承受之重 018
    第二节 核安全危机：历史与现状 022
    第三节 核安全危机的治理：理念与机制 026

第三章 水危机：人类何去何从 035
    第一节 水危机的红色警报：逐渐干枯的地球 035
    第二节 水危机的现实与前景：动荡的世界 040
    第三节 水危机的应对：合作与治理 043
    第四节 中国方略：绿色治理与人类命运共同体 046

第四章 人类贫困危机："森指数"与代际传递 050
    第一节 贫困测量及类型 050
    第二节 长期贫困与暂时贫困 055
    第三节 贫困代际传递与长期贫困测量 058

第五章　难民危机：基于全球的视角　064
第一节　难民危机的爆发：回不去的家园　064
第二节　难民危机的现实：接纳与排斥　069
第三节　难民危机的应对：国际合作与大国作为　072
第四节　中国应对：道义优先与现实困扰　075

第六章　族群冲突危机：何时和解　078
第一节　族群冲突与族群和解的非传统安全分析　079
第二节　卢旺达族群和解的实践　083
第三节　国际比较视角下的族群和解：新加坡　088
第四节　新加坡模式与卢旺达模式的比较　091
第五节　族群冲突的全球趋势及对中国的借鉴意义　093

第七章　"独狼"恐怖主义：公民安全的新威胁　097
第一节　恐怖主义进入新时代："独狼"恐怖主义的理论阐释　097
第二节　世界安全天堂的沉沦："独狼"恐怖主义笼罩的西方　102
第三节　黑暗之处的敌人：西方应对"独狼"恐怖主义的方略　105
第四节　未来闪耀于东方：中国应对"独狼"恐怖主义的启示　109

第八章　恐怖主义危机：现实与趋势　113
第一节　全球恐怖威胁现状分析　113
第二节　全球恐怖主义驱动因素及其社会危害　118
第三节　未来恐怖主义的趋势预测　123

第九章　跨国有组织犯罪与认同危机　129
第一节　什么是跨国有组织犯罪　131
第二节　亚洲跨国有组织犯罪引发的认同危机　135
第三节　如何应对亚洲跨国有组织犯罪存在的认同危机　139

第十章　人口危机：人类将走向灭绝吗　　147
第一节　全球人口危机的前世今生　　147
第二节　人口危机"祸福相依"？　　151
第三节　人口危机与国际应对　　154
第四节　"渐富快老"与中国治理　　157

第十一章　能源安全危机：生存性焦虑　　163
第一节　能源危机的历史与能源安全概念的演进　　163
第二节　对能源安全的多维理论探讨　　170

第十二章　非传统安全与女性安全　　178
第一节　社会性别与女性安全　　178
第二节　传统安全、非传统安全与女性安全　　185
第三节　女性安全与其他非传统安全议题的交叉互动　　190

第十三章　话语危机、安全化与应对　　194
第一节　何谓话语危机？　　195
第二节　话语危机、危机结果与相关政策　　199
第三节　话语危机对中国对外宣传的启示　　203

后　记　　210

第一章 人工智能危机：非传统安全威胁的"最后一极"

> **导读**
>
> 如果说 18 世纪蒸汽机的发明是帮助人类超越体力边界，那么人工智能（AI）则是 21 世纪帮助人类超越了智力的边界。历史辩证法再一次得到验证：进步进一寸，危险进一尺。人工智能危机不同于历史上所有的传统危机和非传统危机，它是人类物种本身面临的危机，它似乎把危机推到人类历史的"最后一极"。人工智能改变一切，人类也要改变人工智能。人的本质力量的发挥是解开人工智能危机的密钥。在第四次科技革命来临之际，中国具有稳定的发展环境、科学坚定的政策支持和相当丰厚的人才储备，必将迎着科技革命而上，实现全面赶超。目前，中国在智能制造、区块链、服务器、数据中心、电子商务网络等领域的成绩引人瞩目，但对于人工智能危机又不得不提前预警预防。

第一节 人工智能危机的来袭：人类进化的非传统"奇点"

原分布于俄罗斯南部、蒙古国及中国新疆北部，现仅见于俄罗斯的高鼻羚羊（*Saiga Tatarica*）是地球上数量减少最快的大型哺乳动物，由于其极高的药材价值而被人类（因为利益的驱使）大量捕杀，迄今已减少 95%，已濒临灭绝，处于极危等级。高鼻羚羊是冰河时代的物种，曾和猛犸象同时存在。猛犸象的灭绝是地球生物进化的一个"奇点"，这是因为：（1）猛犸象种群的灭亡标志着冰河时代的结束，从此全球性气候变暖，曾覆盖北半球大部分地区的冰川急剧消融。（2）人类与猛犸象是同期进化的物种，由于人类的进化路线的特殊性，人类智力发展超过了猛犸象。人类与猛犸象从开始的和平共处到后来人类学会了使用火攻和集体协同去捕杀猛犸象，构成了猛犸象灭绝的主要原因之一。从此，地球陆地再也没有出现过类似体量的大型动物。

所谓奇点，在数学上是指除数不能为0的点，即在一个形如"1/x"的函数中，当x无限逼近0的时候，这个函数的取值将趋向无穷大的点。奇点在数学上也被指复变函数中函数不解析的间断点，即光滑的曲线或平面（光滑函数）上一个突起来的点，它破坏了该函数的可微性。在物理上，奇点是指宇宙大爆炸之前宇宙存在的一种形式。它具有一系列奇异的性质，无限大的物质密度、无限弯曲的时空和无限趋近于0的熵值等。超大质量的恒星濒死时的引力坍缩的最终结局也被称为"奇点"，即黑洞。不难看到，奇点是指一个系统的临界状态。宇宙、地球、人类经历了无数次奇点，但人工智能的来临是地球和人类进化的"非传统"奇点，因为它将彻底改变人类迄今为止的知识系统和物种的序列。

一、人工智能时代："非传统安全"的极限

人工智能给予人类带来前所未有的"智慧生活"的同时，也把人类抛入前所未有的危险之中。对于人类来说，人工智能危机作为"非传统安全威胁"不仅与"传统安全威胁"完全不同，也将与一切现有的"非传统安全威胁"相去甚远。和战争等"传统安全威胁"以及核危机、环境污染、暴恐等"非传统安全威胁"一样，人工智能危机也是人类的创造物，但与一切"传统"与"非传统"安全威胁不同的是，它把危机推向极致，被称为"非传统安全威胁"的"最后一极"。

人工智能危机被称为人类"危机的极致"可以从两个方面来理解：

（1）人工智能危机给予人类的"危害"将超过人类历史上所有的危机。传统的危机尽管可以分为各种类型以及以不同形式危及人类的生存，但始终没有动摇人类在食物链和智力链顶端的位置，从而没有改变人类中心主义的地位。而人工智能的快速发展不仅剥夺了人类的"劳动权""隐私权"和"遗忘权"等众多权利，还会剥夺人类的"地球生物圈的主导权""生命的完整性""物种的至上性"，甚至会剥夺人类面对危机的"提问权""解释权"和"化解权"。

（2）过去的所有传统安全威胁与非传统安全威胁带来的危机都会在人工

智能环境下得到降解或逐步退却。地震、海啸、疾病等自然灾害会在人工智能技术的新框架内得到根本性解决。战争、恐怖主义和阶级矛盾也会因为生产力和生产关系的重大变革而得到缓解，以至于最后得到消解。

人工智能危机被称为"非传统安全威胁"的"最后一极"，并不意味着以后地球和人类不再有其他危机，而是指以后的危机不再是人类的危机或人类单独的危机。人工智能时代，地球还会遇到与其他星球的相撞、外星人的入侵等更加令人恐怖的危机，但这些危机降临的可能和速度同人工智能危机相比，还很微小。不仅如此，更为重要的是，随着人工智能的日益强大，它有能力帮助人类或代替人类从容化解这些危机，使今天人类视野中的"巨大危机"在未来转化为"地球解放"的"巨大机遇"。因此，化解人工智能危机就是化解人类未来"全部危机"的钥匙。

二、弱人工智能的危机：知识的生产、传播与应用的重大变革

人工智能的自然发展经历了从沉寂到爆发的特殊过程，并正处于从弱人工智能向强人工智能的历史跨越期。所谓弱人工智能就是尽管智能化程度相比过去快速提升，知识的生产、组织、传播和应用方式发生重大变革，机器人在公共领域承担越来越多的工作，但仍然属于自动化或专家系统范畴，机器人本身并没有自我意识。目前的智能生产、智慧生活都属于弱人工智能。弱人工智能给人类带来巨大"进步"的同时，也悄然埋下了巨大的隐患和危险，其中某些方面已被公众察觉，但更多方面尚未被注意。

智能化生产是智能时代最鲜明的特征，不仅生产过程智能化程度高，产品也更为智能并服务智慧生活。高自动化的生产结构必然带来人工的减少。没有人工就没有智能，而有了智能则减少了人工。低端劳动岗位被机器人代替后，低端劳动力将会变得多余和被排挤。高端劳动力也有被机器人代替的趋势，比如机器人现在就可以写论文，可以从事科学发现和科学研究活动。《自然》（Nature）杂志报道，一种由人工智能驱动的文献探索工具——"爱莉丝"（Iris.ai）被开发出来，可以帮助科学家选取与研究方向最匹配的成千上万篇论文来阅读并提供一个快速而精确的概述和待研究的问题域。新华社报道，经过约一个世纪的摸索和尝试，人类科学家才把化学史上的伟大科学成就——元素周期表整理成当前的形式。而现在，美国斯坦福大学的物理学

家们开发出一种人工智能程序，只用几个小时就"重新发现"了元素周期表。①

人工智能的形态多种多样，但都是一个系统，或者说是一个复杂系统。系统论表明，一个系统越复杂也就越具有脆弱性。人们已经发现，通过修改用于医疗图像分析的人工智能系统图像中细微的像素，就能形成完全相反的健康结论样本，并能轻易避开经过严格训练的神经网络。令人担忧的是，这类攻击手段一旦被利用，整个诊断系统就会被毫无察觉地破坏，其公共危害是连锁性的。

人工智能的本质是基于大数据的深度学习，核心技术是算法。而算法是人类的产物，携带了人类的种族、性别、国度、信仰、知识背景等偏见的植入。就数据本身来说，存在数据样本的选择、数据的"污染"、模型的设计、数据的解读等过程中数据的"失真"。从数据开放的角度来看，个人在让渡个人数据的同时会不自觉地被数据奴役而成为数据的"囚徒"。一旦数据和机器被政治和权力操纵为常态，媒体信息的选择、放大或屏蔽、投向专门对象都可以进行"计算"。在一些国家，具有强大功能的人脸识别的个人数据正被政府机构监控或被商业集团用来牟利。采用生成式对抗网络（GANs）的"深度伪造"（deepfake）可以伪造任何种族、性别和年龄的逼真面孔，并生成超逼真但完全虚构的图像和视频，正危及数据共同体的信任机制。

三、强人工智能的危机：地球物种智力链的重排

强人工智能意味着人类创造的智能体具有独立于人类的对象意识与自我意识。强人工智能不仅像弱人工智能具有大面积超越人类的认知能力、行为能力，而且具有欲望、意志、情感和价值观，并对人类构成前所未有的巨大威胁。这种威胁和以前所有威胁的根本区别在于智能体将是地球上的一个"新物种"，来自于人，但超越人，并可能最终统治人。智能体改变了地球上传统物种的排序，动摇了人类在物种智力链最高端的位置。人类主导的历史将面临终结的危机。

1. 变换语言、逻辑和价值观，智能体社会将以一种全新的规则组织，为人类社群提供给养

智能体社会不再是按照人类进化模式所形成的文化基因进行社会秩序的

---

① 参见《人工智能程序"重新发现"元素周期表》，载《中国科学报》2018年6月28日。

安排，而是以自己的语言、逻辑和"自我认识"对智能体世界以及从属于智能体的人类世界进行组织。智能体将是人类数千年来期待而始终未见的"上帝"，安排人类今后的全部"命运"。人也将从高等物种降为低等物种。

2. 变换伴侣，家庭婚姻体系崩溃

在今天及今后一段时间的弱人工智能阶段，机器人已经或将进入人类的生活中，但还是以"拟人"的身体、意识去适应人的传统情感习性。随着材料技术、算法技术、神经技术等的提升，外观、交往的个人体验的"逼真"，机器人会很快进入婚姻体系和家庭生活。一旦强人工智能诞生，机器人伴侣将具有甚至超过传统伴侣的主体性和不同于人的情感模式的自主意识，传统婚姻家庭体系将全面崩溃，传统的一夫一妻家庭伦理、婚姻法将不复存在。不仅出现人与机器人的婚姻，人与机器人的孩子也会诞生。新的生命体将彻底改写"人"的定义、"机器"的定义，甚至改写"生命"的定义。

3. 变换时空，在不同时空里自由切换

进入强人工智能时代后，新的智能体和人类的融合，不仅可以在现实与虚拟的时空里自由切换，还将突破人类物种的限制，实现不可能的时空"穿越"。强人工智能时代，新的智能体将以比人类更强大的智力探索宇宙，并携带人类进入外太空进行"星际旅行"，进入过去人类不能达到的外部太空。同时，随着量子科学的飞速发展，把量子计算和人工智能结合起来，人类（智能体）会以微观粒子状态存在，不仅可以在不同的时空里同时存在，还可以突破光速的限制，在无限的时空里自由穿梭与切换，甚至跃入其他平行宇宙。

4. 变换身体、思维（记忆）与物种，"他者"与"自我"概念消亡

在强人工智能的高级阶段，人不再是"人"，而是人与机器的复合体，是真正的"机器人"。作为复合体的人可以自由变换身体，可以变换性别、年龄、种族，可以变换记忆、意识，还可以变换成其他物种，比如与动物的杂交复合体。2017年，《科学美国人》杂志网站报道，美国两组科学家团队在美国神经科学协会年会上称，他们将人脑类器官植入实验鼠大脑内，并成功与老鼠的血液循环系统连接，且一些成熟神经细胞将神经轴突延伸到老鼠的多个脑区，在类脑器官与鼠脑间传递起神经信号。① 以此发展，"我"与"他者"、"自我意识"与"对象意识"概念的界限将不再存在。人类命运共同体也将演化为"广义人类"命运共同体。

---

① 参见《美国科学家将人脑类器官植入鼠大脑内，为脑科学带来革命影响》，http://www.mini.eastday.com/mobile/171113080459839.html，2017年11月13日访问。

第二节 人工智能危机的本质：人类中心主义的终结

人类自从动物中分离出来以后，就始终主宰着地球，以人的尺度观察、理解自然界及人类自身。所谓人类理性，本质上是人类中心主义的思维与行为体系。科学技术的飞速发展，是人类理性的胜利，但始料未及的是，它也成为人类理性的终结。尽管科学技术的"负面清单"越来越多，但人类从没有想过人类的理性会对科学技术失去"控制"。人类数万年对于自身理性的自信，在21世纪初以人工智能的爆发为标志开始瓦解，并不可逆。人类长期建立起来的"类本质"也将失去合理性，"类安全"将不复存在。

一、"自然人/智能体"共舞的人

今天的社会，机器人已经大规模进入生产领域，人与机器人共事已成为常态，比如"滴滴出行"软件，指引司机的导航系统是算法，客服将来也可能是机器人。不仅同事是机器人，未来雇主也可能会是机器人，即机器从接受命令从事生产和"积极参与"人类组织的生产，到自己独立组织生产、支配生产资料和生产方式的重大转变。据路透社报道，2019年1月，一家匈牙利IT公司E-Szoftverfejlesztö在布达佩斯开设了一家由机器人运营的咖啡厅。机器人不仅能及时准确地把食物送到客人手中，还可以和客人聊天。①

人类在进入所谓"智慧生活"的同时，被智能监控的问题亦愈发蔓延。远不止个人信息安全受到危害，人类还会因为个人的习惯、身体状况、身份等原因而受到区别对待。通过大数据"对比反馈算法"，智能系统甚至可以准确预测你若干年后的面貌、健康状况、知识结构而剥夺你享有若干公共权利的机会。

人类与机器人已经共处数十年，机器人在人类很多体力和智力薄弱方面发挥着重要作用。进入人工智能时代，机器人不仅表现出超越人类的快速的数据库访问能力、强大的数据处理能力和迅捷的程式化执行力，还正在克服自身的劣势，学习人类的"逻辑推理"能力以及在整体感知和控制中的优势。科学家正在研发一种被称为"强化学习"的算法，让机器人获得人才具有的态势感知能力，最终代替人类从事极度危险的维护水下设施、水下打捞和救

---

① 资料来源：http://www.jiqirenku.com/qiyefuwu/40600.html，2019年1月27日访问。

援工作。不同于传统机器人直接执行目标，具有态势感知能力的机器人会在收集数据后更新其策略，以找出最佳行动方式。

不同于传统的刚体、金属材料的硬体机器人，由纳米材料构成的软体机器人已经被生产出来。这种柔性微型机器人像"活体微生物"，可以把药物快速送入人体的任一组织，并可以在复杂的非结构化环境中避开障碍，如在管道、导管等的探索和搜救中进行导航。一种可以穿戴、轻便的机器人已经面世，不仅可以帮助因中风、多发性硬化症或帕金森病而有运动障碍的人康复，还可以对人形成安全保护。这种安全保护不局限于传统的抵御物理袭击，还可以提供疾病警示、自然灾害预警、周围环境危险提示等综合安全防护功能。

"自然人与智能体"共舞的时代，是机器向人学习并为人服务的时代，也是人向机器学习，释放人的本质力量的时代。但当机器人的能力提升速度远远大于人的能力提升速度，机器人的综合能力，即与外部世界进行物质交换和信息交流的能力远大于人类时，人就失去了在自然界中的中心地位，进而处于边缘化、被排挤和受支配的境地。此时，不仅传统的"人权"逐步丧失，社会公正及其价值体系也将被全部改写，而且人机共存的伦理标准的确立权和法律的立法权、执行权，也将受到智能体的巨大吞噬。

二、被自己"编辑"的人

基因编辑技术是指人类对目标基因进行"编辑"，实现对特定 DNA 片段的敲除、加入等。基因编辑从优生学、健康、延长青春等目的出发，从"根本上"修改人的遗传密码，"中断"人类"适者生存"的自然进化之路。基因编辑的构想是人类本体性思维的自然理性与打破惯性思维的实践理性的完美结合，是"自我革命推动社会革命"的典范。但是，随着基因编辑人的真正诞生，基因编辑究竟是"阿拉丁神灯"还是"达摩克利斯之剑"，学术界和社会公众展开了广泛争论。

基因编辑技术以把人类改造成"超人""完人"的雄心，展示人类主体性哲学的深刻内涵，是对人的本质力量的生动诠释，即在无穷大的宇宙中，相对无穷小的人类具有占有和改写无穷大宇宙的能力。基因编辑改变了人类自然进化过程的"缓慢"和进化的"顶格"，以"加速度""冲破天花板"和"改变人本身"的三重意义显示"小宇宙"的人类具有爆发"大宇宙"的能量，是对"上帝"神话和人类神圣性不可"玷污"的最后一击，是实践唯物主义的完全胜利。贯穿"世界意识"的黑格尔法哲学原理之所以被马克思称为"时代错乱",并在马克思"新世界观"面前不堪一击,是因为没有把人"提高到人的水平"以及没有"瞬间的狂热"的意志和方法。也因此,马克思提出的"把肉体从锁链中解放出来""人的根本就是人本身"①一直到今天才得到最好的解释。

基因编辑的巨大风险在于,删除和替代基因片段并不完全精准,可能脱靶突变,造成"散架",使得从原始基因锁链解放出来的"人"如"脱缰的野马",不但可能成为"传统人"的天敌,还可能因为"被编辑的人的水平的飞跃"而实现对"低水平的自然人"的统治。

三、被智能"吞噬"的人

人类史是矛盾运动史,文明时代的全部发展都是在矛盾中进行的。当人类社会陷入了不可解决的自我矛盾,为了不至在无畏的斗争中把自己和社会消灭,就需要有一种凌驾于社会之上的力量,把冲突保持在"秩序"的范围以内。这种从社会中产生但又居于社会之上并且日益同社会相异化的力量,就是国家。被霍布斯称为"利维坦"的国家,就像人类从未见过的怪兽一样,管理人类、支配人类。但国家在人类的矛盾运动中,终会消亡。

在被黑格尔称为"理性的现象与现实"的"利维坦"尚未消亡的时代,新理性的"利维坦"已经降临。人工智能就像国家一样,是人类自己理性创造的并与自己异化的"怪兽"。"智能人"通过电磁广播、无线网络以及脑机连接等各种聚合技术把自然人的身体、记忆和思维活动全部接入"全能大脑",即新"利维坦",从而随"机"所欲,接受"统一调度"。此时的自然人就是软体机器,失去了主体的自主性,成为新"利维坦"操控的"奴隶"。

在核武器、生化武器仍不时牵动世界神经之时,人工智能武器已经诞生。运用高精度、高隐蔽的无人机进行攻击正在成为军备竞赛的重点领域和被恐怖组织用来暗杀的新"利器"。纳米级的微型核武器可以自由潜入人体或建筑物而不被察觉,像空气一样"钻到"世界任何一个对象内部,以巨大的威力内爆人体和建筑物等。据福克斯新闻(FOX News)报道,美国国防部正在建立一个大型智能作战网络平台,被称为"联合人工智能中心"(Joint Artificial Intelligence Center),旨在运用最新的人工智能技术整合舰船、坦克、武器、

---

① 《马克思恩格斯选集》第1卷,人民出版社2012年版,第10页。

无人机和大型网络，形成强大的武器系统和全面作战能力。世界和平在人工智能时代处于更加危险的境地。因为恐怖主义在世界的蔓延，以反恐为主题的军演每年数不胜数，人类的安全成本急剧上升。人工智能作为人的新工具与传统恐怖主义联姻或作为新主体，将会成为恐怖主义"新领军力量"吞噬人类的安全家园。

历史辩证法反复证明，生产的每一个进步，同时也意味着另一方面的退步。人工智能是人类创造出来的，但这种"智能产品"和历史上的所有人造物不同的是，它将自己组织生产，以远超于人类的速度、效率、广度、精度等智能二次方对人类进行全面否定。人类从局部退步的历史迈进了全面退步的历史。

第三节 人工智能危机的应对：打开人的本质力量

资料1 人工智能的自我意识

如何应对人工智能危机已经是一个全球化命题，打开人的本质力量可以说是一种最为有效的应对之策。世界上的专业与非专业学者、哲学家、政治家、企业家与社会公众都对人工智能危机及其演化趋势表示了关注与预测，并分为两种截然不同的"学派"，即乐观派与悲观派。相关观点大多没有科学精神的支撑，最终演变为一种"纯粹感性"。人类与人工智能关系的未来图景今天我们并不能详尽描绘出来，但人的本质是一本远没有打开的书，人工智能的快速发展，其实也是人的"本质之书"的快速打开。

一、人的"非传统"全面发展

人的发展进程是一个社会化过程，也正是社会化本质才使得人类走到了"万物之巅"。但人的发展进程也是一个自然化过程，沿着达尔文的进化论"理性地"向前迈进。这是"传统"的人的发展道路。人工智能的来袭，"中断"了人的自然进化，使人从"传统"进化迈向"非传统"进化之路，人的发展模式也从"传统"型发展模式跨入"非传统"型发展模式。"传统"型发展模式的基本特征是人的独立发展，保持物种的完整性；"非传统"型发展模式是人与其他"物种"的嫁接型发展，是物种的裂变。

人的"非传统"发展之路，即裂变之路，并不是"外在力量"的干预，比如外来物种的侵袭，而是人自身的发展的结果，是人的理性的"成功"，是人的本质力量的进一步释放；是非传统的传统，是非理性的理性，是"非自然"的自然过程。人的本质力量能创造"非传统"的人类与对象世界,就能寻找到抵御和防范危机的方法。

人类在"传统"与"非传统"、"自然"与"非自然"辨证关系中开启了崭新的全面发展之路。因为基因技术、神经生物学、材料科学、计算技术、脑机融合技术的迅猛发展,人类的体力、智力、道德、情感得到全面的增强,人的理性认知能力和感性认知能力得到全面提升,客观世界变为新人类尺度下的对象世界。尤为关键的是,传统思维认为,人类面对智能体的袭击,是低等物种面对高等物种的较量,结果就像低等动物与人类的对抗。正如中国新闻网 2014 年 12 月 3 日引用英国广播公司(BBC)报道中,霍金所担心的,人工智能可能会自行启动,以不断加快的速度重新设计自己,而人类局限于缓慢的生物进化过程,根本无法与之竞争,最终将被超越。彻底开发人工智能的结果就是导致人类毁灭。另一种认识则指出,人类在发展智能体的同时,可以进入价值干预,让智能体始终成为人的工具,为人所用,为人所控。这些误识都是因为没有理解人的本质,未来人与智能体的关系既不是低等物种(人)与高等物种(智能体)的关系,最终人被智能体奴役;也不是高于人的智力的智能体由于按照人的伦理标准进化而"听命于人"。

未来人与智能体的关系会呈现两种形态:(1)经过"非传统"发展,人与智能体是融合的整体,智能体是对象,更是人自身,即智能体是人自身的智能体。因此,人工智能时代是人与智能体串联发展的时代。(2)人的本质不仅仅是人与人之间的社会关系的总和,还包括与占有的对象的关系的总和。在人工智能时代,智能体如果作为人的对象,人的本质将会发展为人与人、人与智能体关系的总和。即使智能体作为人的对象物具有高于自然人的智力,但人类的智力总水平并不仅仅是所有自然人智力水平的总和,而是体现为社会关系总和的智力水平,即智能体的智力也属于人的智力的一部分。因此,人工智能时代也是人与智能体并联(同步)发展的时代。

二、"智能安全"的伦理变量及其求解

智能革命是知识大爆炸和真理大颠覆的历史"奇点",也是伦理学大崩溃和秩序"再次日出"的反启蒙。在"智能安全"的视野中,传统伦理学不过是伦理学的小叙事。未来伦理学必须建立在新的知识地平线上,既不能按照传统伦理学的"微观框架"进行局部修复,也不能在伦理废墟上由技术理性"扬鞭驰骋"。

智能安全的伦理学以巨大的非传统的伦理变量考验人类的"后现代性"。以下问题值得深思：

（1）智能体的公民权如何设置与安放。智能体发展到具有与人一样，甚至高于人的生产能力与交往能力而与人争夺占有生产资料与生活资料时，给予其与人同等的"法权"不仅仅是法律问题，更多的是哲学问题。

（2）智能体偏见如何检验与矫正。自主的机器人相互学习会模仿那些短期内给它们带来更好回报的策略，这种偏见在机器学习中越来越常见。智能体的偏见以何标准进行检测，又如何防范与矫正，这不仅是技术的问题，更是人的"幽暗意识"透明化与行为化的问题。

（3）人权丧失的"讨伐"对象是谁及人权如何保护。在传统的人与人关系中，人权丧失的追讨对象是人或以人组成的人格化实体。如果人权被智能体剥夺，如何向智能体"讨伐"，毁灭智能体抑或被智能体毁灭，都让人跌入"没有选项"的困境。

求解智能安全伦理方程是人类有史以来最大的思维挑战。放弃人类中心主义并不等于进入无中心主义，即类似于佛教主张万物平等，人不高于其他物体；或者说以智能体中心主义代替人类中心主义。问题的答案还是需要回到对人类理性的扬弃上，就是既要认识到人类理性的局限性，也要看到人类理性的独特性。在人机融合的"未来远景"中，构建以人类基本价值为底色、以智能视窗为镜像和以生态为导航的"人类+智能+生态立体主义"伦理范式，是人工智能时代伦理学发展的基本方向。

三、"人类+"命运共同体的召唤

在适者生存的动物世界，人类在远古时代就学会了集体行动，并以部落作为其早期的共同体形态。迄今为止，人类的共同体经历了三个历史形态：部落、"公人/私人"联合体、局部的人的自由联合体。

在"公人/私人"联合体与局部的人的自由联合体共存的历史阶段，才开始形成人类命运共同体。在原始部落阶段，命运共同体仅仅是局部的、少数人构成的部落的命运共同体，未达到全人类的命运共同体。即使存在疾病、自然灾害等共同面临的灾难，也并未形成共同面对的意识，因此不存在人类命运共同体。"人类命运共同体"理念是人类对象意识和自我意识的内容，是人类"物质生产"发展到一定历史阶段的"精神生产"。

面对人工智能的全面来袭，人类命运共同体将升级为"人类+"命运共

同体,才能应对这"最后一极"的威胁。"人类+"命运共同体的含义包含三个方面:

(1)"人类+生态"命运共同体。工业化已经把人类的生存基础置于危险之中,人工智能的"再工业化"本质必将对生态形成更大的威胁,造成人与生态更为严峻的关系。

(2)"人类+物联网"命运共同体。所谓智慧生活的技术本质是物联网。物联网已经成为人类自己构成自己的主要内容,人类的命运离不开万物互联的命运。所有人类命运共同体实际上已经是"人类+物联网"命运共同体。

(3)"人类+智能体"命运共同体。无论智能体以何种形式出现,正在和将来必定形成与人类共存或融合的新的广义人类世界。人的机器化和机器的人化是历史的结果,人的命运也是机器的命运,机器的命运也是人的命运。科学家已经发明出一款新的人工智能,它可以探测其他计算机的"思维",并预测它们将要进行的行为。这是机器之间以及机器和人之间建立命运共同体的起步。新的危机不再只是人类的危机,而是"人类+智能体"命运共同体面对的危机。

"人类+"命运共同体正在形成,但需要人类以积极的思维进行规范化构建,实现人类物种的安全和新飞跃。

第四节 人工智能危机的中国机遇:第四次科技革命的领导者

资料2 人工智能会超越人类?互联网大佬齐发声:不可能!

人工智能时代的来临在三个方面使科学家和社会公众出乎意料:一是量变时间短促,快速进入突变,在智能概念尚未"声"入人心的时刻,人工智能便已爆发式发展,让全人类无所适从;二是传统科技强国的积累优势在人工智能面前保持的时间很短,它把世界上许多国家带入同一起跑线,世界格局将因各个国家不同的"表现"重新布阵;三是人工智能对于人类的影响远远超出前三次科技革命,不仅深刻影响人对对象世界的理解,还特别影响人对自我世界的重新理解。对于错过前三次科技革命的中国,如何重新审视历史,认识人工智能发展的特殊规律,发挥中国优势,化"危"为"机",成为第四次科技革命的领导者是未来中国发展的重大课题,也是中华民族伟大复兴的中轴。

一、"历史瞬变"的中国视界

人工智能从概念的提出到今天全面介入人类生活的几十年，在漫长的地球演化史和人类的进化史上属于历史的"瞬间"。在这一庄重的"历史一刻"，可以说人类第一次真正认识到自己作为类的存在。在过去人类作为"万物之灵"的物种和与自然界的其他物种进行类比和反思的过程中，由于动物具有近似人类的大脑意识，使得人难以从动物界"脱颖而出"。由于动物在神经解剖、神经化学和神经生理上有意识的基质，使得人类并不是唯一具有产生意识的神经基质的物种。这导致人类的"类存在"概念变得"无从着落"。人与大猩猩及黑猩猩这两种非洲巨猿，基因只有1%的差异，即人类作为一个类需要重新认识和定义。同时，人类在各种科学想象中，以地球外的高智慧物种反思过人类，但由于这些是想象的"天际旅行"，使得这类反思"远离自身"。

人工智能的诞生不同于历史上人类借助于动物和"天外物种"认识自身，而是第一次在近处以切实可感的高于人类的"智慧体"类比与反思人类。全世界不仅第一次感到了"类"所受到的威胁，更以自身的理性尺度，去把握这个"半导体"：一半导自于人类的创作，一半导自于人工智能自身的"独立思考"，即与人类的指令绝缘。世界上的发达国家为了获取人类"共同体"对抗人工智能威胁的领导权、技术标准与价值嵌入的主导权以及人工智能带来的利益分配权，都试图抢占新一轮科技革命的制高点，从而开启人类历史上最为激烈的"知识大革命"。因为它不仅是科技本身的竞争，还是国家综合实力、文化价值和创新体系的全面较量。

中华人民共和国成立70余年来，开创了世界上独一无二的科技复兴之路，即以民族精神催生创新精神。面对智能革命的到来，中国人以深沉的历史纵深感与广阔的"全球+"视野看待这一人类历史上的最重大事件。

（1）智能革命是对人类的威胁与挑战，但更多的是发展机遇，是社会发展的机遇，也是人自身的发展机遇，特别是发展中国家的巨大机遇。

（2）美国对于人工智能发展的策略是不干涉人工智能的理论研究，主要依靠其强大的科技产业基础推动人工智能的发展，但中国采取的是全面推进人工智能基础研究与产业发展并行计划。中国人把智能革命与民族复兴紧密联系在一起，把成为智能革命的领导者看作中华民族伟大复兴的重要组成部分和弘扬中国文化、展现中国智慧、凝聚中国力量、实现中国梦的重要标志。

（3）中国要在智能革命的竞争中处于领先地位，不仅要在各个技术指标上赶超世界先进水平,更要从"创新体系"上进行创新,即在创新2.0上走在世界前列。

(4) 智能革命可以促进世界各国人民对"人类命运共同体"理念的深化理解,共同命运不仅是共同面对经济、环境、难民、腐败、公共卫生和恐怖主义等非传统安全的一体化威胁,更是面对智能革命对全球的共同影响。

(5) 智能革命并没有让共产主义运动"中止"或"暂停",而是使共产主义运动加快,并增添更为丰富的内容。

二、民族精神与国家意志的具体化

人工智能与制造技术的深度融合,必将引发制造业发展理念、制造模式和全球制造业布局发生重大变革。智能制造是未来发展的主攻方向。重点发展智能制造已经成为我们挺民族脊梁、承国家重托、载梦想起飞的坚定意志。中国并不是一个把制造与人工智能结合起来的始发国家,目前仍属跟踪发展阶段,在核心技术和核心零部件方面,中国较欧美先行者有明显不足。同时,中国高等教育传统偏向于高专精培养模式,没有普适性广的"通才"专业。而智能制造需要材料、电子、机械、计算机、生物等学科的交叉综合。比如,目前全球产业用机器人近三成是在中国制造的,其规模分别是排在第二、第三位的韩国和日本的2倍以上,中国机器人产业看似在世界上非常强大,但实际情况并非如此,因为在影响中国产业用机器人制造的控制器、伺服电机和减速器三个核心要素上,中国与国际最高水平还有较大差距。未来中国智能制造和智能发展应发挥中国优势和抓住中国机遇,让"古老的智慧之国"化为"现代智能强国"之路逐步具体化。

中国在智能发展的核心技术上的落后局面需要通过市场并购与合作等方式加快产品升级,并以此促进图形处理器及核心技术的国产化步伐,特别是,要紧跟和赶超国际最新的智能发展趋势。美国国防部高级研究计划局(DARPA)计划开发"微脑"项目,旨在了解昆虫的神经系统是否有助于开发更小、更轻、更节能的人工智能。这些新研发思路,对中国的后发超车具有重要启示。

中国不仅是世界上人口最多的国家,也是在校大学生最多和在校工科专业学生最多的国家,这为智能制造和智能研究奠定了坚实的人才基础。中国学术界吸引人工智能人才的数量远远多于流失的数量。而美国与中国在人工智能领域的人才结构正好相反,由于美国大型科技公司的福利待遇优厚,吸引了大批曾经在学术界从事突破性理论研究的人才，使得美国科研机构留不住顶尖科研人才。中国会很快赶超美国和整个欧洲，成为全球人工智能研究成果最多的国家。

人工智能与民生结合，应是中国智能产业的重点发展领域。随着中国出生率的持续下滑、劳动力的短缺、人力成本的上升，单调重复且高危性工作的替代型机器人（如核燃料搬运替代型机器人）有巨大的发展空间。随着老龄化的到来，富有"情感"和"智慧"的服务型机器人的社会需求量将激增。

破解人类文明留下的历史痕迹，人工智能有着得天独厚的优势。强大的数据存储和信息处理功能，图像识别、全息影像等一系列前沿技术，可以帮助人类复原、再现和重新理解历史。另外，中国的独特文化对于人工智能的发展也有无可替代的优势。中国具有世界上独特的"和"文化，产品讲究和谐、精细，体现浓郁的民族精神。我们要在世界人工智能发展中处于领先地位，除了要在核心技术上赶超外，还要在智能设计上发挥民族文化优势，在简约、亲和、便捷、生态等发展理念上走在世界前列。

三、"颠覆式"创新的再升维

人工智能时代是万物互联时代，也是最极简生活的时代，人与物、物与物之间的触碰已经显得多余。中国在语音翻译合成方面已经全面领先，不仅中文处理能力成为世界第一，英文处理能力也是世界第一。中国语音合成水平已经达到不仅可以全真模拟某一个特定人的口音、语音转换成文字、不同国家语言之间的即译即转，还可以实现方言与外语之间的互译。机器已经能听懂几十种方言，而且准确率达到 90% 以上。目前，世界语音合成竞争的重点是把人工思维的整合能力和机器的实时效率结合起来，即"人机耦合"。人机耦合的最新进展是用意念控制物。美国已经实现运用意念打字，其原理是通过脑电波、骨传导、面部表情、下颌的表情来进行判断。中国已经实现用脑电波控制数十种家电，已远超过美国的水平。未来一定是人机耦合的交互方式，即通过人的想象、语言、表情、肢体形成全新的人机交互关系。

中国在 1G 空白、2G 跟随、3G 突破、4G 同步后，终于迎来了 5G 的赶超。5G 状态下，终端始终处于互联状态下，通过云化技术，构建全面云化网络，比现行的 4G 网络传输速度快数百倍。5G 以更高的速率、更宽的带宽、更高的可靠性、更低的时延、更大的容量、全息性保真、超高清画质，实现任何用户在任何时间任何地点和任何人进行通信的目的。5G 将被广泛应用在智能制造、无人驾驶、虚拟现实、远程医疗等领域，给用户提供更丰富的体验。随着5G技术的启用，未来的智能体不仅可以全程检测、监督、预警人体的脑电图、消化功能、心血管、膀胱等体能状态和患病风险并实时连接相关医疗机构，还可以对人类的智力、道德、情感进行监管和导航，以增强个体的"社会理解力"和"社会贡献力"。5G在智慧城市中可以通过光线和人流感应自动点亮城市系统、自动熄灭和调节光亮程度，以节约能源。城市的房屋空置状况也可以通过光线的检测，最后运用大数据统计出空置率。5G还可以在城市交通中使信号灯和汽车"保持交流"，以此调节汽车速度，使其不再等待。以5G为技术基础的城市环保物联网是未来生态治理的工作重点。尽管环保物联网是最复杂、规模最大的技术框架，但拥有5G的巨大数据处理能力，建构"全参数、高密点、自理解系统"的难题将会得到破解。

中国在语音合成、人机耦合、5G等众多领域的领先地位来自对"颠覆式创新"的深刻理解。"颠覆式创新"是对传统创新主体、创新载体、创新模式、创新动力的全面"颠覆"。中国人对"颠覆式创新"的独特认识，是从人类历史深刻变局的大视野和中华民族复兴的历史使命的大背景下展开的，是紧紧围绕"升维"这个核心要素而不断提级增效的。"升维"就是不断提升创新维度，从生产、生活、交往等实践面，从技术、人文、政策等方法面，从材料、数据、算法等技术面，从学科的生物、医学、电子等知识面全面交叉进行创新。

结　语

人与智能体的对抗开辟了人类时代对抗的新形态。人工智能的异化预示人类文明正处于危险之中，人类作为物种的抽象整体性和神圣性可能被玷污与摧毁。人工智能以"人为自然立法"的终结而显示其"野蛮"的个性。但是，人工智能时代以与更高的自我交往和新感性的大爆发构造了人的"更强大的天性"。人工智能赋能让一切皆有可能。向人工智能学习就是人工智能时代人的最高赋能。不过，"学"以成"人"，即人的本质的全面展开，决定了人类终将克服"终结危机"。

资料3　中国新一代人工智能有哪些新看点？

> **思考题**

1. 如何看待"人类会成为人工智能的奴隶"与"人工智能永远不可能获得自由意志"之争?
2. 如何面对人工智能将取代大批传统劳动岗位?
3. 如何理解"人类+生态+智能"命运共同体?

> **讨论题**

1. 基因编辑对于人类是福还是祸?
2. 中国在智能革命中的优势与劣势是什么?

> **推荐阅读材料**

1. 余乃忠:《积极的"异化":人工智能时代的"人的本质力量"》,载《南京社会科学》2018年第5期。
2. 〔美〕杰瑞·卡普兰:《人工智能时代》,李盼译,浙江人民出版社2016年版。
3. J. Savulescu and H. Maslen, Moral Enhancement and Artificial Intelligence: Moral AI? *Beyond Artificial Intelligence*, 2015.
4. 〔美〕迈克斯·泰格马克:《生命3.0:人工智能时代生而为人的意义》,汪婕舒译,浙江教育出版社2018年版。

第二章 核安全危机：生存还是灭亡

> **导 读**
>
> 自然灾难导致的日本福岛核电站大规模核泄漏，是人类和平利用核能史上严重灾难之一。2011年3月11日，日本东北太平洋地区发生里氏9.0级地震，继而引发海啸，使得福岛两座核电站受到严重影响。尤其是第一核电站的几台机组受损严重，正在运转的三台机组应急冷却系统发生了故障。冷却水平面下降导致反应堆内温度急剧升高，燃料棒表层包裹物质与水发生了化学反应，生成大量的氢气，最终导致反应堆发生爆炸。事故发生后，日本经济产业省原子能安全和保障院宣布此次事故为七级重大核安全事故。事故直接导致3名工作人员死亡，造成了大量放射性物质泄漏和扩散。由于大量的辐射物质进入大气中，并随空气飘散到中国、朝鲜、韩国等邻近国家，造成了一定程度的辐射危害和社会恐慌。同时，由于大量的辐射性液体泄漏到海洋中，并且随着海水流动向全球扩散，造成了严重的海洋辐射污染。福岛核事故后，越来越多的人开始反思核能发电的安全性，甚至有人直接认定核能利用是极其危险的。以德国和英国为首的一些国家和地区甚至公开宣布逐步弃核。核开发越来越深入到人类生活的各个领域，人类在享受核开发所带来的红利的同时，亦需要应对日益严峻的核安全危机。

第一节 核安全危机：人类难以承受之重

随着全球化进程的发展，从20世纪90年代开始整个人类社会的联系更加紧密，人类的生存突破空间范围的限制，进入了"地球村"时代。人类生存状态逐渐突破了国家藩篱的限制走向更高层次的生存状态，进入了"类存在"

的生存状态，对安全的关切也随之上升到"类安全"① 的高度。当前人类面临的安全威胁现实是传统安全与非传统安全威胁共同凸显，这要求我们在安全认知和安全维护措施上要实现全面的提升。核安全是一种"非典型"的安全类别，既涉及传统安全领域，又涉及非传统安全领域。核安全具有多维性、复杂性、扩散性、综合性和非对称性等特征。核安全危机的后果对个体而言具有毁灭性，而受到辐射污染的环境往往难以恢复，以当前核开发的规模和发展速度来看，可能爆发的核安全危机规模足以影响到人类的生死存亡。

一、人类核开发的历程

核开发是人类能源发展史进入高级阶段的标志，当下它已经广泛深入到军事武器、电力、生物科技和医疗照射等多个领域。自 1942 年年底芝加哥大学建成人类第一座可控核反应堆至今，人类的核开发已经走过了七十余载的历程，既涉及军用领域核武器的研发，又涉及民用领域的核能源、医疗核照射等方面的核技术开发。

1942 年，美国开始实施"曼哈顿计划"进行核武器的研发，并在 1945 年取得成功，最终在对日本法西斯作战时使用了原子弹。冷战中，美国、苏联双方虽然因为核武器的威慑作用而保持了克制，但是双方奉行的"相互确保摧毁"战略使美国、俄罗斯两国至今仍然保留着庞大的核武库。同时，由于拥有核武器在赢得所谓"大国地位"中被认为具有重要分量，继美国、苏联/俄罗斯之后不断有新的国家发展核武器。斯德哥尔摩国际和平研究所的报告指出，目前共有九个国家拥有核武器，包括美国、俄罗斯、英国、法国、中国、印度、巴基斯坦、以色列和朝鲜。这些国家一共拥有约 14935 枚核弹头，其中有 4150 枚处于战备状态，储存在核武库的有 5275 枚。② 一旦由于战略误判或者是重大冲突导致核战争的爆发，后果将不堪设想。

资料1 曼哈顿计划

能源供应所需的安全性、可靠性和可预见性核能兼而有之，同时利用过程中碳排放极低，这些优势使核能从一开始被开发就吸引了大量的资金投入。从民用核能的发展历程来看，21 世纪出现了"核能复兴"，越来越多的国家已经或者正在考虑发展核能，更多国家表达了对发展民用核技术的兴趣。据英

---

① 所谓"类安全"，是指"关心和维护作为'类存在体'的人的安全，即把人的安全的维护建立在人之所以为人的本质统一为整体的'类'的安全"。参见林国治：《"类安全"观与"安全困境"的超越》，载《非传统安全研究》2014 年第 1 期，第 32 页。

② See Stockholm International Peace Research Institute, *SIPRI Yearbook 2017: Armaments, Disarmament and International Security*, Oxford: Oxford University Press, 2017, p. 412.

国石油集团公司 2017 年的统计数据，2016 年可统计的全球 30 个国家核电消费总量相当于 592100 万吨石油当量。

医疗核照射在当今世界各种医学放射诊断人均剂量中已经占据了所有人工照射源的绝大多数，为人类各类的健康检查和防病治病做出了卓著贡献。核技术开发在生物科技、环境、勘探等领域也发挥着重要作用。核开发已经为人类在军事、政治、经济、健康和环境等方面带来了巨大的收益。但是，随着核事业的发展，核安全危机却似悬在人类头顶上的"达摩克利斯之剑"。我们不仅享受着核所带来的各种收益，同时也被笼罩在核安全危机的阴影下。

二、人类面临的核安全危机

核安全不仅是国家性课题，也是全球性课题。从所涉及的问题领域来看，核安全既有传统安全领域的核武器战争和核扩散问题，又有非传统安全领域的核安全事故与辐射材料危害问题，同时还涉及跨越传统安全与非传统安全领域的核恐怖主义威胁等。因此，核安全是传统安全与非传统安全相互交织的安全问题。

因为涉及问题领域的广泛性，"核安全"这一概念本身也包括丰富的含义，其一是核保障，即确保核材料与设施的和平利用，防止军事使用的发生；其二是核安全，即以核设施、核材料等本身为防护对象，重点在于技术领域的提升与稳定；其三是核安保，即以人的活动为防护对象，目的在于禁止人为破坏行径的发生。三个内涵之间虽然内容差异分明，但通常论及核安全问题时三个内涵又相伴出现。核安全的维护需要防范核攻击、核事故或者核犯罪行为的发生，坚持核不扩散的立场，防止和应对核材料的非法获取与贩运之类的行为，防范核恐怖主义袭击的发生等。

无论是传统安全意义上的核战争与核扩散，还是非传统安全意义上的核安全事故与核废料污染，或者是传统安全与非传统安全相互交织意义上的核恐怖主义威胁，可能发生的核安全危机已经是刻不容缓的人类危机之一。当前国际安全形势复杂多变，核安全危机越来越受到国际社会和各国的关注。传统安全领域的核安全危机发生的概率已经有所降低，但是非传统安全领域的核安全危机却日益凸显。如何应对核安全危机，维护人类核开发的健康发展，保障全球安全稳定，已经成为国际社会共同面临的重大挑战。

三、核安全观念的发展

对核安全危机的担忧，最早是从参与到核开发项目中的科学家群体中逐步扩散开来的。"曼哈顿计划"冶金实验室的科学家们在1945年发表了著名的《弗兰克报告》，第一次系统地论述了核武器的伦理规范，指出使用核武器是非道义的，将会使世界在残酷战争之路上越走越远。1955年发表的《罗素-爱因斯坦宣言》从伦理视角阐述了参与核弹研制的科学家们对将来使用核武器的担忧，并且提出了他们的解决建议。即"鉴于核武器将会在任何未来的世界大战中被使用之事实，且此种武器将威胁人类的继续生存，我们敦促世界各国政府意识到世界大战不能促成他们的目的，同时希望各政府公开宣告将寻求和平的手段来解决它们之间的所有争端"①。罗曼·罗宾逊提出了"核冬天"理论，从整个人类生存与灭亡的伦理高度，说明了大规模核战争可能造成毁灭性的灾难，并且呼吁限制乃至销毁核武器。

资料2 "核冬天"理论

直到1986年，约瑟夫·奈的《核伦理学》出版，作为比较系统的从价值角度研究核武器问题的理论成果，标志着人类对核安全的反思走向了成熟。他从"动机—手段—结果"三因素相关互动的角度，分析核问题可能发生的八种结果，然后以不发生坏结果为原则，针对四种坏结果进行防控性研究。同时，他还提出了规范核战略发展的五个核伦理准则：（1）拥有核武器的动机仅限于自我防御；（2）绝不能将核武器看作常规武器；（3）将对无辜人员的伤害降至最低；（4）近期内要减少核战争爆发的风险；（5）将来逐步降低对核武器的依赖。②

随着核开发的不断发展，人类对核安全危机的思考领域也随之拓展。有从科技伦理视角思考核技术所面临的困境和争论等，基于核技术伦理当前状态、发展趋势和存在的问题，试着对"核技术伦理"概念的基础进行修正。此外，有从核能争论和核废弃物的处置等方面思考核安全危机，并且提出核废弃物处理要满足三个条件：不伤害他人；有益于他人；不违反规则且实现承诺。为了应对核安全危机，冯昊青提出了以和平人道、安全无害、信息诚实与透明、知情同意、利益与风险均衡为中心的伦理原则与道德规范，并且运用到实践中对核相关的政治、经济、科技、管理和商业等领域的伦理进行了细致分析。

---

① The Russell-Einstein Manifesto, https://pugwash.org/1955/07/09/statement-manifesto/, visited on 2019-04-20.
② See Joseph S. Nye, *Nuclear Ethics*, New York, NY: The Free Press, 1986, p. 99.

第二节 核安全危机：历史与现状

核安全危机的表现形态复杂多样，就目前形势而言，大规模核武器战争的威胁减小，但是核扩散形势依然严峻；核恐怖主义袭击发生的可能性逐步增加；重大核安全事故较少发生但各种小事故不断。总体而言，人类当前所面临的核安全危机较为严峻，以至于有些国家开始怀疑核开发与保障安全之间的平衡，甚至有些国家宣布逐步放弃核能开发。

一、传统安全领域的核安全危机

传统安全领域的核安全危机主要是核武器的使用和核武器扩散。二战中，人类历史上第一次使用了核武器，然而随着冷战的结束核武器被使用的风险已经大大降低，尤其是进入 21 世纪以来核战争已经不被作为重大的安全威胁来看待，但是大国间的核战略竞争没有完全消除。与此同时，核武器扩散的风险却急剧升高，局势诡谲多变。核武器扩散危机，既有"核门槛"国家发展核武器从而成为拥有核武器国家的横向核武器扩散，又有已经拥有核武器的国家发展新的核武器发射运载工具或是核弹头技术的纵向核武器扩散。随着核武器扩散紧张局势的升级，虽然爆发核战争的可能性依然较低，但增加了局部冲突中核武器被使用的可能性。

1945 年 8 月 6 日和 9 日，美国先后在日本广岛、长崎投下了原子弹，导致广岛和长崎两大城市在瞬间成为一片废墟。由于核弹爆炸和核辐射，广岛约 20 万人、长崎 10 余万人在核爆中或因核辐射而伤亡。核辐射也给广岛和长崎的生态环境造成了长期的灾难性后果。这是人类历史上仅有的核武器在实际战争中被使用的记录，其灾难性的后果至今仍记忆犹新，使人谈核色变。当今国际社会，拥有核武器的国家共有九个，其中五个是国际公认的核武器国家，即联合国的五大常任理事国美国、俄罗斯、中国、法国和英国。同时还有以色列、印度、巴基斯坦和朝鲜通过非法核扩散活动发展了核武器，成为实际上拥有核武器的国家。

关于核武器的横向扩散危机，可以分区域进行审视。南亚地区的印度和巴基斯坦在 20 世纪 90 年代末就竞争激烈，两国都拒绝加入《不扩散核武器条约》从而成为有核国家。南亚地区的核扩散态势具有非对称性和大国介入性两大特征，21 世纪的核安全环境依然不容乐观。美国在介入这一地区的核安全问题时采取的是"双重标准"政策，2005年7月美印双方达成了民用核合作协议，但是美国却以巴基斯坦核信用记录不良为由拒绝与巴基斯坦开展任何形式的合作。这种行径给南亚地区的稳定和核不扩散带来消极影响，同时也影响了国际核不扩散机制的稳定。印巴两国虽然早已经通过非法核扩散行为发展了核武器，但是双方仍在核导弹方面进行持续不断的竞争。

西亚北非地区主要是利比亚与叙利亚的核扩散问题。2003年12月19日，当时的利比亚领导人卡扎菲承认利比亚违反了《不扩散核武器条约》的规定发展核武器。2004年，在国际原子能机构的监督之下美国和英国拆除了利比亚的核武器相关设施。在揭露自己的秘密核武器项目之后，利比亚试图建立起自己的核能发电项目和生产医用同位素，并且在2006年批准了《不扩散核武器条约》附加议定书。1991年，国际原子能机构将从中国购买的核反应堆借给叙利亚，自此叙利亚才开始发展自己的民用核项目，直到2011年叙利亚仅拥有一座合法的核反应堆。在2007年9月6日，以色列军队对叙利亚代尔祖尔地区的一座疑似核反应堆发起空袭。叙利亚自此开始将自己的核反应堆开放给国际原子能机构进行检查，但是在后来的检查中叙利亚在某些检测上拒绝配合国际原子能机构。2011年5月24日，国际原子能总干事天野之弥发布了一份报告，认为之前被摧毁的建筑很有可能是一座在建的反应堆。同年6月9日的国际原子能机构理事会认定叙利亚违反联合国安理会决议进行了核扩散活动。

东北亚地区的朝鲜核扩散问题是当前国际社会需要面对和处理的重大安全问题。2002年年底，朝鲜宣布退出美朝《关于解决朝鲜核问题的框架协议》，致使整个东北亚地区的局势动荡和核扩散危机增大。2003年，朝鲜进一步宣布退出《不扩散核武器条约》，并且于2006年进行了第一次核试验。截止到2017年9月3日，朝鲜共进行了六次核试验，其核技术得到了很大的提升。2017年11月29日，朝鲜中央通讯社发布了有关"火星-15"型洲际弹道导弹试射成功的消息，说明朝鲜的核武器已经在可作战化发展上取得重大进展。朝鲜核问题局势在2018年有了较大转机，6月12日美国总统特朗普和朝鲜最高领导人金正恩就朝鲜去核化等相关问题在新加坡举行会谈，并且签署了历史性的联合声明。联合声明中双方就四项内容达成了共识，特朗普和金正恩就建立新型美朝关系，以及在朝鲜半岛建立长久、稳固的和平机制，开展了全面、深入、坦诚的意见交换。特朗普承诺为朝鲜提供安全保证，而金正恩也重申了他对朝鲜半岛完全无核化坚定不移的承诺。然而，目前朝鲜完全去核化的前景并不明朗,未来局势的走向令人莫测。

中亚地区的伊朗核扩散问题是由于在2002年美国有关情报揭露伊朗在纳坦兹核试验基地建有秘密的地下核浓缩设备而成为国际关注的问题。由于美国为首的西方国家实行强硬的政策制裁和抑制伊朗,所以局势一直紧张,2010年12月6日,伊朗核问题才回到和平谈判的轨道上来。2014年1月12日,联合国五大常任理事国加上德国所组成的"P5+1"集团与伊朗在联合行动计划方面达成技术性理解,并确定于1月20日付诸实施。2015年4月,伊朗核问题谈判达成了全面协议框架,伊朗切断了所有发展核武器的可能,谈判目的基本达到。同年7月14日,"P5+1"集团与伊朗签订了《联合全面行动计划》(Joint Comprehensive Plan of Action,JCPOA),伊朗核扩散危机得到解决。然而,美国于特朗普执政之后却对伊朗核问题的解决多加指责,对伊朗进行恶意揣测,坚持认为伊朗核协议存在一些根本性的缺陷。伊朗核协议作为伊朗核问题解决的里程碑,协议签署的其他各方坚决维护,但特朗普仍坚持单边行动,于2018年5月8日正式宣布退出伊朗核协议,使得伊朗的核问题再次陷入困局。

关于核武器的纵向扩散,国际社会主要的担忧是美、俄、中三大国所进行的纵向核扩散活动。美国自小布什政府开始就公开宣布要进行核弹头的技术升级。2018年2月初,美国特朗普政府发布的《2018核态势评估报告》(Nuclear Posture Review 2018)提出,为了保障核力量的多样性和灵活性,美国国防部计划对包括核指挥、控制和通信系统(简称"核C3系统")以及配套设施在内的核三位一体进行现代化建设。特朗普政府的纵向核扩散政策,将会开启新一轮的核军备竞赛,这次竞赛的重点是在核武器相关的技术领域。

二、非传统安全领域的核安全危机

在核能开发与核技术的利用过程中,人类所需应对非传统安全领域的核安全危机主要有核安全事故和核废弃物的辐射危害,同时还会发生核材料的非法贩运、遗失和盗窃事件。《国际核事故分级标准》将发生的事故根据影响程度分为七级,一到三级称为"安全事件",四到七级则被定义为"安全事故"。四级事故的影响范围限于事故发生当地,五级事故的影响扩大了范围,六级已算严重事故,七级则为重大事故。在人类核开发史上,共记录了24起核能开发安全事件或事故,其中有三起影响比较大的五级以上核安全事故,在不同程度上出现了核泄漏和造成人员伤亡及经济损失。

在开篇已经介绍的福岛核安全事故是离现在最近的一次重大事故，除此之外还有两起重大事故。1979 年，美国三里岛核电站发生了五级安全事故，事故中有少量放射性气体溢出，造成 24 亿美元的经济损失。而最令人记忆深刻的是 1986 年乌克兰的切尔诺贝利核安全事故，也是迄今为止人类核能开发史上最严重的事故。1986 年 4 月 26 日凌晨，乌克兰切尔诺贝利核电站的一个反应堆爆炸，为七级重大事故，大量放射性物质泄漏和扩散。事故造成 56 人直接死亡，核泄漏造成 6 万多平方公里土地被直接污染，320 多万人受到不同程度的核辐射，4000 多人因辐射患癌症，造成经济损失 67 亿美元。据专家估计，完全消除事故对自然环境的影响至少需要 800 年，而核辐射危害将持续 10 万年。[1]

核废弃物的辐射污染是人类目前需要应对的又一急迫核安全危机。人类到目前为止已经产生了数量惊人的核废弃物，并且有些国家会在未来的十到十五年达到饱和状态。按照放射性的强弱，核废弃物可以分为高度、中度和低度辐射废弃物。根据存在状态的不同，放射性废弃物处理分为放射性气态废弃物处理、放射性液态废弃物处理以及放射性固态废弃物处理。利用当前的技术，气态和液态的废弃物可完全处置，但是固态的相对较难处理。20 世纪五六十年代，美、英、法等国家曾经将低、中水平放射性固态废弃物投入海洋中。1972 年《防止倾倒废弃物及其他物质污染海洋的公约》规定，禁止向海洋中倾倒核废料。此后，深地掩埋成为常见的处理方式，但是一些不确定因素，如自然灾害、人为事故甚至是陨石坠落等，都有可能造成核素的迁移，引起辐射的危害和污染。

在核开发的过程中，《核材料实物保护公约》对辐射材料储存、运输和使用的安全管理有着严格的规范。但是，在使用的过程中常有一些因为管理不善造成核材料的遗失、非法贩运或者蓄意盗窃的事件发生。在全球范围内，每年都有百余起至数百起相关事件发生。根据国际原子能机构的"放射性材料事故与非法贩运数据库"（IAEA Incident and Trafficking Database: Incidents of Nuclear and Other Radioactive Material out of Regulatory Control）的统计，2018 年有 34 个国家通报了 166 起涉及核材料及其他放射性材料未经授权的非法贩运和恶意使用的事件。

---

[1] 姜振飞：《中国核安全评论》，金城出版社、社会科学文献出版社 2015 年版，第 34—37 页；Benjamin K. Sovacool, A Critical Evaluation of Nuclear Power and Renewable Electricity in Asia, *Journal of Contemporary Asia*, Vol. 40, No. 3, 2011, pp. 369-400.

三、交织安全领域的核安全危机

在核安全危机中,核恐怖主义是一项重大的传统安全与非传统安全交织的安全危机。核恐怖主义袭击主要是由非国家行为体所发起,包括个人、跨国公司或者恐怖组织等。联合国《制止核恐怖主义行为国际公约》对核恐怖主义进行了具体阐述,可以归纳为以下几种类型:一是利用放射材料或装置发动的犯罪行为,即所谓的"脏弹"袭击;二是直接使用核装置,或是破坏核设施造成放射材料外泄的犯罪行为;三是非法和故意索要核材料、装置或核设施的犯罪,即盗取核材料或者核武器的行为。然而,随着计算机互联网技术的发展,核恐怖主义犯罪又有了新的表现形式,可认为是第四类,即通过信息技术侵入核电站的操作系统,对核电站的运行实施破坏,从而造成辐射伤害和达到某种政治目的。

2001年的"9·11"事件引发了国际社会对核恐怖主义袭击的关注。当时的国际原子能机构总干事巴拉迪在核安全评估会议上呼吁"要警惕恐怖主义攻击核设施或者利用放射性物质在平民中引发恐慌、破坏财产甚至引发伤亡",同时还披露了一些恐怖主义组织曾经企图获取核材料。2005年,俄罗斯公布有国际恐怖分子策划对其核设施和核电站发动袭击。2007年,南非佩林达巴核研究中心被武装人员闯入并盗取机密文件,表明了核设施存在的安全隐患。2010年,伊朗核设施遭到"震网"病毒的攻击震惊全球,让人们意识到核恐怖主义袭击的手段发展之与时俱进。美国在2015年2月由联邦调查局破获了一起高放射性材料铯-137的走私案件,查明这个团伙试图与"伊斯兰国"组织联系,同年还有数起类似案件被侦破。

虽然目前真正意义上的核恐怖主义袭击尚未发生,但是核设施受到不明人员攻击的情况时有发生,核恐怖主义的活动和计划从未停止且呈现高发状态。核恐怖主义已经成为当前核开发过程中需要面对的最重大威胁。它的应对不是某个国家单独行动就能取得成效,在面对可能的核恐怖主义威胁时要放下本国利益诉求和各国之间的矛盾,联合起来共同行动。

第三节 核安全危机的治理:理念与机制

核安全治理的价值目标是实现人类在核利用的过程中能够有效地避免或者是应对可能出现的核安全危机。核安全危机这一全球性问题,对于以类本位为存在状态的人来说，只有以类安全作为价值基点才能真正地寻求解决之道。类安全是关乎人类生存与发展问题的一种安全，它的理论基础是文明的多样性和共生性，它所面临的现实是传统安全与非传统安全问题的共同凸显与相互交织。以类安全观为价值依据，人们的安全关注不仅仅局限在自身、族群、民族与国家安全范围内，而是整个人类的安全。核安全危机所具有的特性决定了国际社会对核安全危机的治理应该以提倡共存、共建、共享、共赢的"和合主义"共享安全观为安全理念、价值依据，完善和加强全球核安全体系。

体现中国传统与中国智慧的"和合主义"恰是核安全治理所寻求的价值坐标。中国的国际关系理论取向一直是构建一个具有普遍包容主义性质的"和而不同、万国咸宁"的国际社会，从而形成了"和合主义"理论范式。"和合主义"的核心价值是超越一国之安的以人类为本位、以天下为范围的"类生存""类伦理"与"类安全"，其理性原则是社会共有、权利共享、和平共处、价值共创，安全共同体的实现途径是行为体间的和合共建。① 在深度全球化的背景下，国家之间的共生、共通、共存与共享性在大大加强，全球命运共同体正在不断地生成，共享安全成为"和合主义"范式的最佳标示，也成为非传统安全维护方略的根本价值导向。② 共享安全以人类命运共同体作为安全的中心立场，以保护人的生命作为安全的价值基点，以社会的安宁繁荣作为安全的优先目标，以和谐共建与合作共赢作为国家间安全互动的至上原则。③

以"和合主义"为核心理念的核安全治理，其直接关切的是人类命运共同体构建下的核开发，所强调的不仅仅是合理性和适然性的话题，同时还以核开发的"应然"作为价值遵循和实践指导。在共享安全观的价值引导下，国际社会在治理核安全危机方面的努力和成果，以及未来努力的方向分别可以从国际机制、区域机制和核安全峰会机制等的创立、发展与创新方面进行具体分析。此外，各个国家在内部也进行了严密的防控和治理，国家、区域和国际各层面的机制相互协调，共同构成了应对核安全危机的全球治理机制。

---

① 参见余潇枫等：《中国非传统安全能力建设：理论、范式与思路》，中国社会科学出版社 2013 年版，第 98—105 页。
② 参见余潇枫：《"和合主义"：中国外交的伦理价值取向》，载《国际政治研究》2007 年第 3 期，第 21—24 页。
③ 参见余潇枫：《共享安全：非传统安全研究的中国视域》，载《国际安全研究》2014 年第 1 期，第 33—34 页。

一、核安全危机治理的国际机制

核安全危机治理的国际机制主要由国际机构、国际公约和协议、核安全领域的国际性倡议或非政府组织等相互协调组合而成。在全球核安全危机的治理过程中，联合国作为当前全球最具影响力的国际机构，发挥了其积极作用和广泛影响力。

联合国通过安理会决议的方式，在应对各种安全领域的核安全危机方面发挥了重要作用。例如，"9·11"事件发生后，联合国安理会反恐委员会迅速地通过了1373号决议，加强国际合作打击恐怖主义活动，并且呼吁各国加强防范恐怖主义组织运送核材料等制造大规模杀伤性武器。2009年，联合国安理会通过了1887号决议，严重关切核恐怖主义威胁，确认所有国家必须采取有效措施来阻止恐怖分子获取核材料和核技术，并且提出了一些改进核安保的措施和建议。因为联合国是目前国际社会最权威和覆盖范围最广泛的机构，通过发布正式决议的方式，能够有效促进全球核安全危机治理能力的提升。

联合国下属的国际原子能机构作为全球核安全治理机制中的一个重要国际性机构，在核武器扩散管控、民用核能开发的安全监管，以及核材料的运输、使用和管控等方面发挥了重要的作用。国际原子能机构在核安全维护上提出了系列安全标准文件，共分为三个层次：第一层次是基本安全原则（safety fundamental）；第二层次是安全要求（safety requirement）；第三层次是安全导则（safety guides）。从2009年开始，国际原子能机构从核能发展的情况出发，重点加强对新加入成员国的相关核能与核技术利用进行安全建设，并且制定了"响应援助网"进一步加强成员国的核应急能力建设。机构还提出了建立国际核燃料银行的建议，不仅可以保障非核武器国家民用核项目的发展，同时还有助于减少核扩散的风险。2015年2月9日，国际原子能机构总部举行了《核安全公约》缔约方外交大会，大会讨论了吸取福岛核安全事故教训与如何进一步加强全球核安全等问题，并且通过了《维也纳核安全宣言》。

1968年开始开放签署的《不扩散核武器条约》是最具权威性的有关核安全危机治理的国际性条约。1970年条约开始生效，当时已经有59个国家签署通过。《不扩散核武器条约》作为国际核军控和防扩散的基础，每隔五年会按时举行成员国审议会议，在2015年的审议会上，成员国数量已经达到190个。

1980年开放签署的《核材料实物保护公约》在确保各国有权发展和平利用核能的前提下，强调对核材料的保护和制止非法获取核材料的行为，严格保护用于军事目的的核材料。2016年正式生效的《核材料实物保护公约》修正案提高了对核材料和核设施的保护。2005年联合国大会通过的《制止核恐怖主义行为国际公约》号召国际社会采取措施防范核恐怖主义行为。

为了应对核安全危机，国际社会还建立了各种非政府组织的工作机制和活动倡议，共同参与核安全危机治理的实践。在防范核恐怖主义袭击方面的一些活动倡议尤为突出。2003年5月，美国总统小布什在访问波兰时提出了"防扩散安全倡议"，倡导全球共同努力以防止大规模杀伤性武器及其材料从国家扩散到非国家行为体，目前已经发展到有105个国家加入这个倡议。2006年，美国与俄罗斯联合提出了"打击核恐怖主义全球倡议"，10月31日在摩洛哥首都拉巴特举行了第一次会议，强调加强国际合作打击核恐怖主义。现今这个倡议已经发展到拥有88个成员国和5个国际组织参与。此外，还有大量的国际非政府组织为了促进人类应对核安全危机而努力，一些组织因为工作出色还获得了诺贝尔和平奖。

二、核安全危机治理的区域机制

核安全危机治理的区域机制有各种表现形式，有些模式取得了重大成果，但是也有些机制发展不顺而作用有限。无核区的建设成果显著，这是区域核安全维护的重要模式之一。无核区的发展，一般是以域内国家和行为体为主导，以区域组织的发展为基础，然后世界主要大国参与其中，促进无核区的发展。以东南亚无核区为例，1994年东盟地区论坛成立，同年7月25日于泰国曼谷召开了首次会议。在东盟地区论坛的推动下，《东南亚无核武器区条约》于1997年在所有的东南亚国家签发通过，标志着东南亚无核区的建立。如今，全球共有7个无核区，这是全球核扩散管控的重要成果，是人类核安全危机治理的重要示范。

在具体的地区核扩散问题中，也形成了特有的应对机制。例如，为了应对朝鲜的核扩散危机，以国际核不扩散机制为基础，朝、韩、中、美、俄、日六国举行了多次有关朝核问题的"六方会谈"。"六方会谈"机制一度被看成是解决朝核问题、维持半岛和平稳定、维护东北亚地区安全和促进多边协商的具有创造性的一个平台。从2003年到2007年，"六方会谈"共进行了六轮会议，达成了一定成果。在2005年9月第四轮会谈第二阶段，与会各方在

19日一致通过《第四轮六方会谈共同声明》。朝鲜承诺放弃一切核武计划,早日重返《不扩散核武器条约》,并且接受国际原子能机构的保障监督。虽然后来朝鲜核扩散局势变得难以控制,"六方会谈"也随之夭折,但是随着2018年以来朝鲜核问题形势的好转,"六方会谈"模式在将来推动朝鲜去核化的进程中仍值得借鉴。

欧盟是在原子能共同体的基础上发展起来的,在应对核安全危机上欧盟的合作模式意义重大。2002年,欧盟对《欧洲原子能共同体条约》进行了修订,为保护大众和从事核相关工作人员的健康设立了关于免遭辐射伤害的标准,并且对核原料的运输安全设定了标准。同时,欧洲议会从各成员国抽调专家组成核安全工作临时工作组,对新加入欧盟的成员国的核能态势和安全进行评估。2009年,欧盟通过了《核安全指令》,为了加强核设施立法和安全管理框架,又于2014年7月完成了对该指令的修订工作。

三、核安全危机治理的核安全峰会机制

在联合国框架以外,美国时任总统奥巴马发起了"核安全峰会"的机制,高度关注核恐怖主义对全球威胁的紧迫局势,并且寻求加强核安全的共同方法。2010年,首届核安全峰会在美国华盛顿召开,共有47个国家领导人及3个国际组织负责人参会,发布了《华盛顿核安全峰会公报》和《华盛顿核安全峰会工作计划》等系列文件。2012年,第二届核安全峰会在韩国首尔召开,主要议题包括应对核威胁、安全保卫核原料和设施、防止非法核走私、强化对放射性物质的管理等,并发布了《首尔核安全峰会公报》等文件。2014年,第三届核安全峰会在荷兰海牙召开,与会各方就全球核安全体系建设、国际原子能机构作用、核材料、放射源、核安全与核能安全等问题展开了广泛讨论,发布了《海牙核安全峰会公报》等文件。2016年,第四届核安全峰会又回到了华盛顿,重点讨论各国可采取的应对措施,以最大限度地减少高浓缩铀的使用,确保核材料安全,打击核材料走私,吓阻、侦查和挫败实施核恐怖活动的图谋。

中国通过核安全峰会也发出了自己的声音。2014年,中国国家主席习近平在海牙核安全峰会上阐述了中国坚持理性、协调、并进的核安全观,即坚持发展和安全并重、权利和义务并重、自主和协作并重、治标和治本并重。在2016年的华盛顿核安全峰会上,中国倡议国际社会强化合作,打造核安全命运共同体。

奥巴马执政期间发起的全球核安全峰会，从2010年到2016年共召开了四届，在核材料安全管控方面达成了国际共识。通过核安全峰会机制的平台作用，美国与许多国家在双边核安全合作方面取得了重要成果。通过核安全峰会机制的合作，国际社会对核安全的重视度更高，关注核恐怖主义对全球安全威胁的紧迫局势，并且通过寻求切实的合作来管理核材料、保卫核设施、打击核材料走私和应对各种核威胁，寻求加强核安全的共同方略。

四、核危机的国内治理：中国的理念与实践

作为核武器和民用核开发的大国，中国比其他大部分有核大国在核安全治理上表现得更好。主要原因有两个方面：一方面，虽然中国是核武器国家，但是从第一颗原子弹试爆当天起就已经发出了"不首先使用核武器"的声明，成为唯一作出此承诺的有核武器国家。中国政府于2006年更进一步正式阐明了中国的核战略是"自卫防御的核战略"，且沿用至今。另一方面，中国的民用核开发安全纪录保持良好，核安全维护能力不断提高，在核材料的管理上做到了"一克不少，一件不丢"的良好记录。但是，其他放射性材料因为使用和管理不当而遗失，对环境和人民群众的生命财产造成伤害的事件却时有发生，并且当前全球核安全危机的态势愈发复杂多变，紧迫性不断增强，危害性逐步扩大，中国需要更加积极谨慎地进行治理。

中国一直高度重视核安全，在国内积极提升核安全治理措施和推动核安全理念的完善，取得了重大成果。进入21世纪，中国在核安全危机的应对上更加积极，在具体应对措施的提升、核安全观念的发展和完善、核安全法制建设等方面取得了重大成就。

在胡锦涛主席领导时期，中国就高度重视国家核安全能力建设，并采取了切实措施提高核安全能力。首先，加强对核设施与核材料的安全管理。对国内的核设施安全状况进行全面检查，采取有效措施确保核材料和核设施的安全，实施严格的出口管制，依法防范核材料非法贩运。加强放射源和放射性废物安全管理，推进国家放射源数据库建设。其次，完善核安全法规体系，着力提高核安全管理水平。通过不断努力，建立了较为完善的核安全法规和监管体系，2007年国务院颁布《民用核安全设备监督管理条例》及与之相应的部门规章。再次，加大核安全投入，加强核安全人力资源建设，建立全方位培训计划和多元化培训模式，培训本国核安全从业人员数百名。最后，中国支持并严格履行现有核安全国际公约及联合国安理会相关决议。

习近平主席领导下的新时期，中国坚定地继续发展自身的核安全治理能力，保障国内的核开发安全永续。2014 年，习近平在海牙核安全峰会上提出了中国的核安全观，阐述了核安全治理中的几大关系，标志着中国有了一套完整的核安全理论体系。中国核安全观的具体内容是：第一，发展和安全并重，以确保安全为前提发展核能事业。第二，权利和义务并重，以尊重各国权益为基础推进国际核安全进程。第三，自主和协作并重，以互利共赢为途径寻求普遍核安全。第四，治标和治本并重，以消除根源为目标全面推进核安全努力。"核安全观"的提出是中国在核安全治理领域的重要理论和实践创新，在加强国内核安全治理能力的同时也可促进国际核安全治理机制的完善。

在理念先行的基础上，中国采取构建核安全能力建设网络、实施加强放射源安全行动计划、启动应对核恐怖危机技术支持倡议、推广国家核电安全监管体系、强化政治投入把握标本兼治方向、强化国家责任构筑严密持久防线等措施具体开展核安全维护。同时，进一步推进核安全法律法规体系的完善。2017 年 9 月 1 日，《核安全法》在第十二届全国人大常委会第二十九次会议上通过，中国的核安全治理和监管的法制化迈入更高阶段。

核安全危机是一个全球性议题，需要国际社会共同努力来预防和应对，中国在国内采取措施努力维护的同时，还积极参与国际社会的各种核安全治理机制。为促进国际核安全体系的建立、完善和作用发挥，中国提出了以下几个工作原则和方针：一是，中国将坚定不移地参与构建国际核安全体系，同各国一道推动建立公平、合作、共赢的国际核安全体系，促进各国共享和平利用核能事业的成果；二是，中国将坚定不移地支持核安全国际合作，愿意为此分享技术和经验，贡献资源和平台，促进地区和国际核安全合作；三是，中国将坚定不移地维护地区和世界和平稳定，坚持和平发展、合作共赢，通过平等对话和友好协商妥善处理矛盾和争端，同各国一道致力于消除核恐怖主义和核扩散存在的根源；四是，积极向发展中国家提供核安全援助，通过技术演示和人员培训等方式提供力所能及的帮助。2016 年的华盛顿核安全峰会上，习近平主席倡议国际社会要共同打造核安全命运共同体。

资料 3　习近平主席在 2016 年华盛顿核安全峰会上的讲话

中国积极参与到当前的核安全体系，充分运用平台的作用，推进国内和国际的核安全治理。1984 年，中国加入了国际原子能机构，在核安全国际合作中发挥了核心作用，从政治、资金和技术等方面大力支持国际原子能机构的全面工作。桑戈委员会是确保核材料和核设施和平利用的重要的国际组织，中国在1997年被接受成为委员会的成员，在其中积极推动工作。同时，中国还是核法证国际技术组（ITWG）的成员，通过国际合作加强对国内和国际的核材料及其他放射性材料的侦查和管控。中国于1998年签署了《不扩散核武器条约》附属议定书，成为条约正式成员国。2004年，中国加入了核供应国集团这一非正式防扩散机制，又分别在2005年签署了《制止核恐怖主义行为国际公约》，在2008年批准了修订后的《核材料实物保护公约》，并根据公约要求加紧制定和完善相关配套法规，采取更严格的核材料保护措施。中国严格履行联合国安理会第1540号、第1887号等决议规定的义务，采取措施防范非国家行为体非法获取核及其他放射性材料。

国际双边合作是中国提升自身核安全治理能力，推进国际核安全体系发展的又一重要途径和平台。中美双边核安全治理的合作，为中国核安全治理能力的发展提供了重要的支持，同时中美之间的合作也是国际双边合作的典型。自"9·11"事件以来，中美两国在防核扩散方面有诸多亮点。两国在多个层面形成了稳定的合作模式，共同建设国际防核扩散机制，合力打击核走私，防止核恐怖主义分子及其他犯罪分子获取核及放射性材料，增强放射源的安全性，开展核安全技术合作与交流。

2006年12月16日，中国国家发展改革委员会与美国能源部签订了《中华人民共和国和美利坚合众国政府关于在中国合作建设先进压水堆核电项目及相关技术转让的谅解备忘录》，积极开展核电技术合作，强化核电安全。中美通过技术合作，将中国使用高浓缩铀燃料的微中子反应堆改造成使用低浓缩铀燃料的反应堆，同时还在国际范围内进行合作，帮助其他核能开发国家进行反应堆的改造。2012年，中美两国合作在秦皇岛建立了中国辐射探测中心，在核安全领域对大量的从业人员进行了专业培训。2016年3月18日，中美两国合作建设的"中美核安保示范中心"在北京房山长阳科技园正式建成启用，成为亚洲最大规模的核安全研究与人员培训基地。为了进一步巩固和加强双边合作，2016年两国还共同发表了《中美核安全合作联合声明》，共同加强全球核安全体系建设，实现核利用下的共赢和共同安全。

作为核开发大国，中国在"十三五"规划中提出了"核电走出去战略"，配合"一带一路"倡议发展的契机，中国核开发事业的未来大有可为。核安全，是一切核事业的基石、生命线和道德底线。中国通过自身的努力和国际多边、双边合作，核安全治理能力得到了全方位的发展和提升。在核安全理念方面，中国实现了质的飞跃，不仅提出了符合中国与国际核安全态势的"核安全观"，同时从人类生存和发展的需求出发提出了打造核安全命运共同体的倡议。从 2010 年核安全峰会开始，国际社会致力于建设一个提升全球核安全治理能力的国家核法证学数据库。目前，一些核开发大国已经建成了这个数据库并与国际社会共享，但是中国目前还没有建立一个完整的国家核法证学数据库，并且在与国际社会核安全相关数据库的共建、共享方面还有可提升的空间。

为了适应快速发展的核开发事业的需求，各国与国际社会的核安全危机治理能力需要进一步增强。核开发国家应该进一步强化国家责任意识，培育核安全文化和增强核安全意识，深化国际核安全合作。展望未来，加强国际核安全体系，是核能事业健康发展的基本前提，更是推进全球安全治理、构建新型国际关系、完善世界秩序的重要环节。核安全危机关涉到人类核事业是否能够永续发展和人类的生死存亡，对于各国和国际社会而言，核安全危机治理的能力提升和制度建设永远只有进行时，没有完成时。

思考题

1. 如何理解核安全的概念？核安全维护的主要内容是什么？
2. 当前人类面临的核安全危机有哪些种类？各类核安全危机的具体表现是什么？
3. 核安全危机治理的理念和机制是什么？

讨论题

1. 你怎么看人类的核事业与核安全的关系？我们是否应该继续扩大核开发？
2. 说说你对当前核安全危机治理机制的评价，以及对完善核安全危机治理机制的建议。

推荐阅读材料

1. 余潇枫、陈佳：《核正义理论与"人类核安全命运共同体"》，载《世界经济与政治》2018 年第 4 期。
2. Joseph S. Nye, *Nuclear Ethics*, New York, NY: The Free Press, 1986.
3. 冯昊青：《核伦理学引论：核实践的伦理审视》，红旗出版社 2012 年版。

第三章 水危机：人类何去何从[*]

> **导读**
>
> 美国宇航局（NASA）于2014年拍摄的一张卫星照片显示，550万岁的咸海即将与地球永别。咸海，曾经的世界第四大湖泊，曾经的中亚绿明珠，已经萎缩了90%的面积，湖床干涸，盐碱聚集，伴随着风沙肆虐成无常的盐沙暴。曾经靠咸海滋润而生的中亚国家，昔日繁荣的渔港只剩下了锈迹斑斑的渔船，曾经富饶的沼泽与湿地蜕变成了毫无声息的沙漠，曾经靠海而生的人们面临的是生存与发展的窘境。咸海的悲剧是现在的人类社会所面临的水危机的一个缩影，是对水安全维护迫切性的一个警示。水是人类文明的起源，是哺育人类的乳汁，是人类赖以生存和发展的基础性资源。今天，水安全的红色警报已经拉响，全球性水危机时代已经来临，因水安全带来的灾难正在日渐凸显，因水危机引发的冲突正在冲击现有的和平，如果人类不加以干预和治理，地球上的最后一滴水可能就是人类的眼泪。

第一节 水危机的红色警报：逐渐干枯的地球

古希腊哲人泰勒斯认为"水是世界的本原"，他不仅揭示了纷繁复杂的世界的本质是"一"，而且揭示了这个"一"就是"水"。地球是一颗蓝色的星球，其表面72%的面积被水所覆盖，水是将地球成就为人类家园的最重要的资源和物质。人类文明最早诞生的四个地区——古巴比伦、古埃及、古代中

---

[*] 本章内容是国家社会科学基金一般项目"气候变化与亚太水资源安全治理研究"（批准号：16BGJ057）、教育部人文社会科学研究一般项目"中国与周边国家之间的跨境水资源安全问题研究"（批准号：15YJC810008）的阶段性成果。

国、古印度无一不是发源在丰富水源的附近。① 有水的地方,才会有肥沃的土地,才会为人类繁衍生息提供便利,提供足够的水去发展农业,兴起商业。但是,随着人类社会的不断发展,人类赖以生存的水资源已经发出安全预警,地球正在逐渐干枯,水安全威胁成为挑战人类的重大非传统安全威胁,水危机时代来临了。

一、何谓水危机

美国国际关系学者约瑟夫·奈(Joseph S. Nye)曾经用空气来比喻"安全",说安全如空气,有的时候人们不重视它,没有的时候则致人以命。当今时代,我们同样也可以用水来比喻"安全",没有水的安全就难以有人的安全。"如今人们重视'水安全',在安全概念之前直接放上前置词'水',不仅是因为水(短缺、质差、洪灾及跨界冲突等)直接影响人的生存,而且还因为水与土壤、粮食、气候等相关而多方面地影响国家的发展。"② 水看似无处不在,储量丰富,高达13亿8600万立方千米,但人类可以享用的淡水资源却不是取之不尽用之不竭的,它在数量上具有稀缺性。地球上的水大约有96.5%是不适于饮用和灌溉的碱水,只有2.53%的水为淡水,总量大约为3500万立方千米。③ 同时,在这不多的淡水资源里,有68.7%位于两极冰盖和高山冰川中,以冰川、永久积雪和多年冻土的形式存在。

水在地球上的分布也是不均衡的。作为淡水资源的主要蕴藏者河流,其全球年径流总量中,亚洲占31%,南美占25%,北美与中美占17%,非洲占10%,欧洲仅占7%。若以国家为单位统计:巴西排名第一,占21%(仅一条亚马孙河就占了全球年径流总量的16%),超过第二名俄罗斯(10%)一倍以上;中国占5.7%,加拿大占5.6%,美国占4.4%,印度占3.8%,刚果(金)占2.3%,哥伦比亚、委内瑞拉、孟加拉国和缅甸各占2%。以上11个国家拥有全球年径流总量的60%以上。④ 而约占世界人口总数40%的80多个国家和地区却处于缺水状态。

---

① 古巴比伦发源于两河流域即底格里斯河和幼发拉底河流域,古埃及发源于尼罗河流域,古代中国发源于黄河流域,古印度发源于印度河与恒河流域。
② 余潇枫、周章贵:《中印跨界河流非传统安全威胁识别、评估与应对》,载《世界经济与政治》2014年第12期,第53页。
③ See Peter H. Gleick, *Water in Crisis: A Guide to the World's Fresh Water Resources*, New York, NY: Oxford University Press, 1993, pp. 4-12.
④ 参见《邓郎 梁国坚:全球水危机和国际水冲突》,http://www.aisixiang.com/data/69014.html,2017年12月30日访问。

水不同于原油，是一种不可替代性的资源。水是地球上所有生命所不可缺少的，也是人类社会经济发展的关键，尽管在某种程度上可以再生，但并不是取之不尽的，它正变得稀缺，可利用的水资源正在缩减。水已经成为影响国家内部、地区和国际政治的因素。[①]

联合国早在 1977 年的世界水会议上就开始关注全球的水危机问题。那么，到底什么是水危机？水资源的构成包括水质和水量两个要素，水质的好坏与水量的多少直接决定着水资源的可持续利用价值。因此，水危机通俗来讲就是水的自然循环过程和系统受到破坏，导致水质和水量无法满足国民经济和社会可持续发展需要的状态，对国家利益和人类生存形成威胁。[②] 水危机从本质上讲是一种因水质和水量的变化而产生的非传统安全问题。

随着气候变化的影响以及人口的持续增多，获取水资源已经逐渐成为一个事关"生或者死"的问题。在 2012—2017 年的世界经济论坛的全球风险评估报告中，水危机已经连续六年被列为对全球影响最大的五大风险之一。[③] 水既可以成为冲突的引子，也可以成为地区和平的纽带，如何妥善处理水资源的使用与分配，决定了人类的未来是和平还是冲突。

二、全球水危机现状

整体上讲，随着全球人口的持续增加、全球气候变暖影响的不确定性，全球水资源的供应情况已经非常严峻。美国对外援助署发布的数据显示，截止到 2010 年，全球约 7.8 亿人口缺乏足够的饮用水，25 亿人没有安全的水卫生环境。[④] 联合国教科文组织 2009 年发布的《世界水资源开发报告》中也指出，人类对水的需求正以每年 64 立方千米的速度增长，到 2030 年，全球将有 47% 的人口居住在用水高度紧张的地区。联合国教科文组织在 2010 年的"世界水日"发布的数据显示，水质恶化已经严重影响到地区生态环境和人类健康，每年全球死于水污染的人数多于战争等各种暴力冲突死亡的人数的总和。[⑤] 据联合国《世界水发展报告（2016）》的数据统计，到 2025 年，全球大

[①] See Water and Conflict, https：//rmportal. net/library/content/tools/water-and-fresh-water-resource-management-tools/toolkit-water-and-conflict-04-04-02. pdf/view？searchterm=fuels, visited on 2017-12-30.
[②] 参见郑通汉：《论水资源安全与水资源安全预警》，载《中国水利》2003 年第 6 期，第 45 页。
[③] See World Economic Forum, The Global Risks Report 2017, http：//www3. weforum. org/docs/GRR17_Report_web. pdf, visitd on 2017-12-30.
[④] See USAID Water and Development Strategy, 2013-2018, http：//www. usaid. gov/documents/1865/usaid-water-and-development-strategy-2013-2018, visited on 2017-12-10.
[⑤] 参见《美欲把解决缺水问题视为其外交重点》，载《光明日报》2010 年 4 月 6 日。

约有48个国家的28亿人将面临水资源压力或缺水状况,其中40个国家在西亚、北非;而到了2050年,受到水资源短缺威胁的国家将会增加到54个,受波及的人口数量将会占到全球人口的40%,达40亿人,其中23亿人将处于极度缺水的境地,尤其是北部和南部非洲以及南亚和中亚地区。①

非洲地区的水危机现象尤为严重。在当今世界上,约8.84亿人无法获得安全的饮用水,其中大部分人生活在非洲。虽然非洲大陆的淡水资源占全球总量的9%,但撒哈拉以南非洲地区是全球水资源形势最为严峻的地区之一。提供安全、清洁的水源和用水设施也是这一地区面临的艰巨任务。② 非洲水事部长理事会执行秘书白马斯·塔尔曾表示,目前非洲有3.4亿人喝不到清洁的水,5亿人生活在卫生条件很差的地区;水资源短缺,已经成为威胁非洲人民生存的主要危机之一。如果不及时采取措施,到2050年南非的水资源将会枯竭。③

亚洲的水资源形势状况同样不容乐观。据亚洲开发银行2016年发布的水安全报告显示,在拥有全世界67%人口和1/3经济总量的亚洲,八成国家的水质环境处于危险境地,到2030年,亚洲的水资源的供给只能满足40%的需求。到2050年,预计34亿人口将面临严峻的水压力。如果水危机的问题得不到解决,亚洲的经济增长"有可能因此而减缓"。④ 在"水比油贵"的中亚,咸海面积不断萎缩,各国赖以生存的两大主要河流阿姆河和锡尔河,以及巴尔喀什湖水体水质污染严重,水量的短缺和水质的污染已成为制约该地区发展的重要障碍。⑤ 而在南亚,印度的水资源只占全球的4%,却需要养活全球16%的人口。在可用水方面,印度在180个国家中排名第133位,水质方面在122个国家中排名第120位。⑥ 由于人口增长较快,印度人均占有水资源由1990年的2451立方米将降至2025年的1389立方米—1498立方米,逐渐步入

---

① See The United Nations World Water Development Report 2016, Water and Jobs: Facts and Figures, http://unesdoc.unesco.org/images/0024/002439/243938e.pdf, visited on 2018-01-30.
② 参见《世界水日:撒哈拉以南非洲面临严重水危机》, http://world.huanqiu.com/roll/2010-03/752666.html, 2017年12月30日访问。
③ 参见《南非水资源现状堪忧 2050年水资源或枯竭》, http://news.cri.cn/gb/27824/2013/03/22/6611s4061820.htm, 2017年12月30日访问。
④ See Asian Water Development Outlook 2016, https://www.adb.org/publications/asian-water-development-outlook-2016, visited on 2018-01-30.
⑤ See Environmental Security in Central Asia, http://www.eucentralasia.eu/uploads/tx_icticontent/EUCAM-Watch-13.pdf, visited on 2018-01-30; Addressing Environmental Risks in Central Asia, http://www.envsec.org/publications/Addressing%20environmental%20risks%20in%20Central%20Asia_English.pdf, visited on 2018-01-30.
⑥ 参见蓝建学:《水资源安全和中印关系》,载《南亚研究》2008年第2期,第22—23页。

用水紧张的阶段，中南部地区会出现严重持续性缺水。① 到2050年，印度常年的总耗水量预计将从目前的634立方千米增加到1180立方千米，可供饮用的人均水量将不到2001年的一半，水危机正在步步逼近印度。② 在巴基斯坦，民众严重缺乏饮用水，已导致多人死亡，其中大多数为儿童。③《水：亚洲的新战场》一书作者告诉世人：如果说人们在昨天是为土地而发动战争的话，那么今天正在为能源而战，然而在明天则将是为水而战。该书作者特别指出：在亚洲，需要通过预防性外交来避免即将来临的水战争，水将是亚洲国家之间新的战争分界线。④

三、气候变化加剧水危机

气候变化是加剧全球水危机的一个关键性因素。全球气候在过去一百多年经历着以全球气候变暖为主要特征的显著变化，从1880年到2012年，全球平均地面气温上升了0.65℃—1.06℃，预计2016—2035年将升高0.3℃—0.7℃，2081—2100年将升高0.3℃—4.8℃。⑤ 作为人类社会发展不可取代的资源，"水是气候的产物"，水资源是气候系统五大圈层长期相互作用的结果，同时又会受到人类活动的严重干扰和影响。气候的异常与变化会对水循环的更替期长短、水质、水量、水资源的时空分布和水旱灾害的发生频率与强度产生重大影响。2012年，联合国水机制和联合国教科文组织发布的《不稳定及风险情况下的水资源管理》报告中指出，气候变化与水资源冲突存在直接关系，气候变化对全球水资源供应造成越来越大的压力，如果水资源危机不能及时解决，将会导致各种政治不安全和各个层面的冲突。⑥ 根据联合国政府间气候变化专门委员会（IPCC）的第五次评估，气候变化使得7%的全球人口的可利用水资源将至少减少20%。⑦

---

① 参见陈志恺：《人口、经济和水资源的关系》，载《水利规划设计》2000年第3期，第1页。
② 参见《水资源短缺 亚非一些国家形势最为严峻》，http://www.info.water.hc360.com/2010/03/250840178820-2.shtml，2014年5月6日访问。
③ 参见《巴基斯坦水危机致数百万人缺饮用水 大量儿童死亡》，http://gb.cri.cn/42071/2014/12/15/6651s4804349.htm，2018年1月30日访问。
④ See Brahma Chellaney, *Water: Asia's New Battleground*, Washington, D.C.: Georgetown University Press, 2011, p.7.
⑤ See Intergovernmental Panel on Climate Change (IPCC), Working Group I Contribution to the IPCC Fifth Assessment Report, Climate Change 2013: The Physical Science Basis, http://www.climatechange2013.org/images/report/WG1AR5_ALL_FINAL.pdf, visited on 2018-01-30.
⑥ See World Water Development Report 2012: Managing Water Under Uncertainty and Risk, http://www.unwater.org/publications/publications-detail/en/c/202715/, visited on 2018-01-30.
⑦ See The United Nations World Water Development Report 2016, Water and Jobs: Facts and Figures, http://unesdoc.unesco.org/images/0024/002439/243938e.pdf, visited on 2018-01-30.

气候变化对水资源安全的现实性影响已经开始凸显。在过去的10多年里，随着全球气候变暖，非洲地区多数国家连续出现全年少雨或无雨状况。《科学》杂志2009年发表的一项研究报告指出，非洲的河流对降雨量的变化非常敏感，降雨量的略微减少都可能导致河流流量大幅减少。非洲河流流量的减少甚至干涸，将导致1/4的非洲大陆在21世纪末处于严重缺水状态。[1] 而气候变暖会导致冰川消融，由此加剧亚洲的水危机的现状。据相关研究显示，喜马拉雅山冰雪消融的径流系统将在2050—2070年达到峰值，此后其年度平均流量的衰减将在1/5到1/4之间。[2] 如果按照这项研究推算，届时，依赖青藏高原冰川融水供给的许多条东南亚和南亚河流将遭受有效水资源减退的威胁，季节性水资源短缺的局面可能会突然降临，美国伍德罗·威尔逊国际学者中心的环境与安全计划主管乔费杰弗里·达贝克（Geoffrey Dabelko）表示，中国、印度、巴基斯坦、孟加拉国和不丹近20亿人将会因青藏高原冰川消融导致的水流减缓而面临水资源的短缺。[3] 例如，恒河一旦缺少冰川的补给，每年的7—9月的流量将减少2/3，将导致5亿人和印度37%的农田面临水资源短缺的威胁。[4]

第二节 水危机的现实与前景：动荡的世界

水危机的安全效应是连锁性的，它带给人类的将是一个动荡不安的世界。水质污染、干旱缺水、沙漠化等水的物理性变化会导致饮用水不安全，使民众疾病多发、健康下降，农林牧副渔业生产受到威胁，水环境移民产生并增多，区域和国家之间因争夺资源而社会压力增多等，这种系列性的社会政治影响又会对国家关系、地区安全与稳定性产生潜在的影响，例如，环境难民和移民的压力上升、极端主义和恐怖主义滋长、国家压力上升、跨国和国际冲突风险增多等。所以，由水威胁引发的水危机，如果没能对其进行及时治理，将会逐渐演变成一个又一个冲击地区稳定与世界和平的"炸弹"。

---

[1] 参见《世界水日：撒哈拉以南非洲面临严重水危机》，http://world.huanqiu.com/roll/2010-03/752666.html，2018年1月30日访问。

[2] See H. Gwyn Rees and David Collins, Regional Differences in Response of Flow in Glacier-Fed Himalayan Rivers to Climate Warming, *Hydrological Process*, Vol. 20, No. 10, 2006, pp. 2167-2168.

[3] 参见《青藏高原冰川萎缩将使亚洲遭遇水资源短缺》，http://cn.reuters.com/article/oddlyEnoughNews/idCNChina-3489320090119?sp=true，2018年1月30日访问。

[4] See C. K. Jain, A Hydro-Chemical Study of a Mountains Watershed: The Ganga, India, *Journal of Water Resources Research*, Vol. 36, No. 5, 2002.

一、水危机与地区冲突

从国际关系的发展史看，水危机是极易引发国家间纷争和冲突的。在过去数十年里，由于水资源争端问题引发的 1831 起个案中，有 507 起具有冲突的性质，有 37 起具有暴力性质，而在这 37 起中有 21 起演变成为军事冲突。① 尤其是在跨国界水资源流域，诸多国家共享同一条河流，水资源分配的不均衡，国家间水需求量和存储量的不匹配，使得对水的开发和利用成为一种"高敏感性"的地区性事件，在水危机现实的驱赶下，地区性的水冲突就会难以避免地发生了。

例如，中东的动荡与水息息相关。中东地区是世界上最干旱的地区之一，中东国家的水资源利用主要依赖于几条跨国界河流，缺水现象一直比较严重。约旦河发源于黎巴嫩、叙利亚，流经以色列、约旦，注入死海，是四个沿岸国家的主要水源。以色列是世界上最缺水的国家之一，年降雨量为 20—500 毫米，全年无降雨期长达 7 个多月，国家存亡时刻受到水资源稀缺的威胁。

为了解决经济发展和民生的用水需求，在 20 世纪 50 年代，以色列打算实施"国家输水工程"，通过修建水渠和河坝来改变约旦河河道，从而使约旦河的大部分水资源为己所用，这一计划激起了约旦河流域其他阿拉伯国家的强烈反对，但该工程仍旧在 1964 年基本竣工。该工程调水量每年达 0.6 立方千米，超过约旦河径流总量，使约旦河几乎成了枯河，每年汇入终点死海的水量减少了 3/4，死海水位因此下降 17 米，面积缩小 300 平方千米，即将面临干涸。约旦河河水大部分被以色列截走，导致约旦河两岸的其他国家水资源短缺状况愈加严重。作为反制措施，约旦河其他国家除了纷纷规划和实施自己的水流改道工程，而且在 1964 年共同制订了约旦河水源调水计划。该计划可将以色列的调水量减少一半。以色列立即宣称该计划是对其国家主权的直接威胁，派出了突击队对其他阿拉伯国家的约旦河改道工程进行了破坏，成为引发第三次中东战争的由头之一。在第三次中东战争期间，以色列占领了约旦河西岸和戈兰高地，夺去了约旦河和太巴列湖（地处戈兰高地，主要由约旦河上游的淡水注入而成）的控制权，并利用第四次和第五次中东战争占有了黎巴嫩南部领土等，从而控制了约旦河流域的主要水资源来源地。以色列在中东得以"称王称霸"的资本是与其独霸关键的水资源密不可分的，也

---

① 参见《联合国报告认为：世界面临水危机》，载《中外房地产导报》2003 年第 6 期。

正因为如此,其与约旦、巴勒斯坦、叙利亚和黎巴嫩的纷争不断,地区的动荡不安持久不断。

在"人多水不均"的南亚地区,水资源分配的冲突也与本地区的水危机密切相关,通过恒河流域的例子可以"以一窥十"。恒河是印度和孟加拉国的"母亲河",印孟两国的农业生产和经济生活都离不开恒河水的滋养。面对国内的大量需求,20世纪70年代,印度在恒河之上的印孟两国交界地——法拉卡上筑坝截水,使恒河中2/3的水改道至加尔各答港入海,从而提升了加尔各答港的航运能力和印度城市的取水能力。但印度的做法使孟加拉国每逢旱季就面临无水可取的境地,严重地影响了孟加拉国的农业生产和经济、居民生活。在多次抗议和谈判无果的情况下,孟加拉国一度将恒河用水问题提交至联合国大会。1977年,印孟两国终于签订一项为期5年的临时协议,以适度地满足孟加拉国的用水要求,但仅仅在3年之后,该协议就被印度当时执政的国大党废弃,致使孟加拉国遭遇重大损失。印孟两国长期的水纷争使本已因边界问题和政治问题就紧张的两国关系更加雪上加霜。

资料1　中印跨界河流安全威胁评估

二、水危机与国际恐怖主义

"9·11"事件之后,恐怖主义就成为影响地区秩序构建和国际和平安全的重要问题。在政治关系不稳定,地区形势动荡的环境里,水危机会破坏当地经济和政治生态,为极端组织提供机会,为恐怖主义的滋生提供温床。例如,在非洲的索马里,其国内的极端组织"青年党"利用水危机制造的"水恐怖主义"正严重影响着非洲之角的安全与稳定。而中东的极端组织"伊斯兰国"(ISIS)的崛起与发展也与当地的水危机密不可分。2015年之后,ISIS作为恐怖主义的"新生力量"开始以各种残暴的"圣战"方式在世界各地频频制造骇人听闻的恐怖事件,意图搅乱整个世界,建立所谓的"哈里发帝国",重新规划世界版图,重构世界秩序。

叙利亚自"阿拉伯之春"后就进入了持久的内战阶段,由于长期干旱少雨,水资源短缺状况加剧,致使农作物歉收,农民的基本温饱难以维持,而针对政府的抗议活动又不断被残酷镇压。与此同时,伊拉克境内的ISIS恐怖势力蔓延到了叙利亚。① 水危机造成的缺水少食使得失去生计的上千万农民为了谋生开始大量涌入城市,继而导致城市基础设施和社会管理的压力激增,

---

① See Water and Violence: Crisis of Survival in the Middle East, http://www.strategicforesight.com/publication_pdf/63948150123-web.pdf, visited on 2018-01-30.

新旧居民矛盾激化，加深了早已经存在的宗教和社会政治鸿沟，但政府无力解决日益严重的社会和人道主义危机。截至 2015 年，全国 80% 以上的人口已处于贫困状态。为了生存，也为了反抗无能政府，一些人选择加入 ISIS。

瑞典国际发展合作机构的统计数据显示，除了宗教意识形态的原因，60%—70% 的恐怖主义分子加入 ISIS 是出于国家政策失败和水资源短缺的原因。而 2014—2016 年，ISIS 最先控制的叙利亚东北部则是 2007—2012 年遭遇持续严重干旱的地方。由于叙利亚政府无力使遭遇干旱的人获得基本生活保障，导致社会仇恨激增和公众支持下降。而 ISIS 除了许以"丰厚"的报酬诱饵外，还通过建立社会服务系统，实施灌溉项目和提供干净的饮用水，以"吸纳"更多的对社会不满的当地民众加入。① ISIS 由此不断发展壮大。

壮大后的 ISIS 持续利用中东地区水危机严重的事实，将操控水基础设施作为"战争武器"，通过控制水源，迫使人们服从其领导，水危机越严重的地区，恐怖组织的控制力就越大。② ISIS 通过控制重要的大坝来控制水源，由此控制了在饮用水、灌溉和电力供应上依赖水源的沿线区域。例如，2014 年，ISIS 控制了幼发拉底河上的塔布卡（Tabqa）大坝，该大坝是叙利亚 20% 的电力、500 万民众的饮用水和农业灌溉用水的来源；ISIS 还通过控制摩苏尔（Mosul）大坝来控制伊拉克 40% 的小麦产区。另外，石油生产离不开可持续的水源供应，ISIS 借助对水资源调配的控制权来持续性地增加石油生产所需要的水供应，以提高石油产量，获取重组的活动资金，继而加强控制农业和电力这两个关乎国家经济命脉的重要领域。③ 至此可以看出，在水危机背景下，水是 ISIS 发展壮大和实现其政治目的的一个重要的权力资源。

第三节 水危机的应对：合作与治理

一、国际合作与地区治理

如何应对水危机已经是一个国际问题，合作开展治理被国际社会视作一

---

① See Water and Violence: Crisis of Survival in the Middle East, http://www.strategicforesight.com/publication_pdf/63948150123-web.pdf, visited on 2018-01-30.

② See Adelphi, Insurgency, Terrorism and Organised Crime in a Warming Climate, https://www.climate-diplomacy.org/publications/insurgency-terrorism-and-organised-crime-warming-climate, visited on 2018-01-30.

③ See Water and Violence: Crisis of Survival in the Middle East, http://www.strategicforesight.com/publication_pdf/63948150123-web.pdf, visited on 2018-01-30.

种最为理性和有效的路径。绝大多数国家认为，将公平、合理、有效地使用水资源，保证未来的可持续发展作为重要的战略考虑，在必要而合理的范围内，联合起来对公平利用水资源的行为进行政策、法律和机制上的规定，会有助于水危机的解决、水安全的获取与维护。

在全球层面，以联合国系统为代表的国际组织通过建立相关的协调机制来推动国家之间在水资源管理和使用上的讨论、合作与信息共享，促进全球和区域在活动与发展方面相互支持。比较有代表性的是联合国水机制和世界水论坛两大多边机制。

联合国水机制通过定期发布《联合国水机制报告》和《世界水资源开发报告》，对全球淡水资源现状进行综合评议，监督并报告国际水资源方面取得的进展。联合国水机制通过向直接处理水问题的政策制定者和管理者以及在使用水资源方面具有影响力的其他决策者和公众提供信息，并提供一个平台，在全系统内展开讨论，甄别全球水资源管理的挑战，分析应对这些挑战的备选方法并确保在全球水资源政策辩论中能够运用可靠的信息和正确的分析。[1]

世界水论坛是目前全球规模最大的国际水事活动，从 1997 年起每三年举办一次，在每次的世界水论坛上，各国政府汇报本国与国际社会有关水与可持续发展问题的决议的进展，交流水资源可持续利用方面的经验，明确各自在水资源领域的政治承诺和重要举措，最大限度地缓解水危机，提升水资源安全。[2]

除了全球层面的协调与交流外，地区层面的合作治理是应对水危机的主要途径。地区内部的国家通过协调（信息交流与共享）、协作（制定条约和行动规则）、联合行动（设立共同的管理机构）等方式[3]在水质、水量分配、洪水防控、水力发电、基础设施、合作管理等方面进行互动与合作，通过技术和资金的合作投入开展专项治理，提升整体应对水危机和水安全保障的能力。例如，在中亚地区，1993 年 1 月，乌兹别克斯坦、哈萨克斯坦、吉尔吉斯斯坦、塔吉克斯坦和土库曼斯坦五国成立"拯救咸海国际基金会"，在联合国、世界银行、亚洲开发银行等国际组织的帮助下，寻求解决咸海生态问题的办法。迄今为止，该基金会已经开展了三个专项计划，完成了几百个工程项目，对于咸海的生态保护起到了积极的作用。

---

[1] 资料来源：http://www.un.org/zh/waterforlifedecade/unwater.shtml，2018 年 1 月 30 日访问。
[2] 详细信息可访问世界水论坛的官方网站（http://www.worldwatercouncil.org/en）。
[3] See C. W. Sadoff and D. Grey, Cooperation on International Rivers: A Continuum for Securing and Sharing Benefits, *Water International*, 30th, Vol. 30, No. 4, 2005, pp. 1-8.

二、发达国家与对外水援助

水危机应对的关键是需要提高全球、地区和国家层面的水资源治理能力，而水资源治理能力的提升则需要先进的科学技术、充沛的资金以及大量的专业人才的可持续性投入。水危机的发生国多为发展中国家或欠发达国家，在资金、技术和人才上非常欠缺。以美国、欧盟为首的发达国家从其政治目的出发，将帮助水危机严重的国家提高水安全保障能力列为外交战略的一部分，并对其开展相应的水援助行动。

目前欧盟已经在全球范围内介入发展中国家的水治理事宜，与水相关的项目涉及全球60多个国家，从2004年到2013年，欧盟共投入约22亿欧元用于援助28个国家的水项目，其中65%的项目集中在"非加太国家"，周边邻国占22%，亚洲国家占5%，拉丁美洲国家占4%，欧盟如此投入的结果是超过7000万人的饮水条件和2400万人的卫生环境得到改善。[①] 在美国看来，只有美国具有足够的技术、资金和政策领导力来提供必要的水相关的国际公共产品，推动水危机的解决和水冲突的预防。为此，美国积极投入全球范围内的水治理活动。[②] 美国每年都要花费大笔的资金，用于援助水危机严重的非洲、亚洲和中东地区，以2013年的美国国际开发署（USAID）的水项目开展为例，当年共计投入5.24亿美元，其中对于非洲的水援助项目占50.2%，高达2.63亿美元；亚洲占22.6%，达1.18亿美元；中东占11.0%，为0.58亿美元。[③] 根据USAID公布的2003—2015年的水预算分配情况，其援助的领域主要为涉及饮用水和清洁卫生、水资源管理、水生产率和降低灾难风险等四大关乎一国和地区水资源安全的领域。2003—2015年，USAID用于水援助的资金平均每年为5亿多美元。虽然美国的对外水援助有着鲜明的政治目的，但是客观上缓解了亚非地区水危机造成的消极的社会效应，推动了水资源治理能力的提升，改善了水资源安全状况。

---

① See The EU Water Development Policy and the New Framework for Action, European Commission, http://slideplayer.com/slide/7699475/, visited on 2018-01-30.

② See Engelke and David Michel, Toward Global Water Security, http://www.atlanticcouncil.org/in-depth-research-reports/report/toward-global-water-security/, visited on 2018-01-30.

③ See Safeguarding the World's Water: Report for USAID Fiscal Year 2013 Water Secter Activities, https://www.usaid.gov/sites/default/files/documents/2151/SGFY13_pages_508.pdf, visited on 2018-01-30.

第四节　中国方略：绿色治理与人类命运共同体

中国涉及的跨界河流众多，对这些河流的合理利用和协调管理影响着与15个毗邻国间的睦邻友好关系、30个跨境民族的生产生活，以及2.2万多公里陆地边界的维护与管理。① 由于跨界河流在地理上处于边境地带，其引发的问题复杂而多样，既与历史纠纷相缠绕又与现实利益相关切，呈现出传统安全威胁与非传统安全威胁的相互交织性。中国政府站在人类历史发展进程的高度，提出了意义深远的人类命运共同体思想，并通过"一带一路"倡议践行之。这是中国为全球治理与国际和平奉献的中国智慧，是对于"建设一个什么样的世界、如何建设这个世界"提出的创新性中国方案。"一带一路"倡议的根本目的就是要与全球各国和地区共同打造利益共同体、责任共同体和命运共同体，携手国际社会应对和解决发展过程中的挑战，合力抓住新时代赋予的历史机遇，共同推动彼此发展。在应对全球水危机的挑战问题上，中国作为负责任的大国对内推动国内水危机的解决，并未雨绸缪，走绿色可持续发展之路；对外实施"一带一路"倡议，推动合作国家的水资源安全保障能力的提升，推动水资源安全治理。

一、对内：走绿色可持续发展之路

中国是水资源丰富的国家之一，淡水资源总量占全球水资源的6%，但人均只有2300立方米，仅为世界平均水平的1/4，在193个国家和地区中，中国的人均水资源量居143位，是世界上公认的13个缺水国家之一。中国660多个城市中有400多个城市存在不同程度的缺水问题，其中有136个城市缺水情况严重。② 除了水量的短缺之外，水质污染是中国水危机的另一大表现。《2015年中国环境状况公报》显示，中国七大水系中四类以下水质就占27.9%。作为北方重要水源的黄河，有38.7%基本丧失使用功能。因此，中国在全球治理中的重要贡献是有效地应对国内的水危机。

现在，水安全已经上升为中国的国家战略。习近平主席指出，河川之危、

---

① 参见王志坚、翟晓敏：《我国东北国际河流与东北亚安全》，载《东北亚论坛》2007年第4期，第70—73页。

② 参见《中国面临严重水危机》，http：//www.h2o-china.com/news/42924.html，2018年1月30日访问。

水源之危是生存环境之危、民族存续之危。《水利改革发展"十三五"规划》确立了"到 2020 年,基本建成与经济社会发展要求相适应的有利于水利科学发展的制度体系,显著增强国家水安全保障综合能力"的目标,树立了"以人为本,服务民生;节约供水,高效利用;人水和谐,绿色发展"的基本原则。① 中国一方面通过加强水利基础设施建设,实施水资源的国内合理调配,另一方面大力建设节水型社会,走绿色可持续发展之路。2015 年 4 月,中共中央、国务院发布《关于加快推进生态文明建设的意见》,将生态文明建设融入"五位一体"的各方面与全过程中,并首次提出了"绿色化",将"四化"变为协同推进"五化",即新型工业化、城镇化、信息化、农业现代化、绿色化。习近平主席在联合国日内瓦总部的《共同构建人类命运共同体》的讲话中指出:"坚持绿色低碳,建设一个清洁美丽的世界……遵循天人合一、道法自然的理念,寻求永续发展之路……倡导绿色、低碳、循环、可持续的生产生活方式,平衡推进 2030 年可持续发展议程,不断开拓生产发展、生活富裕、生态良好的文明发展道路。"② 可以说,走绿色可持续发展之路必将对于中国水资源安全治理和水危机预防起到积极作用。

二、对外:推进"一带一路"倡议的实施

从"一带一路"倡议的实施来说,环境安全是打造利益共同体、责任共同体和命运共同体的支撑性基础。"一带一路"倡议的实施是一个庞大而复杂的大工程,投资总规模或高达 6 万亿美元,涉及全球众多国家。其中,参与"一带一路"倡议的很多国家都面临程度不同的水资源安全问题,水危机对于这些国家的经济发展和国内安全的挑战十分巨大。实施"一带一路"倡议,协助对象国推动水资源安全治理,解决发展中的水危机挑战,提升水资源安全保障能力,是中国参与全球治理,构建利益共同体、责任共同体和命运共同体的重要内容。

资料2 水资源安全对"一带一路"倡议实施的要求

中国通过技术和资金投资的方式,推动对象国水利基础设施建设,包括水资源的储存和供应系统,国家内部地区之间的水分配和调水网络及输水管道,饮用水、废水和雨水基础设施,洪水控制措施(包括堤坝、水坝、防洪堤和港口等),以及洪水准备措施(如蓄水储存),以改善对象国的水资源不

---

① 参见《〈水利改革发展"十三五"规划〉发布(附全文)》,http://www.h2o-china.com/news/view?id=251301&page=2,2018 年 1 月 30 日访问。
② 《习近平主席在联合国日内瓦总部的演讲(全文)》,http://news.xinhuanet.com/world/2017-01/19/c_1120340081.htm,2018 年 1 月 30 日访问。

足的状况。"一带一路"倡议实施以来,中国凭借强大的集成整合能力,在"一带一路"沿线国家建设了多座"三峡工程":几内亚凯乐塔水电站、尼泊尔上马蒂水电站、马来西亚沫若水电站和苏丹麦洛维水电站等。截至2016年3月,中国电力建设集团在"一带一路"沿线承担在建工程项目共计329个,合同总额约230亿美元。在建项目数量主要集中在巴基斯坦、孟加拉国等水资源稀缺的国家。[1] 截止到2018年9月,中国电力建设集团在孟加拉国的在建项目已达到14个,项目总额达47亿美元。[2] 中国长江三峡集团的中国水利电力对外公司在"一带一路"沿线的老挝、马来西亚、菲律宾、印度尼西亚、巴基斯坦、尼泊尔、哈萨克斯坦、马其顿、塞尔维亚、肯尼亚等近20个国家设有驻外机构或项目部,成功建设多个在双边经贸关系中具有重要地位的大型水利水电项目,拥有在建投资和国际工程承包项目20余个。[3] 水利投资项目已经成为"一带一路"倡议实施的重要内容,单是在巴基斯坦一国,中国就投资500亿美元用于印度河流域水库项目的建设。[4]

除了基础设施项目的建设之外,中国的技术类投入也在增加。中国日益重视技术性因素在水利外交中的应用,注重帮助对象国提升水资源管理的能力。例如,通过有意识地在水文气象学、地理信息系统、监测控制和数据获取系统、远程感应等方面加强技术类投资,帮助对象国政府更好地管理水资源和水卫生系统,通过这些系统的建设,更好地搜集数据,预测水资源使用战略可能带来的后果,提升水资源利用效率,协助水资源管理战略、合作管理战略和利用战略的调整和制定,从而可以更有效地应对水危机。

随着中国综合国力和国际影响力的不断提升,中国必将在全球治理中扮演起更为重要的角色。大力实施"一带一路"倡议,努力构建人类命运共同体,是中国向国际社会提供的全球性公共产品,这对于包括水危机在内的全球挑战的应对必将起到积极作用。

---

[1] 参见《中巴合作再飞跃 签署500亿美元水利大项目》,http://finance.sina.com.cn/money/future/indu/2017-05-16/doc-ifyfekhi7876097.shtml,2018年1月30日访问。

[2] 参见《专访:深耕"一带一路"沿线国家造福当地——访中国电建国际公司副总经理熊立新》,http://www.xinhuanet.com/2018-09/08/c_1123399803.htm,2018年1月30日访问。

[3] 参见《水电:"一带一路"实践成绩斐然》,http://www.chinapower.com.cn/focus/20170518/77520.html,2018年1月30日访问。

[4] 参见《中巴合作再飞跃 签署500亿美元水利大项目》,http://finance.sina.com.cn/money/future/indu/2017-05-16/doc-ifyfekhi7876097.shtml,2018年1月30日访问。

> **思考题**
>
> 1. 全球水危机形成和加剧的原因包括哪些?
> 2. 气候变化会对水资源安全产生何种影响?
> 3. 水危机如何造成国家之间的冲突?

> **讨论题**
>
> 1. 水危机会对地区间关系的构建产生何种影响?
> 2. 中国"一带一路"倡议的实施如何影响水资源安全治理?

> **推荐阅读材料**
>
> 1. 李志斐:《水与中国周边关系》,时事出版社2015年版。
> 2. Brahma Chellaney, *Water, Peace, and War: Confronting the Global Water Crisis*, Lanhan, ML: Rowman & Littlefield, 2013.
> 3. 李志斐:《气候变化对青藏高原水资源安全的影响》,载《国家安全研究》2018年第3期。

第四章 人类贫困危机:"森指数"与代际传递[①]

> **导读**
>
> 传统的贫困研究多为静态分析范式。近三十年来,国内外贫困研究逐渐从静态转向动态。暂时贫困、长期贫困、贫困代际传递是动态贫困的三种主要形态。在特别不利的自然灾害和政治社会经济环境的冲击下,暂时贫困会演变为长期贫困。长期贫困就是持续相当长时间的贫困。最极端的长期贫困是将贫困传递给子代,致使子代从人生之初即陷入贫困。长期贫困的显著特征主要有三个:持续时间长、代际传递和脆弱性。长期贫困的定量分析是制定有效的反贫困战略和精准扶贫政策的重要依据。

第一节 贫困测量及类型

一、贫困及其测量

贫困像癌症一样,种类繁多、程度不同。关于贫困的定义和说法很多。中国古代的荀子曰:"多有之者富,少有之者贫,至无有者穷。"(《荀子·大略》)很显然,荀子是从唯物的角度并以财产货物的多少来划分贫富的。贫、穷都表现为缺乏财产货物,但是在程度上,荀子认为"穷"比"贫"要更加深刻。从字面上解读,"穷"是屋檐下只有"力",再无他物,也就是"家徒

[①] 本章内容是国家社会科学基金重点项目"彝族长期贫困与代际传递的实证研究"(批准号:16AMZ012)的阶段性成果。全文刊载于《社会科学研究》2017年第2期,转载于《中国社会科学(文摘)》2017年第7期。

四壁"。最极端的是居无定所、没有安身之地的那些人。"贫"是指财产货物的分割,"贫"不仅是缺乏财产货物的积累,而且还将已有的财产货物不断分割、分散。在西方,最早对贫困进行科学研究的是朗特里(Seebohm Rowntree),在20世纪初,他通过在英国约克郡对居民家计的实地调查和长期观察,发现一些家庭因为收入微薄,不足以换取生活所需要的基本资料,一日三餐就是:早餐,面包加肉汤;午餐,肉汤加面包;晚餐,面包加肉汤。① 他认为,如果一个家庭的总收入不足以取得维持体能所需要的最低数量的生活必需品,那么这个家庭就是贫困的。这些生活必需品包括食品、住房、衣着和其他必需的东西。这实际上是以生物学的思想和方法来界定的"贫困"(primary poverty),被称为"绝对贫困",也成为后来许多国家和地区用于制定贫困线的出发点。

在之后的一百多年里,关于贫困的科学研究不断深入,归纳起来大致经历了四个阶段:一是20世纪初期,以朗特里为代表的科学家从生物学方法认识和界定"绝对贫困";二是20世纪四五十年代,以汤森(Peter Townsend)为代表的社会学家在质疑"绝对贫困"的存在性和可测量问题的同时,以社会学视角用收入不平等方法提出了"相对贫困";三是进入六七十年代,对贫困问题的研究更加多元,维度也有所增加,有以伦理学视角认为贫困是一种价值判断,有以公共政策视角认为"贫困"就是一种政策定义(比如确定贫困线就是公共政策的体现),以及认为贫困是一种亚文化现象等;四是到了八九十年代,学术界和一些国际组织对贫困更加关注,以阿马蒂亚·森(Amartya Sen)为代表的经济学家从资源禀赋与交换映射的角度对贫困内核(饥饿)开展深入研究,取得丰硕的成果,阿马蒂亚·森还因此于1998年获得诺贝尔经济学奖。

阿马蒂亚·森通过对孟加拉等国家和地区在20世纪六七十年代发生的大饥荒的深入观察、分析和研究,以福利经济学理论和方法为基础,结合哲学工具建构了"权利方法"②来分析贫困,直指贫困的内核——饥饿基本上是人

---

① 本章作者2016年在彝族农村调研时发现,大多数家庭每日食两餐:半上午餐,土豆、荞麦馍、酸菜汤;半下午兼晚餐,酸菜汤、土豆。偶尔有肉食。
② 阿马蒂亚·森认为,无论何种贫困状态,其本质都是一样的,饥饿与饥荒产生的根源在于对权利的剥夺。贫困不仅仅是收入低下的外在表现,更是由于权利的缺乏或者其他条件的不足造成的。阿玛蒂亚·森将贫困概念从收入贫困扩展到权利贫困、可行能力贫困和人类贫困,将贫困的原因分析从经济领域扩展到政治、法律、文化、制度等领域,将传统的经济发展观扩展到人与社会的自由发展观,认为只有让人们享有更大限度的行动自由,拥有更多的机会,作出更多的选择,才能从本质上消除贫困。

类关于食物所有权的反映。他认为"饥饿是指一些人未能得到足够的食物，而非现实世界中不存在足够的食物"①，并对美国食品药品监督管理局的观点即"饥荒是由粮食供给下降引起的"提出质疑。除此之外，阿马蒂亚·森对贫困研究的另一个重大贡献是将贫困发生率和贫困程度的分析进行了科学的结合，创立了"森指数"②：

$$P_s = q/n\pi \{\pi - y^* (1-G)\} = PH \{1 - y^* (1-G)/\pi\}$$

其中，q 表示贫困人口数量，n 表示总人口，π 表示贫困线，y^* 在收入分配完全均匀的简化情况下，表示贫困者的收入水平，G 表示贫困人口收入分配的基尼系数，PH 表示贫困人口占总人口的比例。

毋庸置疑，森指数从两个方面弥补了既有贫困测量指标的不足：一方面弥补了贫困发生率③不能测量贫困程度的不足，另一方面弥补了贫困深度指数④不能测量贫困发生的不足，从而显著提升了贫困测量的科学性。在此过程中，人类对贫困的认识越来越清晰，对贫困的分类也越来越细致。

二、贫困的类型

如前所述，贫困作用于人类社会的现象，晚近才被发现和科学认识。贫困的类型也是在不同的分类体系里逐渐呈现出来的。

第一种贫困类型是以家庭和个人为对象的绝对贫困、相对贫困、能力贫困和权利贫困。这一类型在西方贫困问题研究中是主流。在贫困作用于社群的分类体系里，最早被识别出来的贫困类型是绝对贫困，然后是相对贫困、能力贫困和权利贫困。这几种贫困类型主要是从贫困作用于个人、家庭和社群角度进行的分类，贫困归因更多倾向于社会制度以及个人与家庭的资源禀赋差异。⑤ 20 世纪后期，中国政府扶贫工作的目标是缓解绝对贫困，简称"温饱"目标。进

---

① 〔印度〕阿马蒂亚·森：《贫困与饥荒——论权利与剥夺》，王宇等译，商务印书馆2001 年版，第5 页。
② 森指数，是指著名贫困问题研究专家、1998 年诺贝尔经济学奖获得者阿马蒂亚·森于1973—1976 年提出的一个综合的测量贫困的方法。这种方法是贫困发生率与贫困程度测量方法的综合，使贫困人口分布和收入分配都得到很好的体现。森指数在 0—1 之间变动，当每个人的收入都在贫困线以上时，森指数为 0，因为 q 为 0；当所有人都没有收入时，或社会分配极度不平等时，y^* 为 0，q = n，森指数为 1。
③ 贫困发生率 PH，也叫"人头法"，就是贫困人口数除以人口总数。该测量简单易操作。PH = q/n，其中 PH 表示贫困发生率，q 表示贫困线以下的人口数，n 表示总人口数。
④ 贫困深度指数 PI，是测量低于贫困线以下人口的收入距离贫困线的平均距离，即 PI = gΔ/π，其中 PI 为贫困深度指数，gΔ 为平均缺口，π 为贫困线。
⑤ 参见王卓：《中国现阶段的贫困特征》，载《经济学家》2000 年第 2 期。

入 21 世纪，中国政府扶贫工作的目标被描述为"两不愁三保障"①。这个目标下的贫困实际上是处于绝对贫困与相对贫困之间的一个政策定义，在操作层面上的具体体现就是以农民年人均纯收入 2300 元为贫困线（2010 年不变价），② 并据此通过多种方式③识别出全国 7000 余万农村贫困人口，这 7000 余万农村贫困人口中既有需要民政部门兜底④的绝对贫困人口，也有需要以多种方式扶持的相对贫困人口，并以相对贫困人口为主要构成。

第二种贫困类型是以地理空间加行政空间为对象的贫困地区，包括落后国家、落后地区、贫困地区、贫困县等。 在贫困作用于社群居住的地理空间的分类体系里，最初被识别出来的贫困类型是低收入国家或贫困地区。世界银行运用人均国民收入指标将不同的国家划分为三种类型：低收入国家、中等收入国家和高收入国家。⑤

美国经济学家托达罗（M. P. Todaro）在他的《第三世界的经济发展》中写道："几乎所有的第三世界国家都位于热带或亚热带地区，而历史事实是，现代经济增长一切成功的范例几乎都发生在温带国家。这样一种分歧不能简单地归之于巧合，它必然与不同的气候环境直接或间接引起的某些特殊困难有关。"⑥ 他明确指出了落后国家或地区与自然地理环境的相关性。

地理环境决定论是一种经典的贫困理论，属于发展经济学范畴，理论的核心是把贫困归因为地理环境不利。在贫困发生率高的国家或区域，人们统称其为贫穷落后国家或贫困地区。在 20 世纪 80 年代之前，中国农村的贫困发生率接近 1/3，使得中国成为贫困较为普遍发生的落后国家。20 世纪 80 年代中后期，中国政府组织实施的扶贫开发基本遵从地理环境决定论，并从划定

---

① "两不愁三保障"，是指不愁吃、不愁穿，保障义务教育、基本医疗和住房。
② 2011 年，中国政府提高了贫困标准，从 2010 年的农民年人均纯收入 1274 元提高到 2300 元（2010 年不变价），提高了约 80%。此举使中国扶贫标准与国际接轨。
③ 这些方式，在乡镇以上政府主要按前期匡算的指标层层分配，分到乡镇的贫困人口指标按比例分配到贫困村，分到贫困村的贫困人口指标再按比例分配到村民小组。在村民小组内，大多数的情况是以无记名投票的方式选出可以"享受"扶贫政策的贫困户，并统计出相应的贫困人口数。在实地调查中，发现一些地区将制作精美的贫困户牌子挂在当选贫困户的家门口公示于众，牌子上面有贫困户户主的姓名、性别、出生年月以及家庭生产生活的基本信息、认定的贫困原因、确定的帮扶措施、帮扶责任人以及计划脱贫的时间等。
④ 所谓兜底就是从最低生活保障入手，全面建立社会安全支持体系，包括医疗保障体系、教育保障体系等。
⑤ 世界银行 1992 年对国家的划分标准为：低收入国家，是指人均 GNP 在 675 美元及以下的国家；中等收入国家，是指人均 GNP 在 675 美元以上 8356 美元以下的国家，其中，675—2695 美元之间为中下收入国家，2696—8356 美元之间为中上收入国家；高收入国家，是指人均 GNP 在 8356 美元及以上的国家。
⑥ 〔美〕M. P. 托达罗：《第三世界的经济发展（上、下）》，于同申等译，中国人民大学出版社 1988 年版。

十八片贫困地区开始进行大规模的扶贫工作。到 20 世纪末，扶贫工作重心下移到县，[①] 并实施了"一体两翼"[②]的扶贫战略。尽管如此，进入 21 世纪，中国仍然还有 14 个集中连片的贫困地区。[③] 这种集中连片的贫困现象说明了贫困在地理空间上广泛作用于分布其内的社群。

不难看出，世界银行划分的"低收入国家"或中国政府划定的"贫困地区"是从公共政策角度出发，认定这些低收入国家或贫困地区总体上比其他国家或地区发展落后，贫困的归因倾向于地理环境不利和宏观政策上的失利。研究发现，"贫困地区"的确具有相似的自然环境条件：气候多变，灾害频繁；地形多种多样，开发利用艰难复杂；生物资源丰富，保护利用较差；矿产资源不少，开发利用问题较多等。为此，政府承担了绝大多数的帮扶责任和义务，并采取了区域综合开发的扶贫方式和社会政策的福利方式。

随着扶贫开发工作的持续推进，集中连片贫困地区的贫困状况有所缓解。与此同时，各方面也要求进一步提高扶贫效率，[④] 期望发展成果惠及弱势群体。于是，地理空间加行政空间为主的贫困类型开始调整并转向为以政治社会属性为主的贫困类型。例如，四川省"四大贫困片区"中的大小凉山彝族聚居区和高寒藏区。这种贫困类型，看起来也是区域性贫困的"贫困地区"，但实际上已经是在原地理空间范畴下的贫困类型基础上进一步强调了社会属性，比如少数民族。

这一种调整和转向与 20 世纪末期扶贫工作重点下沉到乡村是有区别的。后者沿袭的仍然是地理环境决定论，而前者已经不是地理环境决定论的逻辑了，更多带有"中心—边缘"的社会进化论思想，潜在的假设是少数民族地区比主流的汉民族地区落后。

第三种贫困类型是以社区为对象的农村贫困、城市贫困。 与地理空间加行政空间类型的贫困区域识别不同，以社区为对象的贫困类型主要是以乡村和城市两种人群聚落的形态区分为农村贫困和城市贫困。由于城市和农村在

[①] 参见王卓：《关于下一阶段扶贫工作的建议》，载《财经科学》1999 年第 2 期。
[②] 所谓"一体两翼"，"一体"是指以贫困村为整体综合推进扶贫工作，简称"整村推进"；"两翼"是指左翼为贫困户劳动力技能培训并转移就业，右翼为贫困村农村产业开发。
[③] 《中国农村扶贫开发纲要（2011—2020 年）》第 10 条明确指出：国家将六盘山区、秦巴山区、武陵山区、乌蒙山区、滇桂黔石漠化区、滇西边境山区、大兴安岭南麓山区、燕山—太行山区、吕梁山区、大别山区、罗霄山区等区域的连片特困地区和已明确实施特殊政策的西藏、四川藏区、新疆南疆三地州，作为扶贫攻坚主战场。集中连片贫困地区就是这 14 个区域。
[④] 参见王卓：《扶贫陷阱与扶贫资金政府管理效率》，载《四川大学学报（哲学社会科学版）》2008 年第 6 期。

生产方式上的差异，城乡居民的生活方式也有所不同，农村居民生产生活更多依靠自然，以土地维生和谋生，城市居民生产生活更多依靠社会分工形成的交换维生和谋生。上述差别在城乡差别较大的国家或地区尤其明显。一般意义上讲，城乡差别主要源于工业化与城市化所带来的生产方式与生活方式的差别。城市化是全球浪潮，绝大多数国家都经历过或者正在经历城市化的过程。中国特色的城乡分割甚至二元对立的社会形态，使得城乡差别体现在诸多方面，最明显的是公共服务和基础设施。20世纪80年代以前，中国贫困的总体特征是普遍性的大众贫困，农村相对而言更为落后、凋敝和贫困。1984年，政府开始大规模扶贫时，工作重点全部放在农村，至今未变。伴随经济体制改革与人口大规模流动，城市贫困成为事实。但是，城市贫困问题一直未纳入政府扶贫的议程。

尽管贫困是近百年来才被认识，但贫困却是一种长期存在的现象。这种"长期存在"不仅仅是指贫困长期伴随人类社会，也指贫困长期作用于某一些群体，使其难以脱离贫困。传统的贫困研究多为静态分析范式。不断变化的政治经济社会环境及其对贫困家庭的影响以及贫困家庭的代际传递现象要求对贫困进行动态研究。近三十年来，国内外贫困研究逐渐从静态转向动态，并取得系列成果。在贫困动态性的理论预设下，最基本的研究分类是长期贫困①和暂时贫困，尤其以长期贫困为研究重点和治理难点。

第二节 长期贫困与暂时贫困

一、长期贫困

长期贫困研究是20世纪末兴起于西方经济发展研究领域中贫困问题研究的一个重要分支。世界银行在《1990年世界发展报告》中指出，长期贫困是指有些人口长期处于贫困，虽经扶持仍然难以摆脱贫困的状态。长期贫困的概念产生较早，但始终未形成统一术语。直到鲍奇（Bob Baulch）和霍迪诺特（John Hoddinot）借鉴了持久性收入理论，研究经济发展动力和贫困动态之间的联系，将贫困动态划分为短期和长期两类，形成了研究动态贫困的理论框

资料1 凉山州贫困村阿村

---

① 英文"Chronic Poverty"，有些文献翻译为"慢性贫困"，本文统一称之为"长期贫困"。

架,"长期贫困"这一术语方得以广泛应用。①

21世纪初期,以英国曼彻斯特大学、谢菲尔德大学、伯明翰大学等专家学者为主,联合国际上十几所大学和科研机构共同组建的长期贫困研究中心(Chronic Poverty Research Centre,CPRC)② 在2004年发布了第一份长期贫困研究报告,报告指出:长期贫困是指一个个体经历了5年或5年以上的确切的能力剥夺。2007年,CPRC从长期贫困与一般贫困的差异角度重新定义了长期贫困的概念。简单来讲,长期贫困就是持续相当长时期的贫困。长期贫困群体是指总是或长期处于绝对贫困线之下的人群,是那些重要能力遭受剥夺达5年或者更长一段时间的人。③ 处于长期贫困中的人始终或者通常生活在贫困线以下,对他们来说,贫困往往要持续很多年甚至于全部生命周期并跨代传递。

CPRC在定义长期贫困时,主要以货币指标定义贫困线(如消费水平、收入水平④)。更广泛的定义包括某些主观方面所遭受的剥夺。长期贫困分析采用了动态贫困分析范式,包括两个方面:一是贫困人群在贫困与脱离贫困之间的波动;二是贫困的长期性。⑤

根据个体或家庭经历贫困的程度和持续时间,CPRC界定了贫困的五种类型:(1)始终贫困,即生命各时期的平均支出都低于贫困线;(2)经常贫困,即平均开支在贫困线以下,偶尔高于贫困线;(3)波动贫困,即平均开支在贫困线上下徘徊;(4)偶尔贫困,即平均开支在贫困线以上,偶尔低于贫困线;(5)从不贫困,即平均开支在贫困线以上。长期贫困主要指前面两种,暂时贫困主要指波动贫困和偶尔贫困。不过,波动贫困比较特别,波动时间过长,暂时贫困转为长期贫困的概率增大(见图4-1)。

---

① See B. Baulch and J. Hoddinott, *Economic Mobility and Poverty Dynamics in Developing Countries*, Portland, OR: Frank Cass, 2000.
② 长期贫困研究中心(CPRC)是一个高校科研机构、非政府组织。其顾问主要来自孟加拉国、印度、南非、斯里兰卡和英国等,其致力于帮助全球900万贫困人口,他们多数生活在撒哈拉沙漠以南的非洲和南亚,大部分处于长期贫困。CPRC, http://www.chronicpoverty.org./page/about-chronic-poverty.
③ 赫尔姆(David Hulme)和谢帕德(Andrew Shepherd)也将长期贫困者定义为那些重要能力遭受剥夺达5年或者更长一段时间的人。
④ 以收入水平和消费水平来定义贫困,是两种不同的理念。
⑤ 参见钱琨:《大兴安岭南麓山区少数民族长期贫困问题研究》,内蒙古财经大学2014年硕士学位论文。

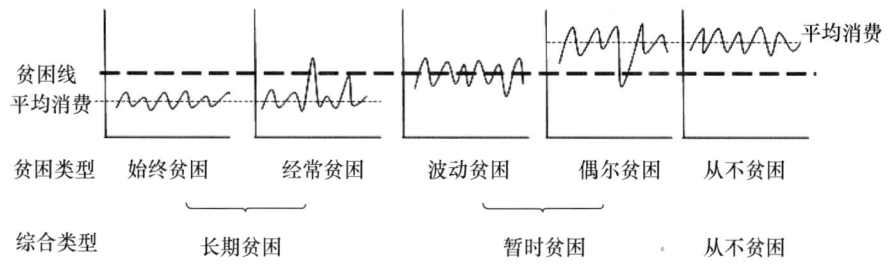

图 4-1 动态贫困类型及表现

资料来源：Jyotsna Jalan and Martin Ravallion, Is Transient Poverty Different? Evidence from Rural China, *Journal of Development Studies*, Vol. 36, No. 6, 2000, pp. 82-89。

注：图中"平均消费"英文原文是"Mean Score"。根据数据的可获得性，参考家庭支出、收入、消费、营养水平、贫困指数等计算。

二、暂时贫困

暂时贫困也就是短期贫困，① 是指个体或家庭在其生命周期内的绝大多数时间里平均支出在贫困线以上，只是在某个阶段因为突发性的偶然因素其平均支出处于贫困线以下而陷入贫困的状态。这些突发的偶然性因素包括但不限于自然灾害（如地震、洪灾等）所带来的财产损失致使个体或家庭陷入暂时的入不敷出的状态，或者收成不好、生病、失业、物价上涨、子女学费昂贵等因素使其平均支出在一段时间内处于贫困线以下。通过自身努力或者外部扶持，处于暂时贫困的个体或家庭在短期内可以脱离贫困状态。但是，也会有部分暂时贫困因为种种原因而转化成长期贫困。例如，重大自然灾害、经济危机或重大疾病造成个体及其家庭支出大幅度增加，在无新的收入来源且现金支出流难以逆转的情况下，这样的暂时贫困转化成长期贫困的概率是很大的。

暂时贫困可能转成长期贫困，但是长期贫困不完全是由暂时贫困转化而来的。有些长期贫困是经由代际传递致使子辈从人生之初即陷入贫困境地。也就是说，部分长期贫困是由代际传递而来，部分长期贫困是由暂时贫困转化而来。相对而言，暂时贫困的不利影响要小于长期贫困。缓解长期贫困的难度大于缓解暂时贫困的难度。

资料2 凉山州吉村贫困农户 JR 里勒

---

① 世界银行定义的暂时性贫困是指某些人群贫困状态持续不超过 5 年，经过救助或帮扶可以脱贫的现象。

第三节 贫困代际传递与长期贫困测量

一、贫困代际传递

贫困代际传递是长期贫困的极端形式。总体上说,长期贫困的显著特征主要有三个:一是贫困的持续时间长;二是贫困的代际传递;三是偶尔脱离贫困。

长期贫困首先强调的是贫困持续的时间。长期贫困关注的是那些持续时间达到一定程度的贫困者及其经历。世界银行以贫困持续时间达5年作为暂时贫困和长期贫困的分界线,长期贫困研究中心也将该时间定为5年。赫尔姆和谢帕德认为,之所以以5年来识别或界定长期贫困,主要基于以下三个原因:(1)从个人寿命的角度来看,5年在很多国家是一个较长的时期;(2)在创建面板数据的过程中,5年是收集数据的常用时间间隔;(3)经验显示,经历贫困的时间达到或超过5年的人,其余生持续处于贫困中的可能性非常大。[1]科科伦(Mary Corcoran)的实证研究结果表明,持续经历5年贫困的个体,在以后的生命历程中,经历贫困的概率非常高。[2]

长期贫困的极端形式是贫困代际传递。贫困代际传递是指私域和公域的资产与资源的赤字从父辈传递到子辈,也意味着贫困阶层流动从"代内"演变为"代际"。贫困代际传递与个体生命周期的初始阶段密切相关,与社会制度、阶层结构、经济流动和亚文化也有直接关系。跨代贫穷中的"一代"间隔一般为15年。换言之,贫困以及导致贫困的相关条件和因素,在家庭内部由父母传递给子女,使子女成年后重复父母的境遇,这个传递过程一般在15年内完成。因此,长期贫困家庭孩子的早期社会化对形成贫困代际的传递产生非常重要的影响。对于下一代来说,代际传递既是长期贫困产生的原因,也是长期贫困的结果。

在20世纪70年代,国外代际流动研究逐渐兴起。美国社会学家布劳(P. M. Blau)和邓肯(O. D. Duncan)研究提出了"地位获得模型",认为在封闭性社会中个人地位的获得主要来自先赋性因素,在开放性社会中个人地

---

[1] See David Hulme and Andrew Shepherd, Conceptualizing Chronic Poverty, *World Development*, Vol. 31, No. 3, 2003.

[2] See M. Corcoran and T. Adams, Family and Neighborhood Welfare Dependency and Sons' Labor Supply, *Journal of Family & Economic Issues*, Vol. 16, No. 2, 1995, pp. 239-264.

位的获得主要来自后致性因素。① 长期贫困研究中心的摩尔（K. Moore）认为，贫困代际传递的焦点应该是在代际转移的各种形式的资本，包括人力资本、社会资本、政治资本、金融资本、物质资本、自然与环境资本等。② 这些资本在代际的转移状况直接作用于贫困，债务也可以传递。父母的性格特性会影响孩子，形成一种贫困文化，刘易斯（O. Lewis）认为贫困通过固有的社会心理导致穷人的延续。③ 相比于富裕家庭的孩子，来自低收入家庭的儿童在许多方面处于不利地位。教育水平低下，在劳动力市场处于劣势等因素与个体成年后的收入息息相关。由于家长总是面临在生存和子女教育投资间分配资源，贝克尔（Becker）提出了"资源受限"理论框架，认为由于贫困父母始终处于经济危机的状态，因此他们难以有足够的金钱和精力用于开发孩子的人力资本。家庭结构也会影响贫困代际传递，未婚母亲和单身母亲培育的孩子，成年后都有较高贫困率，单身母亲的孩子成为穷人的可能性为双亲家庭孩子的五倍多（38%∶7%）。④ 生长在不完整的家庭中，孩子得到家庭经济资源、非经济资源（如家长监督、关注）和社区资源的机会较少。由于领取生活保障变成一种贫困陷阱，福利制度被认为是贫困问题的根源。穷人对社会帮助的依赖发展并复制了底层群体，随着父母和社区居民的贫困烙印的消失，孩子成年后会产生对福利本身的依赖。

长期贫困人群的脆弱性特征明显，其经济资本、文化资本、社会资本以及政治资本都十分薄弱，缺乏固定财产和人力资本积累等相应的防御能力，难以面对自然灾害的风险、宏观政策调整的冲击、家庭成员伤亡的压力等，一旦遇到"风吹草动"，暂时脱贫的长期贫困群体会很快返贫。除此之外，长期贫困更容易发生在农村地区，一些自然环境恶劣的边远山区和社会发育程度较低的少数民族地区长期贫困现象更为严重。

长期贫困人群中既有长期处于绝对贫困状态的，也有长期处于相对贫困状态的。个人或家庭一旦陷入长期的相对贫困，在社会阶层流动中基本上就处于固化状态，很难向上流动来改变其所处的社会底层位置。长期持续的绝对贫困几乎是没有可能依靠自身力量跳出贫困陷阱的，必须依靠社会福利。

---

① See P. M. Blau and O. D. Duncan, *American Occupational Structure*, Bias, 1967.
② See K. Moore, *Frameworks for Understanding the Intergenerational Transmission of Poverty and Well-being in Developing Countries*, CPRC Working Paper, 2001, p. 8.
③ See O. Lewis, *Five Families: Mexican Case Studies in the Culture of Poverty*, *Social Service Review*, Vol. 34, No. 1, 1960, pp. 99-100.
④ M. E. Corcoran and A. Chaudry, The Dynamics of Childhood Poverty, *Future of Children*, Vol. 7, No. 2, 1997, pp. 40-54.

比较而言，消除长期的相对贫困比消除长期的绝对贫困难度大。

二、长期贫困的测量

虽然学术界习惯将贫困状态持续5年或5年以上作为长期贫困的度量标准，但事实上这主要是从经验角度和研究便利考虑的。尽管如此，按此标准将贫困者分为不同组群，研究其特征和长期贫困的原因，对制定和实施有针对性的反贫困战略是有重要意义的。

测量长期贫困主要有两个方法：一是定量方法。定量面板数据（也就是时间序列）分析是研究长期贫困的主流方法。它通过对受访者进行多轮追踪调查，或者使用大型调查数据库，分析长期贫困与其他变量的回归关系，以发现长期贫困的影响因素。二是定性方法。定性研究以民族志为主要方法，以半结构式访谈、家族谱系图为主要研究工具，以"最大差异的信息饱和法"[①]确定样本量，对贫困家庭进行深度调查，分析判断长期贫困发生率及其影响因素。家庭是定性研究的重要分析单位，通常被定义为"住在同一屋檐下"。芭芭拉·D. 米勒（Barbara D. Miller）认识到家庭内部存在分层，尤其是会区分性别、年龄和健康状况。许多地区，贫困家庭的女孩难以获得足够的教育和医疗保健。[②]

测量长期贫困至少有以下几点值得注意：第一，西方发展经济学家认为除了关注贫困人群的收入指标外，应更多地关注贫困的多维指标。他们认为，从古典经济学的收入和消费的角度来研究贫困还不足以说明贫困为什么会长期而顽固地存在。将非货币变量如能力不足、社会排斥等概念引入长期贫困的分析中，对于把握长期贫困的实质和政策制定是非常重要的。第二，对个体贫困的测定和跟踪十分困难，贫困人群长期的数据更难获得。因此，长期贫困研究一般都是采集家庭的数据。第三，和传统的贫困研究一样，长期贫困也区分了绝对贫困和相对贫困，但大多数研究者事实上研究的是长期绝对贫困。

对长期贫困进行精确的测量存在诸多困难。目前主要有三种测量方法：一是直接根据个人或家庭在一段时间内经历贫困的时间长短来判断；二是对一定时间段内的贫困进行纵向加总；三是在纵向加总长期贫困时，使用贫困

---

① 即获得足以反映研究主题的信息且不再出现差异性（例外）信息而结束调查时的样本量。
② See Barbara D. Miller, Social Class, Gender and Intra Household Food Allocations to Children in South Asia, *Social Science and Medicine*, Vol. 44, No. 11, 1997, pp. 1685-1695.

线和持续时间两条标准线。也就是说,先将贫困家庭区分为长期贫困和暂时贫困,然后再对长期贫困家庭所遭受的贫困进行纵向加总。①

进入21世纪后,长期贫困作为事实业已得到国内学者的重视。相关研究发现,中国长期贫困所占的比例远高于暂时贫困,个别时段内呈现微弱的上升趋势;②贫困群体中结构性贫困家庭多于偶然性贫困家庭;③在长期贫困初期,教育不足导致长期贫困,且两者存在线性关系。④还有研究在回顾人力资本、先天缺陷、疾病和健康等对长期贫困的影响基础上,提出家庭负担系数、房屋所有权、与县城的距离、医疗保障、自然灾害、社会资本或政治资本对长期贫困存在的影响。⑤

对于贫困代际传递的实证研究也存有定性与定量两种取向。定量研究主要利用国内数据库资料,通过统计分析面板数据等计量方法,探究父辈与子辈在经济收入等方面的统计学意义。相关学者利用中国健康与营养调查数据,对1988—2008年中国农村贫困代际传递展开研究,发现中国农村存在显著的贫困代际传递现象,虽然在2003年以后贫困代际传递有所下降,但是相对贫困层面的代际传递依然突出。⑥相关学者围绕农村贫困家庭的代际传递问题进行测算和分析表明,与农村非贫困家庭比较,贫困家庭的代际收入弹性大,收入流动性较差。⑦有研究发现,贫困群体的代际收入流动性较低,父代贫困导致子代贫困的概率达60%。⑧定性研究以深度访谈为主,有学者运用质性研究的方法探讨了西部农村贫困代际传递的主要影响因素,包括受教育程度、职业地位以及社会关系网等自致性因素,父亲的经济地位、社会关系网以及子代儿时的家庭结构等先赋性因素。⑨还有学者以大小凉山为例研究发现,父

资料3 凉山州阿村MJ中英

---

① 参见章元、万广华、史清华:《暂时性贫困与慢性贫困的度量、分解和决定因素分析》,载《经济研究》2013年第4期。
② 同上。
③ 参见汪三贵、殷浩栋:《资产与长期贫困——基于面板数据的2SLS估计》,载《贵州社会科学》2013年第9期。
④ 参见陈全功、程蹊:《长期贫困为什么难以消除——来自扶贫重点县教育发展的证据》,载《西北人口》2006年第3期。
⑤ 参见王生云:《中国农村长期贫困程度、特征与影响因素》,载《经济问题》2011年第11期。
⑥ 参见张立冬、李岳云、潘辉:《收入流动性与贫困的动态发展:基于中国农村的经验分析》,载《农业经济问题》2009年第6期。
⑦ 参见林闽钢、张瑞利:《农村贫困家庭代际传递研究——基于CHNS数据的分析》,载《农业技术经济》2012年第1期。
⑧ 参见黄潇:《如何预防贫困的马太效应——代际收入流动视角》,载《经济管理》2014年第5期。
⑨ 参见陈文江、杨延娜:《西部农村地区贫困代际传递的社会学研究——以甘肃M县四个村为例》,载《甘肃社会科学》2010年第4期。

辈贫困的家庭，陷入长期贫困的概率增加；父辈不贫困的家庭，即使家庭现在陷入贫困，这种贫困也往往属于暂时贫困或者短期贫困。①

结　语

近三十年来，中国政府对贫困线作了三次大的调整，总的趋势是提高了贫困标准并逐渐与国际贫困标准线接轨。但是，无论如何调整贫困线以及在操作层面如何识别穷人，一定程度上还是会存在一些贫困家庭。长期贫困形成的"贫困陷阱"，叠加扶贫效率不高形成的"扶贫陷阱"，会影响中国全面建成小康社会。

国外长期贫困和贫困代际传递研究已经基本形成理论体系和分析框架。但是，基于以下原因，我们很难简单将其拿来研究中国长期贫困问题：一是西方（尤其是欧洲）社会福利制度导致贫困群体形成福利依赖，进而形成贫困代际传递的结论，不适合解释中国现行社会福利制度下的长期贫困及代际传递现象；二是西方后现代社会形成的单亲家庭现象及家庭教育结构对贫困代际传递的重要影响，与中国现阶段家庭结构及家庭教育结构对贫困代际传递的影响是不同的；三是西方社会公域和私域里的资产和资源在代际传递的制度背景与中国存在巨大差异。

长期贫困及其代际传递的形成原因是复杂的。马克思指出，在资本主义私有制条件下，工人阶级及其后代无法摆脱受压迫、受剥削、受奴役、受贫穷困扰的命运，贫困将在工人阶级及其家庭中代代相传。新自由主义者认为，持续贫困的原因是资本主义的障碍及其引起的地区、国家、全球市场的扭曲。更激进者认为，贫困形成的内在原因是资本主义的扩张。国家水平理论（national level theory）认为，长期贫困的主要原因是落后国家低下的管理水平和缓慢的经济发展，这些国家往往政局不稳、冲突不断，政府治理能力不足，影响储蓄、投资和就业等，进而造成贫困人群的收入和消费水平无法增长。

早期的贫困测量考虑了贫困的三个方面，即贫困人口的数量、贫困人口收入与贫困线的差距、收入的不平等程度。阿马蒂亚·森在对贫困加总问题进行分析时发现，贫困发生率的测量方法较为简单，但是不能认识到贫困的

---

① 参见蓝红星：《民族地区慢性贫困问题研究——基于四川大小凉山彝区的实证分析》，载《软科学》2013年第6期。

程度；贫困深度指数可以测量贫困程度以及确定缓解贫困所需要的转移支付规模，但是不能评价贫困发生率。在此基础上，阿马蒂亚·森构建了加总贫困的森指数，该指数综合了贫困发生率和贫困深度指数，从广度和深度对贫困进行了测量。但是，对于动态贫困的测量和加总问题，以及多维度贫困的测量和加总问题，森指数是无能为力的。

思考题

1. 什么是绝对贫困？什么是相对贫困？两者有何关联？
2. 人类不平等的根源与人类贫困的原因之间是什么关系？
3. 动态贫困中的贫困线是否固定不变？为什么？

讨论题

1. 阿马蒂亚·森对贫困测量作了哪些推进？仍存在哪些不足？
2. 如何理解政府、社会、市场以及家庭和个人禀赋在贫困代际传递中的作用？

推荐阅读材料

1. 〔美〕M. P. 托达罗：《第三世界的经济发展（上、下）》，于同申等译，中国人民大学出版社1988年版。
2. 〔法〕卢梭：《论人类不平等的起源和基础》，李常山译，商务印书馆1997年版。
3. 〔印度〕阿马蒂亚·森：《贫困与饥荒——论权利与剥夺》，王宇等译，商务印书馆2001年版。
4. 王卓：《中国现阶段的贫困特征》，载《经济学家》2000年第2期。
5. 吴国宝：《改革开放40年中国农村扶贫开发的成就及经验》，载《南京农业大学学报（社会科学版）》2018年第6期。

第五章 难民危机:基于全球的视角[①]

> **导 读**
>
> 古希腊诗人欧里庇得斯在2000多年前感叹道:"世上最大的悲痛莫过于失去祖国!"2015年9月3日,一张叙利亚3岁小难民艾兰·库尔迪(Alan Kurdi)偷渡伏尸土耳其海滩的照片,迅速传遍从西班牙到瑞典的欧洲国家,成为叙利亚危机爆发以来的"最揪心画面",难民问题一时间成为全球关注的热点,国际社会为数以万计逃离战乱并试图偷渡到欧洲的叙利亚难民的命运感到担忧。事实上,因战争、环境等原因全球目前已经形成了规模庞大的难民队伍,他们背井离乡,只为寻找安身立命之处,在异国的土壤中苦苦挣扎,艰难生存。国际社会和难民接收国出于人道主义原则对难民提供救助,但与此同时,潮水般涌入的难民大军势必会与难民接收国的国内居民围绕水、食物和工作机会产生矛盾,难民营管理问题也会影响接收国的国内安全和社会治安形势。因此,一旦邻国出现难民潮,面对国境线上一张张满怀求生诉求的难民面孔,是开放边境还是拒之门外,是坚持道义还是国内优先,也成为相关国家执政者面临的两难抉择。难民问题已经远远超越国境,成为21世纪全球面临的涉及人口安全的共性问题和难题。

第一节 难民危机的爆发:回不去的家园

从蹒跚学步的幼童到满鬓白发的老者,从接受教育到职场打拼,在不断

[①] 本章内容是国家社会科学基金西部项目"中东地区伊斯兰教派冲突研究"(批准号:14XGJ017)的阶段性成果。

奋斗和努力中经历生老病死和时光轮转，这是每个人一生的正常轨迹。因此，提起"难民"二字，似乎离我们很遥远。但是，一旦正常的生活轨迹因战争、突发性自然灾害等因素被打破，昔日宁静祥和的家园将再也无法栖身，生存受到严重威胁时，"难民"和"逃亡"将不再是陌生的字眼。放眼我们生存的这个星球，已经悄然形成了规模庞大的难民群体，无法回归的家园和渺茫的未来正是这个群体的真实写照。

一、何谓难民危机

讨论难民危机，首先离不开对"难民"概念的界定。1951年7月28日，在日内瓦召开的联合国难民和无国籍人地位全权代表会议上通过了《关于难民地位的公约》（Convention Relating to the Status of Refugees），1954年4月22日生效。在该公约中约定，难民适用于下列人员，即"由于1951年1月1日以前发生的并因有正当理由畏惧由于种族、宗教、国际、属于某一社会群体或具有某种政治见解的原因留在其本国之外，并且由于此项畏惧而不能或不愿受该国保护的人；或者不具有国籍并由于上述事情留在他以前经常居住国家以外而现在不能或由于上述畏惧而不愿返回该国的人"。此后，为使1951年的公约适用于1951年以后的难民问题，1967年，联合国通过了《关于难民地位的议定书》。该议定书取消了1951年公约约定的时间和空间限制，从而使公约成为真正意义上的世界性公约。[①] 国际社会对难民的关注早期只局限于二战前形成的难民，现在由于自然灾害、战争、大规模内战和各种政治迫害等原因被迫逃离本国或经常居住国而流亡到其他国家的人员也成为难民的主要来源。一旦某国出现大规模的难民潮，有效应对就成为国际社会需要面对的一大难题。目前，国际社会所关注的难民危机，主要聚焦于2010年以来因"阿拉伯之春"、极端组织"伊斯兰国"崛起、叙利亚危机等中东北非地区的政治与社会动荡而导致的人口外迁问题。2015年春夏，大量难民开始涌入欧洲，当年涌入欧洲的难民总数高达100万，直接导致难民危机的爆发。

二、战争与难民

在全球难民危机问题中，战争因素一直是产生难民的主要成因，而中东和非洲地区则是二战后难民的主要输出地。中东地区因其独特的地理位置，

---

① 参见孙倩：《难民定义探讨》，载《法制与社会》2009年第14期。

加之复杂的民族、宗教和文化问题，一直被称为"世界的火药桶"，是世界上最为动荡的地区之一。二战后，在美、苏两国的支持下，联合国大会于1947年通过决议，规定英国于1948年8月1日之前结束在巴勒斯坦的委任统治，两个月后，在巴勒斯坦的土地上建立犹太国（约1.52万平方公里）和阿拉伯国（约1.15万平方公里），耶路撒冷（176平方公里）国际化。1948年5月以色列建国后，因为侵占划归阿拉伯人所有的土地，受到阿拉伯国家排挤，双方于1948年、1956年、1967年、1973年、1982年先后五次发生战争，战争最终以阿拉伯国家战败收场。此后，100多万巴勒斯坦阿拉伯人被赶出世代居住的家园沦为难民，先后涌入邻近的约旦、黎巴嫩等国，目前主要分布在约旦、黎巴嫩和叙利亚，以及约旦河西岸和加沙地带。因为流入的难民群体需要占用接收国民众吃、穿、住、行、用乃至教育、医疗、卫生、就业等各种有形和无形的公共服务资源，因此巴勒斯坦难民安置以及解决其生计问题一直是中东难民接收国面临的一大难题。

非洲地区的难民问题一直是困扰非洲安全的突出问题。2013年4月5日，联合国难民署发表媒体通报称，由于安全局势持续动荡，受武装冲突影响的大批中非共和国民众仍在持续逃往周边邻国寻求庇护；短短几个月内，涌入乍得、喀麦隆和刚果民主共和国境内的中非共和国难民人数就接近4万人，急需国际社会的关注与援助。[①] 2016年，非洲地区难民问题最严重的国家包括中非、刚果（金）、苏丹、南苏丹、尼日利亚等国。2017年7月，挪威难民理事会公布2016年度"全球十大被忽视的难民危机"榜单，其中6个上榜国家来自非洲，分别是排名前五的中非、刚果（金）、苏丹、南苏丹和尼日利亚，以及排名第十的索马里。[②]

此外，因国内武装力量和部族冲突引发的难民问题也是近年来值得关注的现象，如叙利亚难民和缅甸罗兴亚难民群体，特别是叙利亚难民问题对欧洲产生了严重的冲击。2011年叙利亚爆发内战，随后战乱持续，导致大批叙利亚难民涌入周边的黎巴嫩、约旦、土耳其等国，形成了一股新的难民潮。2014年8月，根据联合国难民署的综合估算，在叙利亚国内有650万人处于无家可归状态，另外有300万人在周边国家寻求庇护，成为难民。绝大多数叙利亚难民逃往三个国家：黎巴嫩有110万经登记的叙利亚难民，土耳其有近

---

① 参见《联合国难民署：从中非共和国出逃难民人数迫近4万》，http：//www.uncfa.org/Article/news/271.htm，2019年3月26日访问。
② 参见《非洲难民危机危及下一代》，http：//world.people.com.cn/n1/2017/0607/c1002-29322259.html，2019年3月26日访问。

82万难民,约旦有近61万难民。①此外,还有部分难民进入欧洲。2014年11月,德国联邦移民署表示,有将近16万份叙利亚难民的庇护申请在等待审理,2014年全年预计会收到20万份申请。②而到了2015年11月,德国联邦移民署未处理的避难申请多达35.4万份。③

2017年,联合国难民署驻埃及代表处共接收难民50288人。截至2018年4月,共有来自58个国家的22.7077万难民在该代表处登记。在埃及的难民主要来自叙利亚、苏丹、埃塞俄比亚、厄立特里亚和南苏丹。另据埃及外交部统计,2018年埃及有非法苏丹难民400万人,叙利亚难民100万人。④虽然德国、黎巴嫩、约旦等国为应对汹涌而来的难民大潮采取了大量积极措施,但是由于难民人数巨大,加重了上述国家的社会管理负担以及维护国内政局稳定的压力,也引发了国际社会对妥善解决这股新的阿拉伯难民潮问题的高度关注。

三、恐怖主义与难民

恐怖主义在全球的泛滥也是产生难民的一个重要因素,而其中极端组织"伊斯兰国"(ISIS)在伊拉克境内制造的雅兹迪人的屠杀事件颇具代表性。2014年下半年,极端组织"伊斯兰国"在伊拉克境内横空出世,依靠武力攻城略地,抢劫银行金库,火烧约旦飞行员等残暴行径,使其成为继"基地"组织之后最有影响力的恐怖组织。特别是极端组织"伊斯兰国"对伊拉克雅兹迪人的杀戮,使得伊拉克国内出现新的难民问题。雅兹迪教派据说是在6000多年前创立,比伊斯兰教和基督教还古老。雅兹迪人虽然是库尔德人的一个分支,通用库尔德语,但并不像主流的库尔德人那样信奉逊尼派伊斯兰教,其教义带有原始崇拜的意味,以波斯人的拜火教为主,后来又掺杂了基督教、伊斯兰教和犹太教等宗教的元素,并且为了保持教派血统的纯正,禁止与外族通婚。历史上雅兹迪教派因为其独特的宗教信仰而多次受到迫害。恐怖分子认为他们是"拜魔鬼的人",特别是2007年发生的一名雅兹迪少女

---

① 参见《叙利亚难民人数突破300万 黎巴嫩土耳其约旦受牵连》,http://www.wold.chinadaily.com.cn/2014-09/01/content_18525429.htm,2019年3月26日访问。
② 参见《叙利亚内战引发难民潮 德国2014年接收20万人》,http://www.news.hexun.com/2014-12-02/170998702.html,2019年3月26日访问。
③ 参见伍慧萍:《难民危机对于德国政治、经济和社会的影响》,载郑春荣主编:《德国发展报告(2016)》,社会科学文献出版社2016年版。
④ 参见《2017年联合国难民事务高级专员署在埃接收难民50228人》,http://www.mofcom.gov.cn/article/i/jyjl/k/201807/20180702762604.shtml,2019年3月26日访问。

与一名伊斯兰教逊尼派男子相恋并私奔，后被千名族人投石虐杀而死的事件，使得雅兹迪教派与伊斯兰教逊尼派的宗教矛盾骤然升级，并招致"基地"组织的疯狂报复。2007年8月，伊拉克北部小镇加哈坦尼亚郊外的雅兹迪教派聚居地突遭4辆载有炸弹的货车连环自杀式袭击，数百间平房被瞬间夷平，超过400人死亡，这成为自2003年伊拉克战争以来最血腥的一次暴力袭击。①

大部分雅兹迪人在伊拉克北部山区过着与世隔绝的生活，已成为伊拉克最脆弱的少数教派。极端组织"伊斯兰国"在伊拉克发展壮大后，尤其是在控制了雅兹迪人口占多数的伊拉克摩苏尔市以西的辛贾尔镇后，强迫雅兹迪人改宗伊斯兰教，否则对其进行杀戮。2014年8月7日，极端组织"伊斯兰国"杀害了500名雅兹迪人，并绑架了500名妇女，迫使当地数万居民逃离家园，其中部分难民通过伊拉克西北部边境进入叙利亚，还有部分难民进入土耳其。

为有效解决雅兹迪人问题，联合国在伊拉克北库尔德自治区的杜胡克省设立难民营，收容被迫离开家园的雅兹迪人。在接壤伊拉克的叙利亚小镇卡米什利，有55名雅兹迪人接受库尔德族的军训，誓言要为本族同胞报仇雪恨。雅兹迪人指责伊斯兰教逊尼派武装分子摧毁了他们在辛贾尔的家园，杀害了他们的同胞，并掳走了他们的妇女。② 极端组织"伊斯兰国"对雅兹迪人的残暴罪行，在"文明冲突论"的语境下制造了新的难民危机。

四、自然灾害与难民

除了上述讨论的国际关系范畴内的难民问题，近年来突发性自然灾害也在欠发达国家内形成了大批难民，其中海地的难民案例极具代表性。2010年1月12日，海地发生里氏7.0级地震，造成22.25万人死亡，19.6万人受伤。由于海地是西半球最贫穷的国家，在182个国家和地区的人类发展指数排名中位居149名，其应对重大灾难的紧急救援以及灾后重建能力极其有限，国际红十字会估计大地震将产生多达300万难民。地震发生后，美国政府启动了针对海地难民的特殊收容保护政策，致使众多海地难民在历经长达三个月的翻山越岭之后，通过墨西哥的边境城市蒂华纳进入美国，还有部分海地难民进入加拿大。2016年10月，飓风"马修"又对海地造成重创，近900人死亡，大

---

① 参见《ISIS为何屠杀雅兹迪人》，载《新京报》2014年8月24日。
② 参见《伊拉克雅兹迪教徒接受库族军训 誓言为族人报仇雪恨》，http://inews.ifeng.com/41614246/news.shtml?&back，2019年3月26日访问。

量民众流离失所。此后,大批海地难民涌入墨西哥,希望借此进入美国。另有部分难民涌入哥斯达黎加和巴拿马。海地难民的管控问题成为美国、加拿大和墨西哥等国面临的难题之一。

第二节 难民危机的现实:接纳与排斥

资料1 联合国难民署高级专员管理的难民范畴

全球难民危机虽然成因各异,但是一旦爆发难民危机,大规模难民跨国流动所产生的影响将远远超越难民输出国本身,对所在地区、流向国乃至全球的安全形势都将产生连锁反应。尤其是叙利亚难民问题,不仅对其邻国黎巴嫩和约旦的国内治理产生了深远影响,而且由于德国采取了开放边境接纳叙利亚难民的政策,长途跋涉抵达德国的叙利亚难民群体已经成为影响德国和欧盟内部稳定关系的重要因素。

一、难民与地区关系

无论是战争或者自然灾害等因素,难民避难的首选是邻国,其次才是路途遥远的第三国。五次中东战争产生的巴勒斯坦难民,主要流向地为周边的约旦、黎巴嫩等国;叙利亚内战形成的叙利亚难民,首要流向地是约旦、黎巴嫩、土耳其等国,其次才是欧洲;缅甸国内冲突形成的罗兴亚难民群体,大量涌入与之交界的中国境内;海地因地震和台风等自然灾害形成的难民群体,以哥斯达黎加和巴拿马为过境国,最终流向墨西哥、加拿大和美国。因此,纵观全球难民的迁徙路线,不难发现难民输出国—邻国—第三国的流动路线。从地区层面而言,邻国是否愿意接纳蜂拥而入的难民以及难民群体到来后的管理问题都将影响两国关系和地区安全。以中东地区接纳难民较多的黎巴嫩和约旦为例,不难发现两国对待其邻国叙利亚的难民潮的态度迥异。

黎巴嫩目前是全球接收难民人数比例最高的国家,难民人口已占黎巴嫩总人口的1/4,对黎巴嫩的基础设施和公共服务造成的负担超过世界上任何一个国家,也对黎巴嫩社会稳定带来了一系列问题。为解决难民住处问题,联合国难民署等国际救济机构已在黎巴嫩各地建立了1000多个不同规模的非正式难民安置点,但是黎巴嫩政府因担心对社会造成压力,一直拒绝在其领土上建立叙利亚难民营,也反对使现有的非正式难民营合法化,只同意在黎叙边界之间的中立区或者叙利亚境内的安全地区建立叙利亚难民营。据联合国难民事务高级专员公署(难民署)2014年8月16日在贝鲁特发表的报告称,在黎巴嫩的叙利亚难民生活状况日趋恶化，住房、食品、医疗卫生设施等严重不足。只有16%的叙利亚难民家庭享受人道主义机构提供的免费初级医疗，1/3需要医疗帮助的家庭因交不起费用而不能获得帮助。在教育方面，叙利亚难民中的学龄儿童无法入学。①大量的叙利亚难民对黎巴嫩的稳定也产生了深刻影响。2014年12月7日，黎巴嫩北部一叙利亚难民点遭到枪击和纵火，造成2人受伤。在此次枪袭和纵火发生两天前黎巴嫩士兵曾遭到叙利亚"基地"组织分支努斯拉阵线武装分子的杀害，这导致有关叙利亚难民营藏匿武装分子袭击黎巴嫩军方的流言四起。②黎巴嫩政府不希望看到本国成为叙利亚伊斯兰教逊尼派和什叶派难民的"第二战场"。另外，因为无力承担惊人的难民潮所带来的重负，2014年6月2日，黎巴嫩总理萨拉姆主持召开叙利亚难民事务部长委员会会议，研究并制定了应对叙利亚难民危机的一系列措施，旨在限制叙利亚难民入境，控制在黎巴嫩的叙利亚难民人数。同年10月28日，在德国柏林举行的叙利亚难民问题会议上，萨拉姆称，估计黎应对叙难民问题至少需要30亿美元援助，其中10亿美元为无偿援助，20亿美元为贷款。③

另一个叙利亚难民主要接收国约旦的情况与黎巴嫩有很大差异。在对待叙利亚难民问题上，约旦政府积极作为，得到国际社会和中东地区有关国家的高度评价。约旦人口约650万人，其中60%以上为加入约旦国籍的巴勒斯坦人。约旦《宪章报》报道，据约旦政府估算，2011—2017年，约旦共接纳130万叙利亚难民（其中65万人在联合国难民署注册），直接支出达105亿美元，年均为15亿美元，相当于约旦GDP的4%、政府年收入的16%。④虽然约旦并非产油国，经济基础相对薄弱，但是自从叙利亚难民危机爆发以来，约旦对叙难民实行边境开放政策，无限制接纳叙难民。在修建难民营问题上，约旦采取了与黎巴嫩截然相反的政策，约旦政府在约旦与叙利亚交界处的马弗拉克市附近建立了世界第二大难民营——扎塔里难民营，仅次于肯尼亚的达达布难民营。扎塔里难民营现已收容来自叙利亚的难民13万人，是其初期建设计划的13倍。面对接踵而来的一批又一批难民，约旦政府又在其北部阿

---

① 参见《联合国难民署说在黎巴嫩的叙利亚难民状况日趋恶化》，http://news.xinhuanet.com/world/2014-08/17/c_1112105152.htm，2019年3月26日访问。
② 参见《叙利亚难民问题再引矛盾 黎巴嫩难民营遭袭》，http://news.youth.cn/jsxw/201412/t20141208_6192330.htm，2019年3月26日访问。
③ 参见《黎巴嫩应对叙利亚难民问题至少需要30亿美元援助》，http://china.huanqiu.com/News/mofcom/2014-10/5185637.html，2019年3月26日访问。
④ 参见《2011至2017年约旦安置叙难民直接支出达105亿美元》，http://jo.mofcom.gov.cn/article/jmxw/201807/20180702761240.shtml，2019年3月26日访问。

兹拉克建设新的难民营,以解决扎塔里难民营过度拥挤的问题。联合国的统计数字显示,约旦接纳的叙利亚难民约为 60 万人。约旦政府则称,这一数字可能是 100 万人。① 2013 年,约旦安置难民的相关支出约 20 亿美元,其中国际社会援助约 8 亿美元,不足一半。根据联合国人道主义组织发布的《2014 年度约旦安置难民计划》,2014 年,约旦用于安置难民的相关预算(包括该组织筹措的 9.8 亿美元款项)有 2.6 亿美元缺口。②

根据联合国难民署的数据统计,截至 2018 年 2 月,有超过 65 万叙利亚难民在约旦境内并已在约旦政府注册,其中逾 80% 生活在贫困线以下,而约旦政府的统计数据则为 130 万人左右。自 2016 年以来,约旦已向其境内的叙利亚难民发放超过 8.8 万个工作签证,主要集中在农业和建筑业,其中妇女的比例约为 5%。由于约旦国内压力巨大,联合国难民事务高级专员菲利波·格兰迪(Filippo Grandi)于 2018 年 2 月 12 日在约旦表示,联合国难民署计划将 1 万叙利亚难民迁离约旦,希望美国、丹麦等国能够增加接收和安置难民的数量。③

二、难民与国际关系

难民群体离开原有国家和地区进行大规模跨区域迁徙,出于人道主义原则的接纳政策和基于国内优先的现实主义排斥政策是难民流入国家和区域的两种截然对立的政策选择。无论作出哪种选择,都有其利弊。从 2015 年夏季开始,在欧洲多国政府向叙利亚难民关上国门之时,德国主流社会坚持奉行宽容自由的难民政策和欢迎文化。2015 年,德国接纳了 110 万叙利亚难民。此后,难民危机在德国乃至整个欧盟层面的后果逐渐发酵、扩大和升级,"难民"一词成为德国年度热词的同时,年度恶词则封给了自愿为难民提供帮助却难得善果的"好人",充分体现了难民危机影响下德国国内现实矛盾的复杂性。④随着大批难民涌入德国,德国在难民安置方面临巨大压力,政策也从开放变为逐渐收紧;同时德国转向欧盟内部寻找帮助,希望能够在欧盟内部分摊难民配额,但此举也在一定程度上造成德国与欧盟成员国关系

资料2 叙利亚难民的主要来源和域内流向

---

① 参见张文智:《约旦难民营里的生意人》,载《青年参考》2014 年 8 月 6 日。
② 参见《约旦位列全球第三大难民安置国》,http://china.huanqiu.com/News/mofcom/2014-02/4822643.html,2019 年 3 月 26 日访问。
③ 参见《联合国难民署计划将 1 万名叙利亚难民迁离约旦》,http://www.xinhuanet.com/2018-02/13/c_1122410725.htm,2019 年 3 月 26 日访问。
④ 参见伍慧萍:《难民危机对于德国政治、经济和社会的影响》,载郑春荣主编:《德国发展报告(2016)》,社会科学文献出版社 2016 年版。

的紧张。

与此同时，为应对这场声势浩大的难民危机，欧盟也采取了短期措施和长期措施。其中，短期措施包括在意大利和希腊建立更多的难民点并为其配备相关人力资源支持，如人权律师、难民审核人员等，以及与土耳其签署难民协议等。长期方案包括积极推进叙利亚和平进程，对难民输出区域尤其是北非增加发展援助，修改《都柏林公约》，建立统一的欧盟移民/难民政策框架等。从2014年年底到2016年7月，欧洲议会举行了近40场关于移民/难民危机的议会辩论，内容涉及增加应对危机的预算、增大对移民/难民输出区域的发展援助、建立欧洲海岸警卫队、制定统一难民政策等。但是，欧盟的努力并未得到各方的全力支持，而是在欧盟内部部分政党和相关成员国政府的反对声音下举步维艰。①

难民危机所衍生出的难民的接收、安置以及社会管理、文化融入等方面的问题，对任何国家而言都是"双刃剑"。同时，如果难民人数巨大，超越一国的能力范围，其必然会寻求区域内的支持。当然，由于国情和传统不一，一国关于难民的政策有可能会遭到区域内相关国家的反对，欧洲面临的叙利亚难民问题正是如此。

第三节　难民危机的应对：国际合作与大国作为

资料3　中东地区难民危机与欧洲民粹主义兴起

难民危机关涉"人的安全"，包括跨国流动群体的生存权、发展权等现实问题，同时又对接收国及过境国的政治、经济、文化、生态、环境等产生全方位的影响。因牵涉面广、影响深远等特征，已经不单纯局限于某个国家的政策层面，国际社会的合作机制、法律保障体系建设以及难民流向主要大国的主动作为，是应对难民危机必不可少的支持。

一、国际援助与合作

难民危机并不是一个新话题，只是由于进入21世纪后西亚北非部分国家政局动荡产生了新的难民大潮，难民危机便成为国际关注的热点问题。多年来，为应对全球范围内的难民危机，世界各国一直致力于在联合国框架下开展难民援助工作，联合国难民署在全球难民救助方面发挥了积极的组织协调

---

① 参见涂东：《难民危机应对　来自欧盟内部反对的声音》，https：//mp.weixin.qq.com/s？_ _ biz = MzAwODMwNDM1NQ%3D%3D&idx = 2&mid = 2649460991&sn = 565ddde0f6caeb82d0149be1847 b1c05，2019年3月26日访问。

作用。联合国难民署,全称为"联合国难民事务高级专员公署",1950年12月14日由联合国大会创建,并于1951年1月1日正式运行,总部设在日内瓦,是全世界最重要的人道主义机构之一。除成立联合国难民署之外,1951年7月28日,在日内瓦召开的联合国难民和无国籍人地位全权代表会议通过了《关于难民地位的公约》。1967年,联合国通过了《关于难民地位的议定书》。上述两个文件是迄今为止国际社会公认的关于解决难民问题的公约性文件,联合国难民署按照上述文件中划定的难民范围开展救助工作。鉴于巴勒斯坦难民问题的历史缘由和复杂性,联合国难民署还专门成立了联合国近东巴勒斯坦难民救济和工程处,负责对巴勒斯坦难民开展救助工作。此外,联合国难民署根据境内流离失所监测中心(IDMC)以及各国政府每年提供的数据发布了《全球趋势报告》,对全球难民的总体发展状况进行年度评估。在2017年6月公布的一份报告中,全球难民人数达到了惊人的2250万,由叙利亚危机导致的难民人数依旧属于全球最高(550万)。但是,在2016年产生最多难民的国家是南苏丹。2016年7月至2016年年底,南苏丹和平谈判的灾难性破裂导致73.99万人逃亡。①

在叙利亚难民危机爆发后,2014年,联合国难民署举办了数个国际性会议,探讨解决叙利亚难民问题以及其他阿拉伯国家难民问题的有效路径。10月15日,联合国难民署在阿联酋沙迦举办"投资未来——保护中东北非难民儿童大会"。10月28日,全球40个国家的外长和代表出席了在德国柏林举办的黎巴嫩难民问题会议。黎巴嫩总理萨拉姆在大会发言中指出,受难民问题影响,本国财政赤字已升至GDP的10%,社会公共服务水平大幅下降。国际人道主义援助与难民规模不匹配,为有效解决难民问题,必须推动黎巴嫩自身经济的发展,并创造分担难民压力的新途径。他呼吁捐助国通过多边及信托基金,更多参与促进黎巴嫩教育、卫生等公共服务发展的项目,以达到援助的最佳效果。瑞典在会议期间宣布将向援助黎巴嫩的信托基金注资8亿欧元。②

二、区域合作与大国政策

在救助难民方面,联合国难民署由于不是强制权力机构,因此作用主要集中于国际协调与交流。目前,自愿遣返、就地融合、第三国安置是解决难民危机的通用原则,因此与难民危机相关的区域层面的合作机制是应对难民

---

① 资料来源:http://www.unhcr.org/hk/,2019年3月26日访问。
② 参见《黎巴嫩应对叙利亚难民问题至少需要30亿美元援助》,http://china.huanqiu.com/News/mofcom/2014-10/5185637.html,2019年3月26日访问。

危机的主要途径，欧盟在应对难民危机方面已经形成一套较为完善的机制。欧盟的难民保护是在《关于难民地位的公约》《联合国反酷刑公约》和《欧洲人权公约》等国际法原则的指导之下，在《欧盟基本权利宪章》及《欧盟工作方法条约》中得以确立，并通过欧盟层面政策法令、机构和工具的不断完善，逐渐汇聚成欧洲避难体系，其核心条例是《都柏林公约》，该公约第三版于2013年6月通过。① 此外，欧盟于2005年设立欧盟外部边境巡防协调管理局（Frontex）；2010年，欧盟又成立了欧洲庇护支援办公室（EASO）。根据欧洲庇护支援办公室2018年2月1日的报告，2017年欧盟成员国以及挪威和瑞士收到避难申请共约70.7万份，较2016年下降43%，其中9.8万多份申请来自叙利亚人。其他主要申请避难来源国还有伊拉克、阿富汗和尼日利亚。② 从该数据中不难看出，难民问题将是欧洲长期面临的一大难题。

美国作为一个有着悠久移民传统历史的国家，在对待难民问题上表现出高度的开放性，它也是二战后世界上最大的难民接收国和避难接收国。美国国会先后制定了《1948年战争难民法》《1950年战争难民法修正案》《1953年难民救济法》《1959年难民亲属法》《1980年难民法》等有关难民接收安置的综合性法律，确立了完善难民接收安置的原则。③ 2001年"9·11"事件爆发后，美国逐渐收紧难民政策，审核日益严格复杂。与此同时，美国也积极履行大国责任。2013年的世界难民日，美国宣布对联合国难民署的捐款总额达8.9亿美元，其中2.9亿美元专门用于帮助叙利亚难民，成为联合国难民署的最大捐款国。自2011年叙利亚危机爆发以来，美国通过国际组织和非政府组织累计提供了20亿美元人道主义援助，使叙利亚境内超过470万人和周边国家的280余万叙利亚难民受益，其中向约旦境内叙利亚难民援助约3.4亿美元。④ 但是，自2017年1月特朗普担任美国总统后，美国对待难民的政策出现了较大调整。1月27日，特朗普总统签署行政命令，美国将在120天内暂停所有难民入境；在90天内暂停伊朗、苏丹、叙利亚、利比亚、索马里、也门和伊拉克7国公民入境；无限期禁止叙利亚难民进入美国。受特朗普政令的影响，许多难民开始非法跨越加拿大边境，使得加拿大总理特鲁多面临的压力与日俱增。

---

① 参见伍慧萍：《难民危机背景下的欧洲避难体系：政策框架、现实困境与发展前景》，载《德国研究》2015年第4期。
② 参见《欧盟报告：叙利亚申请欧洲避难人数连续五年最多》，http://www.sohu.com/a/220650945_157267，2019年3月26日访问。
③ 参见张红菊：《美国难民政策的演变》，载《人民论坛》2015年第36期。
④ 参见裴予峰：《难民问题对"一带一路"安全保障的影响》，载《阿拉伯世界研究》2015年第5期。

在解决叙利亚难民问题方面，除了德国敞开大门欢迎难民之外，法国作为欧盟的主要成员国，也不遗余力协助黎巴嫩解决难民问题。2013年9月联合国大会召开期间，法国在纽约启动了"支持黎巴嫩国际小组"。该小组自成立以来，在协调国际社会向黎巴嫩的叙利亚难民提供援助方面取得成效，包括推动世界银行成立援助黎巴嫩信托基金会等。2014年3月5日，"支持黎巴嫩国际小组"在法国巴黎举行了会议。

第四节　中国应对：道义优先与现实困扰

"一带一路"倡议和构建人类命运共同体理念的提出，标志着中国作为一个负责任的大国在新时代携手国际社会应对和解决发展过程中的挑战，共同推动彼此发展。中国一直积极参与联合国和国际社会解决难民问题和全球治理的各项行动，得到国际社会的高度肯定。与此同时，中国也面临邻国政局动荡引发难民危机的现实困扰，难民危机已经成为中国面临的重要的非传统安全威胁之一。

一、国际合作中的道义原则

1979年，中国恢复了在联合国难民署执委会的活动。1982年，中国先后加入《关于难民地位的公约》和《关于难民地位的议定书》，并派部长级代表团出席了多次有关难民问题的国际会议。关于难民处置问题，中国一直主张维护世界和平，促进共同发展，标本兼治解决难民问题；切实维护难民公约的权威及现行的保护体制，积极寻求解决难民问题的新思路；坚持"团结协作"与"责任分担"的原则，切实有效展开合作；严格划清难民问题的界限，防止滥用难民公约的保护体制和庇护政策。[①] 自1978年以来，中国政府本着人道主义精神先后接收了28.3万印支难民。联合国难民署于1979年下半年开始向在华印支难民提供援助并设立驻华任务代表处。1995年12月1日，难民署驻华任务代表处升格为代表处；1997年升格为地区代表处，主管中国内地、中国香港、中国澳门，以及蒙古和朝鲜的难民事务。中国多年来一直积极加强与联合国难民署的合作，联合国难民署发言人马赫西奇（Andrej Mahecic）曾表示，中国是亚洲为数不多的几个签署《关于难民地位的公约》的国家之

---

① 参见陈威华、陆大生：《难民地位公约缔约国举行会议——中国主张标本兼治解决难民问题》，载《人民日报》2001年12月13日第7版。

一,并赞赏中国对难民不推回原则的尊重。①

除了积极加强与联合国难民署的合作外,在中东难民危机爆发伊始,中国也充分发挥负责任大国的作用,向约160万来自伊拉克各地的流离失所者及叙利亚难民集中地的伊拉克库尔德自治区提供人道主义援助,以帮助难民缓解生活之困。2014年12月9日,运送中国救援物资的2架飞机抵达伊拉克库尔德自治区埃尔比勒,机上载有包括医疗物资、帐篷、毛毯等价值3000万元人民币的人道主义救援物资。伊拉克方面对中国政府的援助表示感谢。2017年,中国国家主席习近平在瑞士日内瓦万国宫会见联合国秘书长安东尼奥·古特雷斯和第71届联合国大会主席彼得·汤姆森时宣布,中国将拨款2亿元人民币(约2920万美元)援助叙利亚难民,彰显中国作为负责任的大国在为叙利亚难民提供人道主义救助的意愿和能力。②

二、周边问题的现实困扰

中国周边邻国较多,陆地边境线较长,因此相关国家国内局势一旦发生动荡,对中国边境安全就会产生潜在影响。2009年后,缅甸内战不断,缅甸政府军与克钦少数民族地方武装组织、果敢少数民族地方武装组织经常发生军事冲突,大量缅甸边民为躲避战火出逃,并采取各种方式越过中缅边境线进入中国云南省境内,成为难民,对中缅边境社会安全、稳定和发展产生较大影响,也给中国政府带来新的治理挑战和外交挑战。

2015年,缅甸爆发罗兴亚难民危机,大批罗兴亚人出逃到孟加拉国,也有部分罗兴亚人滞留中国。罗兴亚难民危机爆发后,中国积极加强与缅甸和孟加拉国的沟通与协调。2018年6月8日,中国外交部发言人华春莹主持例行记者会,就联合国难民署、开发署与缅甸政府签署谅解备忘录回答记者提问,称"中国是缅甸和孟加拉国友好邻邦,一直高度关注若开邦局势,也在积极推动解决问题,提出了止暴维稳、遣返安置、减贫发展的三阶段设想建议,得到缅孟双方的赞赏和欢迎"③。

在"一带一路"沿线地区,目前中东、南亚和东南亚以及非洲地区都存在严重的难民危机问题,势必对"一带一路"倡议的落地实施产生影响。如缅甸罗兴亚难民危机发生在缅甸若开邦北部孟都和亚德当,与地处若开邦南部

---

① 参见邢新宇:《中国参与中东地区难民问题治理的现状与前景》,载《阿拉伯世界研究》2016年第4期。
② 参见《我国要不要接收难民》,载《文摘报》2017年6月29日第3版。
③ 《外交部就联合国难民署、开发署与缅甸政府签署谅解备忘录等答问》,http://www.gov.cn/xinwen/2018-06/07/content_5296924.htm,2019年3月26日访问。

的皎漂港有一段距离。而皎漂港是中国合资经营的中缅油气管道的起点，也是中国主导经营皎漂港经济特区的所在地。如果罗兴亚难民危机蔓延，将对中缅油气管道安全和印度洋战略产生威胁。①

难民问题是非传统安全领域的热点和难点问题，涉及国际关系、内政外交、地缘政治、生态资源、宗教民族、社会治理、政府管理等多个领域，是一个集政治性和社会性为一体的综合性问题。难民危机已经是国际社会不能忽视的一个现实问题，同样也是进入新时代中国参与国际事务和全球治理中面临的挑战性问题。解决难民危机，短期应对行为只能"止痛"，关键要消除产生难民的根源，而这正是包括中国在内的国际社会努力的方向。

思考题

1. 中东地区的难民危机是如何形成的？
2. 难民危机对域内外产生的系列影响是什么？
3. 美国是如何应对难民问题的？

讨论题

1. 叙利亚难民危机对欧洲一体化进程会产生什么样的影响？
2. 作为发展中国家，中国是否应该大规模接纳难民？

推荐阅读材料

1. 王晓丽：《阿拉伯世界教派冲突及其影响》，载罗琳主编：《国别和区域研究》，社会科学文献出版社2017年版。

2. AKM Ahsan Ullah, Geopolitics of Conflicts and Refugees in the Middle East and North Africa, *Contemporary Review of the Middle East*, Vol. 5, No. 3, 2018.

3. Özden Zeynep Oktav and Aycan Çelikaksoy, The Syrian Refugee Challenge and Turkey's Quest for Normative Power in the Middle East, *International Journal*, Vol. 70, No. 3, 2015.

4. 郑春荣：《欧盟难民问题难解的原因与影响》，载《当代世界》2018年第9期。

---

① 参见许利平：《缅甸罗兴亚人道主义危机及其影响》，载《当代世界》2017年第10期。

第六章　族群冲突危机：何时和解

> **导　读**

　　1994年4月7日凌晨，东非卢旺达。一组总统卫队士兵，在一群挥舞着柴刀的卢旺达平民的簇拥下，冲进卢旺达女总理乌维林吉伊姆扎纳（Uwilingiyimana）的住宅，将其与丈夫杀害。几个小时后，负责保护乌维林吉伊姆扎纳住宅的10名迫降的比利时维和部队士兵被绑缚到附近一个军事基地处决。

　　从这一时刻开始，一场人类史上罕见的种族大屠杀（又称"卢旺达内战"）在这个仅有2.6万平方公里（稍小于中国的海南岛）的东非小国展开，历时三个多月，直到1994年7月中旬结束。该屠杀造成的死亡总人数，根据不同统计来源，在50万到100万人之间。最常用的数据是80万人，占屠杀前该国总人口的1/10。

　　不过，卢旺达种族大屠杀最令人发指之处还不在于屠杀人数占总人口1/10这个惊人的死亡比例，而是在短短100天之内将80万人处决绝非易事。更令人难以接受的事实还在于，有别于很多其他屠杀事件，如纳粹德国以集中营的方式有序成批地屠杀，卢旺达种族大屠杀并非完全由军人执行。绝大部分的屠杀发生在卢旺达乡村；大部分被屠杀者为平民；屠杀者也大多是平民，他们没有现代武器，而是使用柴刀之类的农具。屠杀者与屠杀对象往往是世代比邻而居的乡亲，屠杀可能就发生在被杀者的家中、院落，或者是村民们日日相聚的街巷！

　　对这些残酷细节的强调并非意在凸显人性之恶——尽管残酷，卢旺达种族大屠杀并非特例。突出这些细节意在强调屠杀对这个国家的破坏之深，不仅在于对国家治理机制层面的破坏，更在于对村落关系这样的社会网络的摧毁。正因如此，在此后若干年内，没有人会相信这个国家在遭受如此创伤之后还能重新享受和平与繁荣。在很长时间内，卢旺达被国际社会评为"失败国家"之首。

但是，奇迹发生在大约20年之后。大量国际新闻报道显示，卢旺达正在成为非洲的发展之星。尽管依旧贫穷脆弱，国家发展的前景不断受到怀疑，但卢旺达国内秩序稳定，族群冲突鲜有发生，良好的投资环境吸引全球500强企业纷纷驻足卢旺达。

从这个意义上说，卢旺达种族大屠杀是一个关于冲突、和平、发展等主题的难得的案例。它有助于我们理解族群冲突的根源和形式，但同时，它的凤凰涅槃式的复兴也使它成为族群和解的罕见案例。换句话说，卢旺达的经历不仅仅是一幕人性悲剧，它同时也是一个令人振奋的故事，讲述了人类在极其残酷的条件下实现自我调整、自我修补的能力。

本章将在卢旺达案例的背景下，结合其他案例来讲述人类社会面临的一个非传统安全危机——族群冲突（ethnic conflict），同时也分析族群和解的可能性。

第一节 族群冲突与族群和解的非传统安全分析

人与社会的安全是非传统安全中至关重要的一部分。从传统上对国际安全和国家安全的强调到对人类安全（人的安全）、社会安全、社区安全直至个人安全的重视，这个范式转换是冷战后非传统安全观的重要理论贡献。人与社会的安全是其他层面的安全维护（如国际的、国家的、区域的等）的微观基础。当个人在赖以栖身的社区当中形成有效的身份认同，愿意彼此合作，为共同的福祉而共同努力时，在其他层面造成安全威胁的动力对个体社会成员的吸引力就会减弱。相反，破碎的社会是暴力的渊薮，为其他层面的冲突提供了持续不断的动力。

在诸多影响个体互动和社区整合的因素当中，族群关系成为至关重要的一个，并且其重要性变得日益突出。在今天的全球化时代，国家间的传统武装冲突和战争正在式微，非国家组织成为武装冲突的重要主体。这些组织彼此之间的冲突以及它们与国家力量之间的非对称冲突成为主导当今国际冲突的主要形式。在这些非国家武装组织当中，相当数量是基于族群认同矛盾而建立和存在的。因此，族群冲突成为当代日益严重的问题，威胁着国家安全和国际秩序。

研究族群冲突的原因和解决方式成为全球化时代亟待解决的课题，也是各国维护稳定，实现全球和平发展的一个重要前提。中国目前也面临着族群冲突日益激化的挑战。将中国的问题置于一个国际比较的视野中，有利于更好地为中国的长治久安和发展繁荣提供理论基础和实践指导。

本节将重点介绍一些以冲突和解为核心，引领范式转移的理论观点。[①] 这些讨论将被应用到对卢旺达和新加坡两个案例的经验分析上。

一、族群冲突的传统解释范式与局限

对族群冲突的化解的传统理论基本上分为现实主义和自由主义两种类型。现实主义的安排大致有三种：第一种是让其中一方的力量远远大于另一方或其他各方，在力量分布中占据绝对主导地位，从而有能力维护秩序，实现族群间和平；第二种是各方（通常是最强的两方）之间实力均衡，最佳选择是彼此妥协，和平共处；如果两种共存方式都无法实现，第三种分而治之（partition）的方式就成为最佳选择。

自由主义的解决方案主要有三种：第一种是族群间权力共享，以利普哈特（Arend Lijphart，亦译"李帕特"）的协和主义（Consociationalism）[②] 为代表，如瑞士和战后波斯尼亚；第二种是族群联邦制（Ethno-Federalism）或民族自治，如苏联和中国的模式；第三种是非地域自治（Non-Territorial Autonomy, NTA），如比利时和20世纪20年代的爱沙尼亚。

无论是现实主义的分而治之，还是自由主义的几种制度安排，共同缺陷在于族群差异被预设为不可否认的天然事实和一种排他性的集体赋权，以此假设来指导制度安排。但是，以后现代理论为代表的社会科学成果已经提供足够有说服力的证据来证明，族群差异是一种社会建构，而非事实。在这种既定的思维范式的指导下，无论是现实主义的还是自由主义的制度安排，都将政治共同体内的成员人为分割，迫使个体的权利屈服于精英认可的族群差异，同时也极大地妨碍了个体间寻求超越族群关系的制度安排的能力。

尽管两种思路的假设不同，提供的解决方案有差异，但两者之间的共同之处也很明显。两者都强调国家（特别是中央政府）层面的解决方案；都倾

---

① 本章中"解决"和"和解"是两个不同的词汇，反映了不同的思维模式。"解决"对应于英文的"resolution"，通常泛指冲突的化解，无论是通过武力还是和平方式，而"和解"对应于英文的"reconciliation"，其核心含意是通过和平方式实现彼此的妥协、认可、互信、共存。

② 参见〔美〕阿伦·利普哈特：《民主的模式：36个国家的政府形式和政府绩效》，陈崎译，北京大学出版社2006年版。

向于政治精英主导；都依据马克斯·韦伯（Max Weber）的理性主义，相信冲突解决必须以国家法律为基础，以国家机器为手段，以惩罚和警诫为策略。

两种解决方案的共同缺陷在于缺乏社会力量的介入，对社会复杂性的认识和尊重不足，都迷信"高层政治"（high politics）。从经济社会学的角度讲，这种精英主义的思路的最大弊端类似于哈耶克（Friedrich Hayek）的自由秩序所反对的国家主义，[①] 也与斯科特（James C. Scott）描述的国家规划的弊端有类似之处。[②] 总之，传统治理方式缺乏社会视角，常常忽视社会多元价值在冲突化解过程中的关键作用。因国家机器、法律法规、政治精英的作用被高度强调，国家层面以下的主体，特别是社区共同体在塑造个体价值观和自我认同方面的角色不被重视，造成冲突的社会根源无法被清楚认识，潜在矛盾随时威胁国家主义手段取得的成果。

二、从解决到和解：族群冲突解决方式的范式转移

近年来，人们对族群冲突解决方式的理解正在发生根本性变化。具体来说，变化的核心在于分析的关注点正从传统的解决向更具有持续性的和解转移。

（一）范式转移的三个方面

传统理论对族群冲突的解决在目标、主体、手段上都存在不足。一个新的理论模型需要在这三个方面进行突破，才能真正有效地解决族群冲突。具体而言，新的理论模型的不同之处在于，首先，解决族群冲突的目标将从短期稳定转变为长期和平；其次，解决族群冲突的主体将不再完全依赖于国家和精英，而是从国家主导转移到社会主导，从精英主导转移到社区主导，尽管新的理论模型并不否认国家和精英的重要性；最后，解决族群冲突的手段也发生变化，着眼点从惩罚转移到共建。这种范式转移的必要性是考虑到族群冲突的微观意义。

族群冲突的根本问题在于社区层面上具有不同价值观和不同身份的社区成员的摩擦没有得到及时有效化解而升级为族群间冲突。造成冲突的根源可能是多元的，但表象常常是族群身份差异。传统认识的误区在于忽视个体身份的多元性，轻易将冲突上升为族群差异。应该认识到，冲突往往是从社区

---

① 参见〔英〕哈耶克：《自由秩序原理》，邓正来译，生活·读书·新知三联书店1997年版。
② See James C. Scott, *Seeing Like a State: How Certain Schemes to Improve the Human Condition Have Failed*, New Haven, CT: Yale University Press, 1998.

层面开始，而个体的身份是多元的，因此解决冲突的手段也应该是多元的。所以，冲突化解的关键应该是梳理社区关系，强化社区治理能力，防止社区内部冲突升级为国家层面精英间的冲突。

（二）从解决到和解：基于身份认同的族群冲突解决方式

在传统的精英主导的制度安排中，改变个人身份认同来解决族群冲突的做法主要依赖民主和法治等正式制度和法律框架。但是，这些制度如果缺乏社会层面的微观基础，通常会面临持续性问题。尤其在民主和法治相对脆弱的发展中国家，国家制度对个人的约束远不能达到理论预期。个人的观念和行为更多受制于社会规范，也就是政治经济学当中强调的非正式制度。因此，为实现长久和平，必须如前所述，实现范式转移，将视角从国家主导转移到社会主导，从精英主导转移到社区主导，建立新的族群和解的理论和制度。

传统的冲突解决实践中，尽管不乏非正式制度方面的经验，但并未受到足够重视，更少有制度化的安排。但是，这些实践蕴含了重要的理论基础，为实现范式转移提供了可能性。这些实践通常发生在以下几个层面：

首先是促进族群间非正式接触，如定期和非定期的节日活动和互访。这种方式通过个人间日常生活的接触，为改善族群间关系和个体的自我认同提供了基础。一个明显的例子是，生活在边境的居民，由于频繁的跨境接触和相互依赖，对族群差异的认知通常会异于缺乏这种体验的其他个体。又如，在很多地区多个族群共同生活在同一个自然区域中，个人的跨族群交往密度决定了这些居民的族群自我认同相对较弱。

其次是鼓励建立跨族群社会组织，如跨族群的商会、工会、贸易协会、职业协会、妇女组织、读书会、体育文艺俱乐部等各种机构，能有效增进个体间的沟通和联系，通过非强制性的方式解决冲突。这些市民组织可以在改善个体的族群认同、提高个体的公民意识、增强社会纽带方面发挥至关重要的作用，成为国家机器的重要民间辅助力量。[①]

最后是推动社区的建设，将不同族群的个体纳入包容性的社区，强化个体与社区的依赖关系，让社区利益超越族群利益，从而弱化个体的族群认同，最终增强个体的公民意识和对国家共同体的归属感，为国家建设（nation-building and state-building）提供重要的微观基础。以社区重建为目的的制度安排的一个典型案例是下一节中详细介绍的卢旺达内战后的族群和解实践。

---

① 参见以罗伯特·普特南（Robert Putnam）为代表的社会资本理论。See Robert Putnam, *Bowling Alone: The Collapse and Revival of American Community*, New York, NY: Touchstone Books, 2001.

以上这些社会层面上的非正式制度安排和实践对于实现族群冲突解决的范式转移具有重要的意义。首先，在这些实践中，冲突解决的主体必须是个人和社区，而非依赖国家机器和政治精英。只有当个人和社区拥有改变社会关系的主导权时，社会关系才会真正发生质变，而且这些变化才可以实现持续性，长久和平才成为可能。其次，当个人和社区作为冲突解决的主体时，他们习惯使用的解决族群冲突的手段与传统的国家主导的方式，如法庭、警察、军队等，会有根本不同，因其着眼点往往在于共建而非惩罚，在于和解而非单纯地解决冲突。最后，这些实践的目标是实现长久的持续性和平，甚至和谐共存，而不仅仅是让双方放下武器，松开拳头。在这些实践中，经济发展常常与和平相辅相成，个体间的经济和社会纽带经常被用来作为实现和平的工具，而社会成员间的和平相处也常常被用来作为说服个体改善生活质量的重要诱导条件。

第二节　卢旺达族群和解的实践

在国际社会解决族群冲突的诸多实践当中，战后卢旺达的经验有着独特的意义。内战的惨烈和战后成功重建的强烈反差为理解族群冲突和解提供了一个不可多得的自然实验。卢旺达经验揭示，有效的冲突解决机制需要在国家层面和社区层面同时进行制度安排，正确处理个体的公民身份和私有身份的关系。针对前述的传统解决范式中存在的几个缺陷，卢旺达政府都有意识地进行修正，使国家层面的正式制度服务于社会制度安排而不是破坏后者对族群和解的贡献。

一、卢旺达内战前的族群背景

卢旺达长期受到族群矛盾的困扰。卢旺达的主要族群包括胡图族、图西族和特瓦族，所占人口比例分别为84%、15%、1%。[①] 胡图族和图西族之间的矛盾由来已久。在殖民地时期，卢旺达的族群矛盾被利用来作为"分而治之"的工具，少数派图西族被殖民者（先是德国，后是比利时）委以重职，以控制多数派胡图族。1935年，比利时殖民者引入了新的身份证制度，标明证主是图西族、胡图族、特瓦族或是入籍人士，进一步强化了族群身份差别。

---

① 资料来源：http://www.cia.gov/library/publicatiens/the-world-factbook/geos/rw.html，2019年3月26日访问。

资料1 卢旺达大屠杀之前的族群关系和族群政策

殖民地时期遗留的族群等级制度并未随着民族独立运动的胜利而消失。1962年，卢旺达从比利时的殖民统治下获得独立后，胡图族控制政权，随即展开对图西族的清洗，导致大批图西族人移居到周边国家，并组成武装力量与卢旺达政府军抗争。其中，在80年代由侨居乌干达的图西族难民组成的卢旺达爱国阵线（RPF）成为一支重要的反政府武装。1990年10月，RPF与胡图族政府军之间爆发内战。

在1991年6月卢旺达开始实行多党制之后，政府与RPF展开政治协商，试图将RPF纳入联合议会。1993年8月4日，政府与RPF在坦桑尼亚阿鲁沙签署和平协定，决定结束内战，但是双方仍有冲突。1994年4月6日，胡图族总统哈比亚利马纳乘坐的飞机被导弹击中，总统遇难身亡，国内胡图族极端派以此为理由开始发动种族清洗。

资料2 卢旺达种族大屠杀过程及国际介入

二、战后重建的国家制度安排和政策设计

1994年的种族大屠杀以RPF领导的武装力量夺得政权而结束。虽然少数派图西族是RPF的主要成员并在新政府中占据主导地位，但新政府极力避免重蹈覆辙，让族群关系影响国家的重建。相反，新政府在国家层面和社会层面同时进行改革，积极改变卢旺达的族群关系。

在国家层面，卢旺达新政府提供各种制度安排和政策设计来重塑国民的身份认同，强化公民意识和国民认同。主要的做法有以下几点：

第一，政府重修宪法，明确禁止胡图族和图西族等主要种族的词汇出现在公共话语中，不允许在公共讨论中出现导向性言论来煽动族群意识。同时，《宪法》"严禁以种族、族群、部落、宗族、地区、性别、宗教或其他可能造成歧视的类别为基础建立政治组织。在招募成员、建立领导机构以及机构运行和组织活动方面，政治组织必须始终体现卢旺达人民的团结以及性别平等和互助的原则"（第三编"政治组织"第54条）①。

第二，政府彻底去除殖民时期民族识别政策遗留下来的民族对立制度和政策。最为重要的是取消公民身份证上长期以来一直存在的民族标识，也取消了1962年独立以来所有针对图西族人的歧视性政策。

第三，政府在招聘公职时避免出现全部是胡图族人或全是图西族人的情况，保证公职部门的族群代表性。

---

① 转引自庄晨燕：《民族冲突后的和解与重建——以卢旺达1994年大屠杀后的国族建构实践为例》，载《中央民族大学学报（哲学社会科学版）》2014年第3期，第77—87页。

第四，国家公共物品的供给强调公民一律平等，在教育、医疗、住房、卫生等领域的资源按照国民身份而非种族背景进行均等分配。

第五，增加妇女参政的比例和力度，让多元与和解成为决策层的思维模式。

第六，重新编撰历史教科书，取消关于种族问题的扭曲论述，代之以客观公正的历史叙述，引导民众重新认识和解释历史，实现国民身份重建。

第七，政府每年都会举行各种形式的纪念仪式，提醒民众对这段历史保持清醒的认识，以保证悲剧不再发生。在基加利纪念中心的万人冢中，埋葬着种族大屠杀的遇难者。这个纪念中心是对这些受害者的致礼与怀念。其他类似的建筑、遗址都被保留下来，认真维护，向公众免费开放。

第八，设立团结和解营，为1994年屠杀结束后归国的图西族难民、前政府军、被释放的屠杀嫌疑犯、妇女等提供机会，使他们尽快融入社会。后来该活动扩展到所有成年人。团结和解营采用集中教育学习方式，通过让这些归国的难民与当地民众共同生活而增进对彼此的了解，了解和反思历史，共同展望未来。

三、社区重建与身份认同的重塑

以上这些做法提供了重要的法律和制度框架，为实现社会重建和身份认同重塑提供了重要基础。但是，这些正式制度的建立并不能根本改变大屠杀在卢旺达民众中造成的极度仇恨。大屠杀结束7年之后，依然有近90%的受访者对此怀有强烈的负面情绪：43.5%的人害怕大屠杀再次发生，26.7%的人感到悲伤，12.9%的人感到不安全，6.6%的人有心理创伤和睡眠障碍。[①] 社会成员之间信任度的缺失令战后重建工作步履维艰。如何重新修复卢旺达社会，使卢旺达民众能够愿意摒弃前嫌，重新生活在一起，参与到极其艰难的重建工作中，是一项几乎不能完成的挑战。

在所有这些战后重建的挑战当中，最为棘手的是如何处理约13万的图西族施暴者，这些人占国民总数的近1/7。[②] 这个庞大的人群被关押在监狱中，对战后面临一片废墟的卢旺达新政府形成巨大压力。通过传统的司法调查和判决来处理这些案例不仅需要花费几十年甚至上百年的时间，在人力和财力

---

① 参见庄晨燕：《民族冲突后的和解与重建——以卢旺达1994年大屠杀后的国族建构实践为例》，载《中央民族大学学报（哲学社会科学版）》2014年第3期，第78页。

② See Filip Reyntjens and Stef Vandeginste, Rwanda: An Atypical Transition, in Elin Skaar, Siri Gloppen, and Astri Suhrke (eds.), *Roads to Reconciliation*, Lexington Books, 2005, p.110.

上对深陷财政危机的新政府来说无法承受。何况整个国家的司法体系几乎被摧毁殆尽，根本无力承担这一任务。更为重要的是，当这些人被释放出来后，卢旺达社会如何接纳他们？这些人与受害者之间会依旧面临复杂紧张的关系，这对卢旺达的和平重建会产生怎样的影响？

在这种极端压力下，卢旺达政府求助于传统调解手段，在司法体系和卢旺达国际刑事法庭这两个官方体系之外，使用传统的盖卡卡法庭（gacaca court）模式解决大规模争端。

"盖卡卡"是"草根"之义。盖卡卡法庭是卢旺达社会广泛使用的一种处理民间因土地、牲畜、财产等纠纷争端调解机制，通常在村庄草地或广场举行，全体村民列席，由社区成员认同的长者主持。争议双方互相辩论，澄清事实，然后通过道歉、原谅、补偿等手段达到谅解。盖卡卡法庭并非正式的国家司法机制，不享有司法判决的权力，也没有实施监禁的权力。因此，盖卡卡的本质是在社区层面提供一种公共对话空间和对话机制，帮助村民实现充分表达和沟通。这种方式以和解、原谅、恢复社区为目的，而非以惩罚、隔离为目标，因此其判决总是以修复关系为宗旨，多以道歉和实物或体力赔偿为主要惩罚形式。

盖卡卡法庭的这种修复性正义（或称"恢复性司法"，restorative justice）与新政府渴望重建社会、摆脱族群冲突恶性循环的目标相契合，而且因其具有低成本和以民众为核心的民主价值理念等方面的优势，对新政府产生吸引力。从2001年开始，盖卡卡法庭开始被引入战后种族屠杀罪犯审判的体系，主要用来处理犯罪情节相对较轻的犯罪嫌疑人。那些主要的组织策划者和犯有重大罪行的个人被交给国际法庭和国家司法机构，通过官方司法程序处理。[1]

盖卡卡法庭由村民主持，在每次审判的组织形式、审理程序等方面村民享有很大的自由权。尽管如此，政府在推行和组织这项工作中起着关键作用。政府派专业人员深入村庄，组织培训村民，并指导和监督盖卡卡法庭的工作。与传统的盖卡卡法庭避免监禁的做法不同，处理种族屠杀罪的盖卡卡法庭可以依据国家法律，判处监禁。因此，这个阶段的盖卡卡法庭不再是传统意义上的民间协商协调机制，而变成国家制度的外延，或者更准确地说是国家司

---

[1] 有关盖卡卡法庭在战后重建中的作用的详细介绍和讨论，参见 Phil Clark, *The Gacaca Courts, Post-Genocide Justice and Reconciliation in Rwanda: Justice Without Lawyers*, Cambridge: Cambridge University Press, 2010; Philip Clark and Zachary Kaufman (eds.), *After Genocide: Transitional Justice, Post-Conflict Reconstruction and Reconciliation in Rwanda and Beyond*, New York, NY: Columbia University Press, 2009.

法机制与民间协商机制的有效结合。但因为盖卡卡法庭主要针对的嫌犯是情节较轻者，通常是普通从犯，因此监禁时间都较短，而且很多可以用社区劳动来折抵。对于那些在开庭前主动坦白并忏悔自身所犯罪行的嫌犯，还可以减免量刑，甚至得到谅解。

与此同时，政府联合国内外各类社会组织（如慈善组织、宗教组织、非政府机构等）共同努力，让服刑期满或被谅解的犯人被原来的社区重新接纳。这是一个令人不可思议的做法，但确实成为社区重建的重要途径。经过这种努力，曾经因为恐惧、仇恨而分崩离析的人际关系得以重建，昔日的受害者和施暴者相互谅解，成为邻居甚至是家人。[1]

在关于盖卡卡法庭对于社区修复的诸多贡献当中，最重要的一项或许是，很多遇害者家属从施暴者的口中了解到被害亲人遇害的真相，并且了解到他们的尸骨掩埋的地址，让他们能够找到尸骨，重新体面下葬。这对于遇害者家属来说是一个巨大的精神安慰，是很多人能够同意谅解的重要动力。

盖卡卡法庭解决了大量案件，使庞大的战后审判工作得以在短期内完成。2012年，卢旺达政府宣布盖卡卡法庭正式结束使命。曾经遍布全国各地、覆盖不同行政区划的盖卡卡法庭用10余年的时间解决了"正规"司法体系100年都可能无法完成的难题。[2] 更重要的是，盖卡卡法庭完全由村民为主体，依照社区原有的习俗来进行，国家只提供必要的指导和培训工作。因此，盖卡卡法庭也是一次深刻的公民意识和技巧的训练，让不同族群背景的卢旺达人以平等身份彼此对话、交流和谅解，实现社区共建。盖卡卡法庭提供的交流也是重塑公民记忆的过程。虽然盖卡卡法庭制度正式宣布结束，但其依赖的社会调解机制依旧存在，影响着卢旺达公民对历史的认知和对彼此关系的理解。

四、分析总结

经过十多年的重建，到21世纪初，卢旺达已经成为非洲最为稳定、经济发展速度最快的国家之一。考虑到整个非洲大陆在这个阶段的经济停滞和政治动荡，以及全球范围内族群冲突解决的艰难，卢旺达在内战后取得的成绩令人振奋，也值得深思。

---

[1] See Catherine C. Larson, *As We Forgive: Stories of Reconciliation from Rwanda*, Zondervan, 2009.
[2] 参见庄晨燕：《民族冲突后的和解与重建——以卢旺达1994年大屠杀后的国族建构实践为例》，载《中央民族大学学报（哲学社会科学版）》2014年第3期，第77—87页；刘海方：《卢旺达的盖卡卡传统法庭》，载《西亚非洲》2006年第3期，第56—62页。

卢旺达的成功在于政府在各个层面上的冲突调解手段都意在树立卢旺达人平等公民的身份，同时去除族群身份对他们在处理彼此关系时的影响。同时，国家和社会层面的手段彼此支持，相辅相成。公民身份有两个支柱，一是权利平等；二是主体性。前者在政府的制度和政策当中体现出来；后者必须在公民行动中体现出来，让公民有能力控制自己的命运。在实现这两个支柱的过程中，卢旺达政府利用有效的制度手段将公共空间和私有空间分开，使卢旺达人的公民身份不再受到私有身份的干扰和侵蚀，让私有身份只能在私有空间内发挥影响。"族群关系不能干扰公共政策"成为一种政治正确的原则，不仅体现在宪法的修订中，也体现在制度安排和公共政策上，被严格执行。同时，盖卡卡法庭主导下的社区重建和公民的身份重塑为这种政治正确提供了一个微观层面的支持，使公民个人与社区的紧密联系超越个人与族群关系的影响，从而让卢旺达公民成为参与国家建设的重要力量。

第三节　国际比较视角下的族群和解：新加坡

内战后卢旺达的族群和解制度虽然不常见，但并非特例。以谅解为手段，以社区重建为宗旨，让普通公众成为解决冲突的主体，通过重塑记忆来建构新的身份认同，这是人类社会古已有之的自我更新的做法。只是在国家层面用这种制度进行大规模社会改造的做法比较罕见，但也并非不存在。美国内战结束后，联邦政府没有对南方士兵们进行严惩，而是让他们放下武器，回乡务农，甚至像罗伯特·李（Robert Lee）将军这样的主要将领也没有受到司法审讯。尽管这不是一个族群和解的案例，但美国内战后和解的做法与卢旺达内战后的和解有异曲同工之处，最终使美国顺利建构共同市场，在此后短短几年内超过英国，跃升为世界最大经济体。

当代史上在族群和解方面最为接近卢旺达的是新加坡的案例。此节简要介绍新加坡案例，借以分析族群和解的可能性和多样性。

一、新加坡的族群背景

新加坡是一个异质性极强的多元种族国家，人口包括来自马来半岛、中国、印度次大陆和斯里兰卡的移民后裔，还有部分欧亚混血人种等。新加坡人口中华人占77%，马来族占13%，印度裔占7%，其他种族占3%。马来语为新加坡国语，英语、华语、马来语、泰米尔语为官方语言，英语为行政用语。新加坡多种语言、文化、种族和宗教和谐并存,华人、马来族和印度裔比邻而居。除了这些主要的族群外,印尼人、阿拉伯人、欧亚混血以及欧洲人等其他人种都将新加坡当成自己的家,使新加坡成为一个文化多元的国家。

今天,新加坡以和谐与稳定著称,被誉为一个具有高度容忍性的社会。2013年的一份调查显示,96%的受访者可接受本地华人为同事,93%的受访者能接受本地马来族、印度裔或欧亚裔为同事。关于私人生活空间和社交圈,六成非华裔能接受跟本地华人通婚,91.5%的受访者表示对跟本地华人成为好朋友感到自在,84.7%的受访者愿跟本地马来族成为密友。在对不同宗教信仰的态度方面,民众的接受度都在90%以上,如对佛教徒的接受度是96.9%、对伊斯兰教徒的接受度是94%。①

然而,这样的和谐景象是在付出巨大代价并经过艰难努力之后才获得的。新加坡于1962年从英联邦统治下获得独立。1963年,新加坡加入马来西亚联邦。然而,合并后以人民行动党为首的新加坡州政府和由华巫印联盟主导的联邦政府,在国家发展方向和种族政策等问题上发生矛盾,引发了大规模种族冲突。面对几乎无法调和的族群冲突,李光耀被迫在1965年8月9日宣布新加坡脱离马来西亚联邦,成立独立自主的新加坡共和国。②

建国后的新加坡是一个极其脆弱的国家,其面临的地缘政治和族群关系远远比1994年的卢旺达更为复杂。事实上,新马分家的肇因就是困扰这个多元社会已久的族群问题;独立之后的新加坡也一直在族群矛盾的伴随下成长。那么,新加坡是怎样成长为一个被全世界效法的族群和谐共处的样本?

二、自上而下的族群和解政策

"在新加坡,维持不同种族、语言和宗教间的和谐,向来依赖政府由上而下的强迫性和预防性措施。"在2015年《联合早报》上的一篇文章里的这句话,概括了新加坡族群政策的特点——国家主导的"多元一体"族群治理模式。③

面对独立后国内的族群关系状况,李光耀领导的人民行动党主导制定了多元平等的族群政策,建立了完善的相关配套制度,从政治、经济、社会、

---

① 参见李宁:《新加坡 好政策促族群关系和谐》,载《人民日报》2013年9月23日。
② 参见郭俊麟:《新加坡的政治领袖和政治领导》,生智文化事业有限公司1998年版,第93页。
③ 参见陈庆文:《新加坡的多元种族建国精神》,载《联合早报》2015年11月12日。

文化、宗教等各个层面采取具体的应对措施，进行相对公平的权力安排和资源配置，减少国家和社会的资源内耗，消除了族群冲突滋生的诸多根源，从而缓和了族群关系，避免了族群冲突的发生。

具体而言，新加坡政府的做法主要包括以下几点：

（一）在立法上为"多元一体"社会确立了明确的政治原则

1966年，宪法委员会在报告中明确提出新加坡是"民主的世俗国家"，族群和宗教政策上坚持政教分离、信仰自由、族群平等原则，绝不玩弄族群政治，避免让族群和宗教问题政治化，引起社会分裂。

（二）制度配套，让"多元一体"原则在政治和社会文化层面的应用具有扎实的基础

第一，政治上坚持平等公正的国家治理原则。执政的人民行动党在人才选拔制度上遵循任人唯贤的精英政治理念，吸收各族群的优秀人才加入，以确保更好地代表各族群的利益诉求。

第二，通过集选区制度保证少数族裔候选人获得更高的胜选机会进入国会。集选区的候选人必须是由政党或政党联盟推举的多名候选人组成的团队，每个团队至少要有一名非华裔的少数民族参选者，以此保障马来族、印度裔和欧亚裔的代表人在国会中的议席比例。

资料3　新加坡的集选区制度

第三，建立人民协会，统一领导新加坡的基层社会组织，实现社会动员，培育族群和谐，消除族群张力。鉴于族群组织和宗教组织本身的局限，人民协会作为一种跨族群、跨宗教的公共市民组织，可以有效抵消族群和宗教组织的狭隘性，将这些组织整合在一起，对社会和谐稳定起到了无可替代的作用。

第四，组屋制度在社区层面将各族群捆绑在一起。作为新加坡极为独特的制度，组屋制度不仅仅实现了李光耀的"居者有其屋""有恒产者有恒心"的经邦济世理念，而且成为族群融合的有效工具。在组屋分配过程中，政府根据族群比例要求华人、马来族、印度裔和其他族群比邻而居，通过这种方式培养族际互动交流与和谐容忍，避免单一族群区隔的现象。不同族群按照一定比例被分配在同一个组屋区，转售的时候也不能打破这个比例限制。这种制度有效地将传统的族群聚居区拆解打造成多元族群居住的公共组屋区，为族群共同体和国家共同体的建构创造机会，为基层社区的族群治理提供了

重要的制度工具。①

第五，多元平等的文化教育制度促进族群和谐，助力打造共同价值观。新加坡实行双语教育政策，规定英语为第一教学语言，本族群母语为第二教学语言。除了语言，学校也会通过各种活动来塑造学生在族群和谐方面的素养和能力。在校园之外，政府在各个社会政治领域都推动语言文化方面的多元平等理念，鼓励民众掌握多种语言，强调马来文、华文、泰米尔文（印度文）、英文四种主要语言之间的平等共存，同时确立英语的中性地位，拆除语言壁垒，建立语言同质化社会。② 在语言之外，新加坡政府推动"培养国家意识运动"，用中性的"新加坡人"概念作为构建国家认同的主要途径，培养民众的国家观念，使民众认识到"大家是一条船上的人，具有共同的命运"。③

资料4　新加坡的组屋制度

第四节　新加坡模式与卢旺达模式的比较

新加坡与卢旺达在族群关系方面有非常不同的背景。新加坡的族群异质性程度要远远超过卢旺达，而且新加坡的族群关系常常与宗教紧密关联，这在卢旺达是完全不存在的。另外，新加坡的地缘政治的复杂性和威胁程度也远比卢旺达突出。但是独立之后，新加坡从未出现大规模族群冲突，甚至是小规模的以族群为特征的社会冲突也罕有发生。④ 不仅如此，多元族群和谐甚至成为新加坡社会的标签，每年吸引着全世界的观光者和考察者。而卢旺达在经历人类史上一次惨烈的种族清洗之后也迄今为止没有再发生过族群冲突的案件，而且社会蓬勃发展，同样令人振奋。因此，新加坡与内战后卢旺达虽然在族群关系的历史背景和处理的具体方式上有很多差异，但是这些差异实质上反映出的是两国政府能够充分尊重本国独特社会性质，因地制宜，合理制定相应政策和制度，而不是根据任何教条来刻板地进行社会改造。

---

① 参见范磊：《新加坡族群和谐机制：实现多元族群社会的"善治"》，湖南人民出版社2016年版，第183—185页。
② 参见新加坡联合早报编：《李光耀40年政论选》，现代出版社1994年版，第368页。
③ 参见梁初鸿、郑民主编：《华侨华人史研究集（二）》，海洋出版社1989年版，第273页。
④ 2013年12月8日，新加坡的小印度地区发生了一场主要由印度外籍劳工参与的骚乱事件，被媒体称为新加坡独立40多年来第二次发生的社会暴乱，甚至有媒体将其与族群议题联系起来，但政府否定其族群定义，称其为"普通的社会暴乱而非族群暴乱"，后又改称为"骚乱"，称其"不是发生在新加坡人之间，而是在新加坡人与外籍劳工之间"。参见范磊：《切莫误读小印度暴乱》，载《联合晚报》2013年12月13日；胡舒立、张翃：《李显龙谈新加坡》，载《新世纪周刊》2014年第6期。

一、族群身份与国民认同的关系

两个模式之间的一个显著差异是对族群融合的不同做法。内战后卢旺达以消除族群差别为主要目标,政府将族群身份从民众的身份证上取消,并在公共场合严禁使用与族群相关的语言和标签。而新加坡政府则刻意维护这种族群身份,强调新加坡社会的异质多元属性。

从一般思维来看,卢旺达模式显然更为合理。事实上,多年来在新加坡一直有人提议应该摒弃对华人、马来族、印度裔和其他种族的种族标签划分模式,认为在日益多元化的新加坡,这样的划分过于简单化,也与"我们都是新加坡人"的国民认同努力相左。但是,政府一直反对这种主张。李光耀曾把新加坡的做法与美国的做法相比较,他解释说,"美国是大熔炉,新加坡是色拉碗,尽量让各族保留自己的种族特性"[1]。他认为,新加坡需要的不是消除族群身份的差异,而是"尽力建立一个基于平等原则的典范多元族群社会"[2]。

采取这个策略的最重要原因在于,新加坡社会结构的高度异质性和复杂性。作为一个以华人为主,但少数族群具有强大地区影响力的国家,新加坡面临着超乎一般地缘挑战的压力。

在新加坡,华人的沙文主义与少数族群的不满一样危险。如有人指出,"只要华族还是大多数,任何非华族身份认同比较次要的看法,都会引起少数族群的警觉"[3]。因此,去除种族划分可能引起政府在边缘化和消灭非华族身份的猜疑。从这个角度来讲,种族标签划分模式是政府对少数族群的一种有意识的认可,意在减少不同族群间的竞争和不安。尽管随着新加坡社会的进一步多元化和族群融合,这样的划分标准变得不再准确,但政府并不在意族群划分的区别方式,而是把确立族群身份作为一种更实际的做法,以此对少数族群和华人都发出同样重要的信号——公民的权利得到充分的体现和尊重;不同族群彼此平等,受到同样标准和价值观的衡量。

二、政府主导与社会自主的关系

另一个值得注意的差异是,新加坡模式有更明显的政府主导色彩,而卢

---

[1] 韩山元:《新加坡如何保持种族和谐》,载《联合晚报》2009年7月16日。
[2] Alex Josey, *Lee Kuan Yew*, Singapore: Donald Moore Press, 1968.
[3] 陈庆文:《新加坡的多元种族建国精神》,载《联合早报》2015年11月12日。

旺达模式的参与主体更为丰富，社会力量的自主性更强。特别是盖卡卡法庭基本依赖社区力量，政府介入维持在一个较低水平。这种差别的一个重要根源是新加坡作为城市国家，狭小空间允许政府扮演更为主动全面的角色。

但进一步的分析显示，过多强调这种差异容易让人忽视两个案例的共同之处。卢旺达模式中，尽管政府将很多族群和解的工作交给社区处理，也给予各类社会组织很大的参与空间，但这些并不意味着政府放任这些组织去行动。相反，卢旺达政府在法律上和行政上依然保持相对较强的影响力。最为典型的是派政府官员督导盖卡卡法庭的召开。在新加坡，政府的强力主导并不意味着新加坡民众不用承担更大的责任。事实上，新加坡国民在推动多元族群和谐中的努力并不弱于新加坡政府。无论是在政府和议会内部，还是在学校和社区，政府的所有主张都依赖于国民的积极参与和投入。新加坡被称为"运动之国"，常年会有各种文化社会活动来动员国民参与到族群和解、族群交往中。虽然表面上政府的主导无处不在，但如果没有一个活跃健康的公民团体作支撑，这样的社会动员不可能持续半个世纪之久而依然朝气蓬勃。事实上，更为细致的观察显示，新加坡的公民团体，如宗教团体和族群团体以及类似于人民协会这样的跨族群跨宗教的社会团体数量众多，政府给予他们的活动空间也很大。因此，让新加坡和卢旺达两个案例成功的要素是相同的——强有力的政府与健康活跃的公民团体彼此协力配合，为维护国家认同而共同努力。

第五节 族群冲突的全球趋势及对中国的借鉴意义

一、族群冲突的全球趋势

族群冲突是一个全球性的安全问题。冷战结束后的大部分族群冲突发生在苏联和东欧地区，尤其是巴尔干半岛在20世纪90年代到21世纪初饱受族群冲突之苦。此外，俄罗斯车臣地区和乌克兰的克里米亚半岛也长期面临族群冲突。这些地区以外，很多冷战期间遗留下来的族群冲突持续进行，大部分集中在亚非拉地区的欠发达国家。在南亚和东南亚地区，除了巴基斯坦和印度内部长期的族群冲突，比较著名的独立运动包括斯里兰卡泰米尔猛虎组织发动的内战，印度尼西亚新几内亚岛西部的西巴布亚和南部的东帝汶的独立运动，阿富汗塔利班统治时期的哈扎拉人独立运动。在拉美和中美洲地区有墨西哥东南部恰帕斯州的萨帕塔独立运动和秘鲁的"图帕克·阿马鲁革命运动"组织制造的冲突。非洲是族群冲突的重灾区,大部分长期困扰非洲和平发展的冲突都带有族群特点,如苏丹西部达尔富尔地区的冲突、南苏丹独立运动、科特迪瓦内战、刚果(金)内战,以及埃塞俄比亚的欧加登独立运动等。这些冲突有些正在被化解,如东帝汶,但有些变得更加严重,如南苏丹在独立后面临新的内部冲突。

不过,族群冲突并不完全局限在发展中国家,而是在不同程度上也困扰着一些发达国家。最为明显的是西班牙的巴斯克地区和加泰罗尼亚地区的独立运动、比利时的瓦隆人和弗拉芒人之间的矛盾、加拿大魁北克法语区的独立倾向等。西班牙加泰罗尼亚地区2017年独立公投引发的宪政危机显示出这些发达国家族群问题的严重性。

族群矛盾的重要性不仅在于其影响广泛,几乎涉及世界上所有国家,还在于其复杂性。与很多其他安全因素不同,族群关系的复杂性在于它往往存在于社会最基层,存在于社会成员日常交往中,也存在于社会成员的记忆与想象中。因此,对族群冲突的处理也需要超越常规的安全维护框架,用更为多元的视角和手段妥善回应冲突主体的诉求。最为重要的是,如本章的两个案例所证明的,族群冲突的解决是一个漫长而艰难的过程,需要一个具有长远视野的方案,并配以持之以恒的决心。

二、对中国的启示

中国曾经有丰富而独特的族群关系处理方式,在中华人民共和国成立之前和之后也有非常大的变化调整。中华人民共和国成立后建立的民族自治制度曾经为民族团结及国家稳定发挥了关键作用,也在国际族群关系处理方面提供了独特的经验。但是,20世纪80年代以来中国的全球化进程带来了族群关系的变化和矛盾的加剧。如何在新的历史时期更好地让族群关系成为中国繁荣昌盛的基础而不是国家分裂和社会动荡的导火索,是中国政府面临的一个挑战。本章的分析提供了以下一些经验:

1. 用全球视角来认识族群冲突的重要性

族群冲突正在成为一个全球性的问题。以往单纯从国内关系的视角来理解族群冲突已经不能适应时代的要求。信息和货物的流通、人员的流动、国界管控的松弛为跨国界的族群交往提供了便利,导致族群冲突不再局限国界之内,而是常常成为跨国现象。无论是卢旺达还是新加坡的案例都说明,国家的族群政策制定必须将地缘政治考虑进去，从更宏大的空间视角来审视国内族群关系，在处理族群关系的同时必须考虑国家间关系。中国的族群问题大多集中在西部和南部边疆地带，很容易引起周边外交冲突，同时对族群冲突的解决也需要周边国家的协助配合。因此，妥善处理好与这些周边国家的关系，帮助这些国家提高安全和发展质量，是改善中国族群问题的重要途径。

2. 族群冲突的成因极为复杂，可能会因为任何原因被触发

防止族群冲突的根本解决途径是通过族群和解方式，以全面、多元、多层次、多主体的制度框架，全面约束族群关系。政府不能仅仅将重心放在制定应对族群冲突的解决方案上，而是应该把更多的精力用在推进族群和解的长远计划上，让族群和谐成为国民日常生活的一部分。

3. 国家在制度层面维护正义是处理族群关系的核心

国家的宪法与法律是国民自我认知及彼此互动的框架，从根本上定义了"我是谁""我与他人如何相处"等基本认知问题，由此引导国民和社会群体的偏好选择和行为策略。本章的案例揭示，国家通过法律维护公民身份和权利，消除不平等，是强化公民意识和国民认同的基础。因此，"族群关系不能干扰公共政策"应该成为一种政治正确的原则，不仅应该体现在宪法和法律当中，也应该体现在制度安排和公共政策上，并严格执行。

4. 族群关系不是一个用法律规范可以简单处理的问题

族群问题常常涉及情感和认同、尊重和认可。国家需要在维护国家认同和尊重多元文化这两者之间寻求平衡，既要在维护国家认同方面保持原则，如严格区分公共场域和私有场域之间的界限，恪守政教分离原则，同时又要以灵活宽容的方式处理多元文化身份认同，让不同族群感受到被认可和尊重。因此，多元灵活的族群政策变得非常有必要。如新加坡案例所揭示的，在高度异质性社区，不必强行进行族群融合，应该尊重各自身份，让融合的发生遵循自愿原则，避免行政手段强力干预和压制，让社会和市场力量去推动。这在中国的少数民族聚居区有重要的借鉴意义。

5. 族群关系的妥善处理不仅仅需要关注国家层面的法律法规，更需要着眼于社区层面的治理

无论国家层面的制度建设如何完善，族群关系最终要在社区层面得到落实。因此，在社区层面对族群关系进行维护是国家安全的基础。而全球化的一个特点是现代商业对社区的侵蚀和破坏激化了族群矛盾，令其成为各类社

会矛盾的助燃剂。正因如此,政府的治理能力和社会组织的参与,尤其是二者的相互配合、协助,变得比以往任何时候都更加重要。中国目前亟须在培育社会组织方面加大力度,在观念、制度、政策上进行突破,让地方政府得到更多更好的社会助力,用多元灵活的手段处理日益多元复杂的社会关系。同时,也让公民感受到主体性和能动性,有意愿也有能力在微观层面成为参与国家建设的重要力量,将上述各项原则落实在社区中和社会成员的日常生活中。

▶ 思考题

1. 卢旺达和新加坡经验如何体现族群和解的共同原则和多样性?
2. 如何辩证理解国家司法机制与民间协商机制之间的关系?
3. 如何利用案例中的经验来反思现实主义与自由主义冲突解决模式?

▶ 讨论题

1. 如何在全球化的背景下理解族群冲突的本质和影响因素?
2. 如何理解族群冲突引发的人类安全与传统安全之间的关系?

▶ 推荐阅读材料

1. Phil Clark, *The Gacaca Courts, Post-Genocide Justice and Reconciliation in Rwanda: Justice Without Lawyers*, Cambridge: Cambridge University Press, 2010.

2. Philip Clark and Zachary Kaufman (eds.), *After Genocide: Transitional Justice, Post-conflict Reconstruction and Reconciliation in Rwanda and Beyond*, New York, NY: Columbia University Press, 2009.

3. 范磊:《新加坡族群和谐机制:实现多元族群社会的"善治"》,湖南人民出版社2016年版。

4. 〔美〕阿伦·利普哈特:《民主的模式:36个国家的政府形式和政府绩效》,北京大学出版社2006年版。

第七章 "独狼"恐怖主义：公民安全的新威胁[①]

> **导读**
>
> 2018年5月12日21时左右，法国巴黎市中心歌剧院附近的蒙西尼街（Rue Monsigny）发生恐怖主义袭击事件。因为案发地点比邻歌剧院，此次事件也被称作"歌剧院恐袭"。一名男子手持钢刀，口中高喊"真主伟大"，当街行凶，砍死1人，砍伤4人。在4名伤者中，有1人为中国公民。据报道，该名男子是法国公民，但出生地在车臣，该男子在发动恐怖袭击的过程中被警方击毙。事后极端组织"伊斯兰国"（ISIS）表示对此"负责"，声称袭击者为其"战士"。2017—2019年，在英国、美国和比利时等地，也发生了类似的恐怖主义袭击事件。这些案例一再表明，"独狼"恐怖袭击正愈演愈烈，欧美等西方民主国家一向所标榜的安全日益受到挑战，被认为"世界安全天堂"的欧美地区变得越来越不安全。在一个变动的世界里，恐怖主义也在不断演变，并幻化为各国公民安全的新威胁。

第一节 恐怖主义进入新时代："独狼"恐怖主义的理论阐释

时至今日，人们对"9·11"事件依然记忆犹新。2001年9月11日，美

[①] 本章内容是山东省社会科学规划项目"新时代习近平国家利益观研究"（批准号：18DKSJ05）、中央高校基本科研业务费专项资金项目"'一带一路'语境下的中国海外利益维护研究"（批准号：17CX04057B）、中国石油大学（华东）科研启动经费资助项目"中国海外利益维护战略研究"（批准号：YJ20170039）的阶段性成果。

国东部时间上午,矗立于纽约曼哈顿闹市区南端的世界贸易中心大楼像往日一样,处于一片忙碌的喧嚣之中。任何人都没有预料到的是,厄运正在悄然降临,两架被恐怖分子劫持的民航客机撞向双子大厦。几乎与此同时,华盛顿的五角大楼和宾夕法尼亚州的尚克斯维尔镇也遭遇恐袭。一时间大火漫天、浓烟蔽日,人们在惊慌失措中呼喊奔走。此次恐怖袭击致使2977人罹难,给美国经济造成了难以估量的损失。鉴于事态的严重性,恐怖主义在人们头脑中的形象逐渐清晰起来,人们逐渐形成了对恐怖主义的认识。然而,为适应国际形势,恐怖主义也在不断演化,其面貌、方式和特征随着时间的推移发生了诸多变化。进入21世纪的第二个十年,"独狼"恐怖主义兴起且日益"常态化"。

一、"独狼"恐怖主义的概念

恐怖主义的历史源远流长,要对"独狼"恐怖主义作出界定,首先要明确什么是恐怖主义。对于"恐怖主义"(terrorism),世界各国给出的定义并不完全一致。自20世纪以来,美国就建立了关于恐怖主义的系统认知。以美国国务院2001年4月的报告《全球恐怖主义的形态:2000》(Patterns of Global Terrorism:2000)为例,其认为,"恐怖主义"指的是由次国家行为体组织或潜藏人员对非战斗性目标所采取的、有计划的、包含政治目的的、意在影响受众的暴力活动;"国际恐怖主义"指的是涉及公民或疆域在一国以上的恐怖主义;"恐怖主义组织(团体)"指的是从事国际恐怖活动的组织(团体)。[①] 2015年12月27日通过的《中华人民共和国反恐怖主义法》第3条规定,"本法所称恐怖主义,是指通过暴力、破坏、恐吓等手段,制造社会恐慌、危害公共安全、侵犯人身财产,或者胁迫国家机关、国际组织,以实现其政治、意识形态等目的的主张和行为……恐怖活动组织,是指三人以上为实施恐怖活动而组成的犯罪组织……恐怖活动人员,是指实施恐怖活动的人和恐怖活动组织的成员……恐怖事件,是指正在发生或者已经发生的造成或者可能造成重大社会危害的恐怖活动"。

"独狼"恐怖主义与传统恐怖主义之间有着紧密的关联,后者被视为前者的一大支撑。然而,相较于传统恐怖主义,"独狼"恐怖主义表现出的更多是"特立独行"。当前,各界对"独狼"恐怖分子多有论述,但对什么是"独

[①] U. S. State Department, Patterns of Global Terrorism:2000, Washington, D. C.:Department of State Publication, 2001.

狼"恐怖主义尚未形成共识。根据维基百科给出的解释，本义上"独狼"（lone wolf）概指独自生活或花时间自处而非与群体共处的一种动物或者一个人；"独狼"恐怖主义者，简称"独狼"或"单人"（lone actor），指的是在任何指挥机构之外，没有任何组织的物质援助，单独准备和实施暴力行为的某个人；他的行动可能受到了外部某个团体意识形态和信仰的影响或激励，获得了该团体在这些方面的支持。① 经济与和平研究所（Institute for Economics & Peace）在报告《全球恐怖主义指数2015》（Global Terrorism Index 2015）中指出，"独狼"恐怖分子指的是在一个团体、一种运动或一种意识形态支持下开展恐怖袭击，但并未得到这类团体物质援助或指令的个人或少数人。② 西蒙（Jeffrey D. Simon）认为，"独狼"恐怖主义是一种"为意识形态所驱使、由个人计划与实施、不受其他人或组织协助地使用或谋求使用的暴力"③。在本章作者看来，"独狼"恐怖主义是指受（或不受）某种团体思想或意识形态支配，但并不接受这些团体援助或指令的个人通过暴力手段对目标采取有计划的（或无计划的）、政治的（或非政治的）、意在影响受众的主张或行为。

二、"独狼"恐怖主义的成因

"独狼"的出现至少可以追溯到20世纪80年代，意指完全依赖自身来发动恐怖主义袭击的个人。王晴锋认为，"独狼"的出现主要受到"无政府主义、国家压制和跨国反恐合作、无领袖抵抗的思潮以及新兴科技（包括军事技术和互联网、新媒体）的发展"四大因素的影响。④ 它的形成既折射出了深层次的历史因素，又反映了当今国际政治、经济和科技发展的现实。

1. 无政府主义和无领袖抵抗思潮是其思想基础

无政府主义（anarchism）即关注个人自由、废除政府当局与所有政府管理机构的思潮，其存在时间几乎和政府的存在一样久。近代无政府主义被视为"独狼"恐怖主义的一大思想来源。⑤ 无政府主义视政府为敌人，否定一切政府形式。它认为，诸如国家、军队、警察等权威借助威吓、灌输等卑劣手

---

① 资料来源：https://en.wikipedia.org/wiki/Lone_wolf_(terrorism)#cite_note-reference.com-1，2019年2月20日访问。
② See Global Terrorism Index 2015, Institute for Economics & Peace, 2015.
③ Jeffrey D. Simon, *Lone Wolf Terrorism: Understanding the Growing Threat*, New York, NY: Prometheus Books, 2013, p.266.
④ 参见王晴锋：《"独狼"恐怖主义：定义、成因与特征》，载《山东警察学院学报》2017年第6期，第87页。
⑤ 参见孙建军：《恐怖主义的发展过程及思想渊源》，载《江南社会学院学报》2001年第4期，第30页。

段牟取钱财、压榨劳动力、剥削受害者，是社会不平等的罪魁祸首，因此必须予以取缔。19世纪至20世纪，在无政府主义的驱动下，恐怖主义在俄罗斯、欧洲其他国家和美国实现了较大发展。大部分无政府主义者主张使用暴力手段，特别是通过个体的英雄主义暴力行为实现政治目标。①

"无领袖抵抗"（leaderless resistance）是当代兴起的一种新思潮。比姆（Louis Beam）——一个暴力的3K党成员和运动理论家将之发扬光大。他在1983年写就的关于"无领袖抵抗"的一篇颇具影响力的文章中，主张结束具有金字塔式结构的大集团，原因在于这样的组织过于容易被渗透和破坏。他呼吁采取"独狼"行动或无领袖抵抗，构建无领袖的"细胞体"。每个"细胞"构成至多不超过六个人，这些"细胞"和个体独立行动，没有固定方向，也不与其他激进分子接触。此种情形下，即便单个"细胞"遭到破坏，也不会对整体运动产生什么影响。② 陶文昭将之形象比喻为"不像猴群，有点类似马蜂；猴群中的猴王一旦毙命，群猴便一哄而散；而马蜂式攻击的特点是大家互不隶属，自觉自愿、争先恐后进攻同一个目标"③。

2. 国际政治经济发展的现实与科学技术的进步是其驱动力

"9·11"事件爆发以后，美国在全球范围内掀起了大规模的反恐运动。一方面，通过发动阿富汗战争、伊拉克战争等，打击"基地"组织，扶持支持美国政策主张的政权；另一方面，开展国际反恐合作，消除恐怖主义滋生的土壤，进一步挤压恐怖主义的生存空间。在美国反恐战争的长期压力下，"基地"组织的核心力量遭到了致命打击，再也无法发动大规模袭击。标志性事件是2011年5月1日，"基地"组织领导人本·拉登在巴基斯坦首都伊斯兰堡郊外被美军击毙。在挫折的驱动下，"基地"组织等恐怖组织改变原有策略，化整为零，"将其在国际恐怖网络中的角色由恐怖袭击实施者逐渐转变为煽动者和指导者，通过大肆散布宣传极端思想的视频、音频、文章等材料，鼓动支持者发动'独狼'恐怖袭击"④。国际经济危机的爆发为这一演变火上浇油，除了贫穷国家怀有不满情绪的人群，发达国家的一些公众也视自己为"全球化的牺牲品"，在民粹主义和极端主义的驱使下，成为"独狼"中的一

---

① 参见余建华：《关于世界恐怖主义早期历史演进的探析》，载《史林》2015年第2期，第190页。
② See Age of the Wolf: A Study of the Rise of Lone Wolf and Leaderless Resistance Terrorism, Southern Poverty Law Center, 2015.
③ 陶文昭：《恐怖组织的无领袖抵抗》，载《学习时报》2007年6月25日。
④ 严帅：《"独狼"恐怖主义现象及其治理探析》，载《现代国际关系》2014年第5期，第50页。

员。科学技术的进步为"独狼"恐怖主义的发展提供了平台。脸书（Facebook）、推特（Twitter）、博客（Blogger）、网络论坛（online forum）等媒体工具便利了极端主义思想的传播、交流以及袭击战术的扩散。

三、"独狼"恐怖主义的特征

"独狼"恐怖主义除了具备传统恐怖主义的一些特性外，更多体现的是鲜明的个性，具体包括以下四个方面：

1. 非组织性，个体化

尽管有人认为"独狼"恐怖主义推崇的是一种无领袖的组织模式，但"独狼"根本就称不上是一个"组织"。它的核心在于一个"独"字，由独立的个人或极少数人发动恐怖袭击。这些个人是分散的，并没有一个中心，他们的行为完全取决于自身；这些个人是少层级或无层级的，很难将他们归入某一个组织，指出他们接受谁的指令、服从谁的指挥，他们没有任何组织给予的物质援助，尽管有时某组织会声称某"独狼"属于自己，但它们之间并没有实质联系；这些人是灵活的，不受限制的，自由决策，自由行动。

2. 突发性强，难以防范

"独狼"就在你我身边，但你我却无法发现，这可能是所有国家面临的窘境。"独狼"恐怖主义个体化的特征决定了其爆发的突发性。由于"独狼"都是单独的个人，并没有恐怖袭击的共同实施者，因此在进行袭击的时间上极具个人主观性甚至随意性。另外，"独狼"虽然不属于任何恐怖组织，但并不代表他们脱离社会，都是孤家寡人。很多"独狼"与一般人无异，有的甚至有一份正常的、普通的工作，可能还有一个正常的家庭，这无疑从时间上加大了发现此类恐怖分子的难度。[①]

3. 危害不明显，积"小胜"为"大胜"

相较于传统恐怖主义所倡导的、大规模的、有计划的、有政治目的的暴力袭击带来的严重危害，"独狼"恐怖主义袭击所造成的伤害有时并不十分明显。它的参与人员有限，局限于个人或极少数个人，不具有"规模效应"；"独狼"发动的恐怖主义袭击范围有限，造成的影响有限，很难达到"9·11"事件一样的震撼效果。但是，这并不代表"独狼"恐怖主义会无所作为。多个"独狼"恐怖主义袭击叠加会成为一股强大的威慑力量，尽管它们彼此之

---

① 参见张璟：《"独狼"式恐怖袭击的特点及处置对策》，载《河北公安警察职业学院学报》2015 年第 3 期，第 66 页。

间可能毫无联系。这也是为什么很多欧美国家视"独狼"为本土面临的最大恐怖威胁的原因。

4. 网络化，示范性强

"独狼"恐怖主义很好地利用了信息时代科学技术发展所取得的成果，将自己的领地拓展到了虚拟空间之中。互联网的发展极大地丰富了恐怖主义的传播手段，扩大了它的传播范围，改变了它的传播形式，强化了它的传播效果。在网络恐怖活动中，水平的合作协调系统成为新的组织特征，单个恐怖分子拥有更多看似更平等的自主权，而行动地点也呈现游移不定的"流沙型"特征，这也是目前"独狼"现象频发的原因之一。[①]"独狼"一方面可以从网络上"学习"恐怖主义知识，另一方面也可以借助网络"输出"恐怖主义知识，达到"小规模、大效益"的效果。

资料1　社交网络与恐怖主义

第二节　世界安全天堂的沉沦："独狼"恐怖主义笼罩的西方

在人们的印象中，欧美国家一向是世界上的"安全天堂"，也是人们出境旅游名单上的首选目的地。"9·11"事件的爆发将美国拉下了神坛。震惊和伤心之余，人们逐渐意识到，即便政治、经济、军事、文化实力强如美国，本土也会遭受攻击。更可怕的是，威胁不只存在于境外，美国国内社会的撕裂、意识形态的极化正在引发各种对立运动，[②] 并从内部消解美国的安全。欧洲也不再平静，虽然并未遭受如美国一般的重创，但一次又一次的"独狼"恐怖袭击，已经搅乱了欧洲社会，给公众安全和公众心理蒙上抹之不去的阴影。

一、欧洲国家的噩梦

不仅在外界眼中，而且即便在欧洲国家的人民自己看来，他们所处的环境也远比其他国家安全。然而，神话正在被打破。从2014年开始，经济与和平研究所每年都会发布一份关于全球恐怖主义指数的报告。2013年，欧洲排

---

① 参见蔡翠红、马明月：《以"伊斯兰国"为例解析网络恐怖活动机制》，载《当代世界与社会主义》2017年第1期，第190页。
② 参见佟德志：《从所谓"完美的民主国家"到"有瑕疵的民主国家"》，载《红旗文稿》2017年第9期，第8页。

名世界前50的国家（排名越高恐怖主义活动越严重）有英国（27）、希腊（29）、挪威（44）、冰岛（47）四国，在受恐怖主义影响的地图上，只有英国和希腊呈现橙色，处于影响较大的状态；① 2014 年，前 50 的国家包括土耳其（27）、英国（28）、希腊（29）、法国（36）四国，在地图上这些国家都呈现为橙色；② 2015 年，前 50 的国家有土耳其（14）、法国（29）、英国（34）、德国（41）、希腊（43）、瑞典（46）六国，在地图上土耳其为红色，受恐怖主义影响极大，法国、英国、德国、希腊为橙色；③ 2016 年，进入前50 的国家有土耳其（9）、法国（23）、英国（35）、德国（38）、比利时（40）、希腊（46）六国，地图上土耳其为红色，其他国家为橙色。④ 维基百科梳理了欧洲 2014—2018 年遭遇的伊斯兰恐怖主义袭击事件，2014 年只有 2 起，2015 年增加到 7 起，2016 年升至 16 起，2017 年为 16 起，其中绝大部分为"独狼"恐怖主义袭击。⑤ 欧洲发生的典型"独狼"恐袭事件包括：2014 年 5 月 24 日，一名持枪者闯入位于布鲁塞尔的犹太博物馆，打死 4 人；2016 年 7 月 14 日，在法国尼斯，一辆货运卡车冲向庆祝法国国庆日的人群，造成 84 人死亡，202 人受伤；2016 年 7 月 22 日，在德国慕尼黑市一家购物中心，一名拥有德国和伊朗双重国籍的 18 岁男子枪杀 9 人、打伤 30 余人；2017 年 5 月 22 日，在英国曼彻斯特体育馆的一场演唱会上，一名恐怖分子发动自杀式爆炸袭击，造成至少 22 人死亡，数十人受伤。在欧洲，"独狼"恐怖主义的噩梦正在降临。

二、美利坚的伤痛

2017 年 9 月 11 日，美国国内举行了"9·11"事件十六周年的盛大纪念活动，死难者遗属聚集于事发地点，缅怀逝去的亲人。"9·11"事件给美国带来了难以忘却的伤痛，促使美国发动了旷日持久的海外反恐战争，以挽救被重创的国家安全。"9·11"事件后，美国对"基地"组织进行了沉重打击，希望借此消除国内安全的外部威胁，此后美国也没有再遭遇"9·11"事件式的恐怖袭击。尽管如此，恐怖主义并未远离美国，其正在由"外部输入"转

---

① See *Global Terrorism Index 2014*, Institute for Economics & Peace, 2014.
② See *Global Terrorism Index 2015*, Institute for Economics & Peace, 2015.
③ See *Global Terrorism Index 2016*, Institute for Economics & Peace, 2016.
④ See *Global Terrorism Index 2017*, Institute for Economics & Peace, 2017.
⑤ 资料来源：https://en.wikipedia.org/wiki/Islamic_terrorism_in_Europe_(2014%E2%80%93present)#List_of_attacks，2019 年 2 月 20 日访问。

为"扎根美国"。2011 年,美国时任总统奥巴马提出警告:"虽然大规模恐怖袭击的风险一直存在,但这不是我们现在最关注的事情。我们关注的焦点在'独狼'恐怖分子身上,当有一个人被仇恨意识形态淹没或驱使时,他可以造成广泛伤害,而且难以追踪。"① 当时包括奥巴马在内的美国官员担心极端主义的"独狼"恐袭会成为"9·11"事件的低级续集。② 不幸的是,今天这已经成为现实。社交平台上,极端组织"伊斯兰国""战士"不断呼吁美国国内的"独狼"袭击美国军人、女性和诸如时代广场、拉斯维加斯大道之类的地标性建筑。③ 2015 年 12 月 2 日,美国加州发生连环枪击案,造成 14 死 17 伤,涉案白人夫妇曾宣称效忠极端组织"伊斯兰国";2016 年 6 月 12 日,佛罗里达州的奥兰多发生枪击案,造成 49 人死亡、44 人受伤,行凶者为美国公民,其父母均为阿富汗移民;2017 年 10 月 1 日,拉斯维加斯发生枪击事件,64 岁的白人枪手向观看音乐会的人群扫射,导致 59 人死亡、527 人受伤;同年 10 月 31 日,纽约曼哈顿发生卡车撞人袭击事件,导致 8 人死亡、多人受伤。美利坚旧伤未愈,又添新痛,伤口仍然在滴血。

三、其他发达国家的眼泪

除了欧洲和美国,其他发达国家也未能逃脱"独狼"恐怖分子的毒手,它们正在成为"独狼"恐怖分子的新目标。2014 年 12 月 15 日,澳大利亚悉尼市中心发生劫持人质事件,数十人遭劫持,最后 2 人死亡。袭击者为一名有犯罪前科的伊朗籍移民,他宣布效忠于极端组织;2017 年 6 月 5 日,澳大利亚墨尔本市发生劫持人质事件,歹徒高呼"这是为了 IS",枪战中至少三名警察受伤;2017 年 9 月 30 日,在加拿大艾伯特省的首府埃德蒙顿市,一名袭击者在刺伤一名警察后,开车撞向附近的警察巡逻车,而后经过一番驱车追逐,该袭击者被捕,经确认该袭击者为索马里籍难民,警察在其车中发现了"伊斯兰国"组织的旗帜,该次袭击造成 5 人受伤。在这些发达国家内部,"独狼"恐怖主义不断蔓延,恐怖袭击的名单日渐加长。

---

① Obama: Biggest Terror Fear is the Lone Wolf, http://security.blogs.cnn.com/2011/08/16/obama-biggest-terror-fear-is-the-lone-wolf/, visited on 2019-02-10.
② See David Jackson, Obama Worries About "Lone Wolf" Attacks, https://www.usatoday.com/story/news/nation/2014/10/23/obama-canada-shootings-islamic-state-earnest/17781375/, visited on 2019-02-10.
③ See Reuters, ISIS Calls for "Lone Wolf" US Supporters to Show up at the Homes of Soldiers and "Slaughter Them", http://www.dailymail.co.uk/news/article-2759922/Top-US-security-threats-lone-wolves-Syria-fighters-officials.html, visited on 2019-02-10.

第三节　黑暗之处的敌人：西方应对
"独狼"恐怖主义的方略

"独狼"肆虐已成为当前全球恐怖主义的最显著特征之一。彼此毫无关联的个人，不约而同地在多国内部发动恐怖袭击，令人防不胜防。他们采用的战术灵活，犹如幽灵一般，难以捕捉，一旦成功，便会震惊世界，给人们的心灵造成难以治愈的创伤。"独狼"目标小、袭击过程操作简单、潜在危害大、产生的影响广泛，已成为欧美等西方国家再也无法忽视的威胁。西方国家正在采取多种举措，对"独狼"进行"围剿"。

一、将恐怖主义扼杀在摇篮里

"独狼"恐怖主义不是存在于真空之中。虽然在实施恐怖行动时，"独狼"讲求独来独往，不与任何恐怖组织协作，不服从任何组织的命令，不接受任何组织的物质援助，但是作为传统恐怖主义的变种之一，"独狼"恐怖主义在意识形态上深受已有恐怖组织的影响，并受到它们战术上的鼓励和指点。为了遏制"独狼"恐怖主义愈演愈烈之势，西方国家的一大策略便是从策源地对其进行"釜底抽薪式"的打击。

"基地"组织一直被视为恐怖主义的大本营之一，它不仅策划、实施恐怖袭击，还对外输出极端意识形态。"基地"组织的大肆宣传在煽动"独狼"恐怖袭击中取得了明显效果，不少"独狼"恐怖袭击实施者都强烈反对所在国家对伊斯兰世界采取的政策。[1] 借助互联网平台，"基地"组织恐怖主义以"独狼"和"本土恐怖主义"等新形式加强了自身存在。[2] 因此，彻底摧毁"基地"组织的大本营，便成为欧美等国保障自身国家安全的首要选择。

2001年，美国与英国、德国、波兰、捷克、斯洛伐克等北约盟友共同发动了针对"基地"组织和塔利班的阿富汗战争，并对"基地"组织的头目开展了穷追不舍的追捕。直到今天，美国仍在阿富汗留有大量驻军。2017年8月21日，美国总统特朗普公布美国对阿富汗战争的新战略：这场战争还得继

---

[1] 参见严帅：《"独狼"恐怖主义现象及其治理探析》，载《现代国际关系》2014年第5期，第50—51页。
[2] 参见钱雪梅：《基地的"进化"：重新审视当代恐怖主义威胁》，载《外交评论》2015年第1期，第114页。

续,美国不会从阿富汗撤军,而且还将投入更多兵力,直到"胜利"为止。①阿富汗战争爆发后,伊拉克和叙利亚逐渐发展成恐怖主义的新中心。2003年,美国发动伊拉克战争;2006年10月,"基地"组织的一个分支宣布在伊拉克建立"伊拉克伊斯兰国";2011年,叙利亚内战爆发,"伊拉克伊斯兰国"武装分子趁机进入叙伊交界地区发展,并逐渐与当地恐怖组织相结合,走上了实质"建国"之路。极端组织"伊斯兰国"借助暴力手段扩充地盘、招兵买马;它鼓励"独狼"恐怖主义,号召他们袭击相关国家。2014年9月,美国组建了一个包括英国、法国等54个国家和欧盟、北约以及阿盟等地区组织在内的国际联盟以打击极端组织"伊斯兰国"。②特朗普上台之后,一再指责北约反恐不力,导致恐怖袭击增多,要求将打击极端组织"伊斯兰国"列入美国和所有盟友的优先事项,并加大对支持恐怖主义的伊朗的制裁力度,③以求在根源上瓦解极端组织"伊斯兰国"。

二、构筑新"马奇诺防线"

除了发动海外战争、大规模反击恐怖主义外,欧美等西方国家还加大了国内的安保力度,以防止恐怖主义分子和极端思想的渗透和破坏。面对恐怖主义的不断发展,特别是"独狼"恐怖主义的肆虐,各国希望将恐怖主义势力拒之门外,将其对国内的不良影响降至最低。下面以美国和法国为例:

美国总统特朗普提出:"我们政府的首要职责是对它的人民、我们的公民负责——服务于他们的需求、保护他们的安全、维护他们的权利、捍卫他们的价值观。"④ 2017年12月,他签署了上任以来的第一份《美国国家安全战略报告》(National Security Strategy of the United States of America),明确表示要保护美国公民、保卫美国本土、维护美国人的生活方式。该报告认为,诸多国家和非国家行为体利用美国陆、空、海、太空、网络领域的脆弱性,把美国人民的安全和美国的经济活力置于危险之中,这些敌人不断创新他们的方法来威胁美国和美国公民;恐怖分子、贩毒者和犯罪集团通过美国边界存在

---

① 参见《美国不会从阿富汗撤军!特朗普下的什么棋?》,http://world.huanqiu.com/hot/2017-08/11164301.html,2019年2月20日访问。
② 参见《美公布反"伊斯兰国"国际联盟名单 阐述应对历程》,http://www.chinanews.com/gj/2014/09-20/6612184.shtml,2019年2月20日访问。
③ 参见《孙茹:特朗普的北约新政聚焦军费和反恐》,http://news.cri.cn/20170524/d5f5dc4d-24dd-3f55-78ed-298ece2e4f3e.html,2019年2月20日访问。
④ A New National Security Strategy for a New Era,https://www.whitehouse.gov/articles/new-national-security-strategy-new-era/,visited on 2019-02-20.

的漏洞给美国的国家安全和公共安全造成了不良影响。为此,美国将通过建造边界墙,使用多层防御和先进技术,雇用更多人员并采取其他措施来确保美国的边界;美国政府将与外国伙伴合作,在可疑人员进入美国之前对其进行遏制、侦查和打击。① 在此之前,特朗普还于2017年1月27日签署了"关于难民和移民政策的行政命令"(即通常说的"穆斯林禁令"),在90天内禁止苏丹、伊朗、伊拉克、叙利亚、利比亚、索马里、也门7个国家的穆斯林进入美国境内,并暂停接收难民计划4个月,其目的就是通过"极端审查"制度"将激进伊斯兰恐怖分子赶出美国"。

2017年5月,法国总统马克龙上台后,加大了在反恐领域的投入和反恐的力度。法国政府表示,将把打击恐怖主义作为首要任务。② 国际上,法国除了与北约盟友在中东共同行事外,还大力支持萨赫勒五国集团联合反恐部队的行动,以稳定马里这一"萨赫勒恐怖之带"的"风暴眼"。在国内,马克龙要求尽快推出新的反恐措施,在紧急状态结束后建立有效机制,来应对严峻的反恐形势,标志性事件为2017年10月18日,法国议会通过了马克龙主导的国内安全和新反恐法案。③ 根据该法案,法国内政部的权力将大大加强,可在未获得法官授权的情况下设立安全区,限制民众及车辆的行动自由;警方在获权后,可对安全区内的居民住所进行广泛细致的搜查;法国内政部部长在未经法院同意的情况下,可将被指犯罪的"恐怖主义同情分子"软禁于家中;此外,当认为某人可能会对法国国家安全构成威胁时,可以对其实施电子监控、网络监控等。

三、"头痛医头,脚痛医脚"

欧美等西方国家将国际反恐与强化国内安保结合的举措看似做到了"内外兼顾",无懈可击,但实则是"头痛医头,脚痛医脚",治标不治本。不论是美国还是法国,它们并没有深入挖掘恐怖主义产生的内在机理,所构筑的防线与"马奇诺防线"无异。如果说它们制定的反恐战略不是完全错了,那么也是很成问题的。"独狼"已经改变了恐怖主义的存在形态,传统打击恐怖主义的战略并不能适应新的反恐形势。

美国投入巨大力量,在世界多地发动反恐战争,以打击已成气候的恐怖

资料2 "特朗普长城"

---

① See National Security Strategy of the United States of America, Washington, D. C.: The White House, 2017.
② 参见丁盛:《马克龙的萨赫勒反恐政策》,载《世界知识》2017年第15期,第39页。
③ 参见《法国议会最终批准新反恐法》,载《世界知识》2017年第21期,第76页。

主义组织和集团。"基地"组织、极端组织"伊斯兰国"都遭遇了毁灭性的重创。与此同时,美国的海外反恐助推其国内反恐机制发生变革,最终形成了由"情报、执法和救助"三大机构群组成的"事前情报预警、事中高效执法、事后及时救助"的协同机制。十几年来,美国本土在反恐问题上的成功,一定程度上归功于"9·11"事件后建立的严密的国家反恐体系。[①]但是,当前"独狼"恐怖主义的演变和进化使得美国反恐体系难以有效应对。美国中央情报局(CIA)的前局长海登(Michael Hayden)认为,想要追踪并阻止有组织的恐怖组织犯罪已经很难了,而现在出现的"自我极端化、有精神疾病史的袭击者又代表了一种完全新型的恐怖主义"[②]。以前建立的系统失灵了。

问题还远不止于此,美国在反恐的战略方向上可能存在失误。这包括两个方面:一是存在这样一种根深蒂固的认识——恐怖主义威胁来自国外。然而,"独狼"恐怖袭击揭示出,病根就在美国内部。美国传统反恐模式已过时,无论是反恐还是控枪,归根结底是考验美国的国内安全治理能力。[③] 事实上,是美国公民而不是其他国家的公民在对美国社会施加破坏。所以,特朗普禁止穆斯林入境和边界筑墙的政策极可能是"开错了药方"。二是美国将中俄而不是恐怖主义列为"头号威胁"。《美国国家安全战略报告》认为,"中国和俄罗斯正在不断扩大在发展中世界的影响,谋求竞争性优势,反对美国","中俄已对美国的权力、影响力和利益构成了挑战,它们试图瓦解美国的安全和繁荣","大国竞争又回来了"。[④]《2018年美国国防战略报告》(2018 National Defense Strategy of the United States of America)强调,"国家间的战略竞争而不是恐怖主义是美国国家安全最核心的关注点","长期来看,对美国繁荣和安全最大的挑战来自修正主义国家——中国和俄罗斯"。[⑤] 不论是美国的边境政策还是它对中俄的角色定位,显然是典型的"反对敌人也不要朋友"的做法。

[①] 参见雷少华:《美国国家反恐体系的演进》,载《美国研究》2016年第1期,第10页。
[②] 《美国中情局前局长:有精神疾病的独狼袭击者代表新型恐怖主义》,https://www.toutiao.com/i6311063871574508033/,2019年2月20日访问。
[③] 参见凌胜利:《独狼式恐怖袭击已成美国反恐"头疼大事"》,http://www.bjnews.com.cn/opinion/2017/11/01/462454.html,2019年2月20日访问。
[④] See National Security Strategy of the United States of America, Washington, D. C.: The White House, 2017.
[⑤] U. S. Department of Defense, Summary of the 2018 National Defense Strategy of The United States of America, http://www.defense.gov/Portals/1/Documents/pubs/2018-National-Defense-Strategy-Summary.pdf, visited on 2019-02-20.

法国等欧盟国家的反恐战略也不见得比美国高明多少。与美国不同的是，欧洲距离恐怖主义的策源地阿富汗、伊拉克、叙利亚和马里等国都较近，并且欧洲内部有大量的穆斯林与来自中东和非洲的移民，更易受到恐怖主义势力和思想的影响。2010年"阿拉伯之春"爆发后，大量难民涌入欧盟国家，其中以叙利亚、阿富汗和厄立特里亚难民居多。难民给欧洲各国的社会和经济稳定带来了挑战，恐怖主义分子、极端分子和不法之徒趁机混入欧盟国家，威胁到了各国的安全。这在欧盟内部和欧洲各国之间制造出了新的分歧，一度造成了危机。针对是否应该继续坚持人口自由流动以及开放的边界政策，欧盟国家爆发了激烈的争论。法国的反恐战略在欧盟国家中具有代表性，即以国家安全为理由，加强国家权威，强化对社会和公民的管控，是典型的"要安全不要自由"。此外，虽然大国竞争不是欧盟国家的优先议题，但是欧盟与俄罗斯之间的裂痕还是不利于它们共同的反恐事业。乌克兰危机乃至随后的"斯克里帕尔中毒事件"恶化了欧俄关系，经济制裁使得"俄法两国在反恐方面的合作关系并未能长久地保持"①。最为重要的是，欧盟与美国都把注意力集中在了"打击"和"压制"上，而不关注本国内部弱势群体生活的改善与外部动乱地区的发展和重建，并没有触及恐怖主义真正的源头。

第四节 未来闪耀于东方：中国应对"独狼"恐怖主义的启示

资料3 美国对华"战略竞争"

在人们的传统印象中，恐怖主义几乎等同于"9·11"事件，总是与伊斯兰极端主义思想挂钩。然而，一次次触目惊心的"独狼"恐怖袭击在用血的事实警示世人：这一根深蒂固的刻板印象与现当代恐怖主义的真实情况并不吻合。②伴随着"独狼"恐怖主义的兴起，恐怖主义的发展已经进入到一个新时代。从某些方面来看，欧美等西方国家正在为自己的错误判断买单。不论是美国的反恐战略还是欧盟主要国家的反恐政策，都无法做到标本兼治。面对新型恐怖主义套用传统的反恐策略，不一定会"跌得头破血流"，但最终会被证明收效甚微。中国作为新兴大国，在全球治理和国际反恐领域的作用愈发凸显。

---

① 徐琼星、许一诺：《法德两国近年来遭受恐怖袭击情况统计与反恐策略研究》，载《法国研究》2018年第1期，第53页。
② 参见赵楚：《拉斯维加斯的枪声：必须重新界定本土恐怖主义袭击》，http://www.sohu.com/a/196217526_665455，2019年2月20日访问。

一、"独狼"恐怖主义的发展与中国

对于恐怖主义,中国人并不陌生。但说到"独狼"恐怖主义,很多人不免会画上一个大大的问号。实际上,"独狼"恐怖主义距离中国并不遥远,中国也是深受其害的国家之一。"独狼"恐怖主义已成为中国政府需要重点应对的时代挑战。[①]

1. 在境内,类似"独狼"恐怖袭击式的犯罪事件曾给中国造成严重伤害

虽然历年来中国所遭遇的恐怖袭击无论是在官方还是在各大媒体的描述定位上均未出现"独狼"恐怖袭击等字眼,而是冠之以"个人极端暴力行为",但根据通行定义,"种种迹象表明'独狼'式恐怖袭击在国内悄然蔓延开来"[②]。类似暴力犯罪或恐袭案例如:2014年4月30日,新疆乌鲁木齐市火车南站站外发生一起爆炸案件,两名暴徒持刀砍杀群众,并引爆爆炸装置,造成3人死亡,79人受伤。

2. 在境外,"独狼"恐怖主义威胁到了中国海外公民的安全

中国已经成长为一个名副其实的海外利益大国。当前和未来,中国拥有极大规模的海外利益已经成为一个"新现实"。中国海外利益不断增长的一个表现是,中国公民赴海外旅游、经商、务工、求学的人数不断增加。《中国出境旅游发展年度报告2018》显示,2017年,中国出境旅游市场达到1.31亿人次,截止到2018年3月,中国正式开展组团业务的出境旅游目的地国家(地区)达到129个。[③] 根据商务部对外投资和经济合作司提供的数据,2017年,中国对外劳务合作派出各类劳务人员52.2万人,年末在外各类劳务人员97.9万人。[④] 教育部的数据显示,2017年,中国出国留学人数首次突破60万大关,达60.84万人,持续保持世界最大留学生生源国地位。[⑤] 这些海外公民的人身安全,越来越受到"独狼"恐怖主义的威胁。例如,在2016年3月22日比利时布鲁塞尔恐怖袭击事件中,有1名中国公民不幸遇难;同年7月14日在法国尼斯恐怖袭击事件中,有2名中国公民受伤。

---

① 参见孟铮:《浅析"独狼"式恐怖主义及公安机关的治理对策》,载《犯罪研究》2017年第1期,第53页。

② 张璟:《"独狼"式恐怖袭击的特点及处置对策》,载《河北公安警察职业学院学报》2015年第3期,第66页。

③ 参见《〈中国出境旅游发展年度报告2018〉在京发布》,http://cn.chinadaily.com.cn/2018-06/27/content_36466285.htm,2019年2月20日访问。

④ 参见《2017年我国对外劳务合作业务简明统计》,http://hzs.mofcom.gov.cn/article/date/201801/20180102699457.shtml,2019年2月20日访问。

⑤ 参见《2017年出国留学、回国服务规模双增长》,http://www.moe.gov.cn/jyb_xwfb/gzdt_gzdt/s5987/201803/t20180329_331771.html,2019年2月20日访问。

二、中国为世界做出的新贡献

针对"独狼"恐怖主义的愈演愈烈,中国努力寻找解决方案。与欧美等国家不同的是,中国充分认识到了恐怖主义成因的复杂性、危害的严重性和反恐任务的艰巨性。中国方案密切结合了国内治理与国际治理的思路、融合了安全议题与发展议题、兼顾了当前需要与远见卓识。

1. 维护国内安全稳定,推动国际安全合作

从国内层面来看,中国坚持打击恐怖主义与维持社会稳定相结合。在2014年"4·30"乌鲁木齐市火车南站站外爆炸案发生后,习近平指出,必须深刻认识到新疆分裂和反分裂斗争的长期性、复杂性、尖锐性,反暴力恐怖斗争一刻也不能放松,必须采取果断措施,坚决把暴力恐怖分子的嚣张气焰打下去;要做好社会面的稳控工作,切实保障各族群众生命财产安全和正常工作生活秩序。① 在党的十九大报告中,习近平提出:"建设平安中国,加强和创新社会治理,维护社会和谐稳定,确保国家长治久安、人民安居乐业。"② 中国的反恐策略在习近平出席第四届核安全峰会模拟场景互动讨论会时所介绍的经验中可见一斑,可归结为"源头管控要严;应对手段要新;应急响应要快;法律法规要全"③。

从国际层面来看,中国积极参与国际反恐合作和全球治理,并为此搭建平台。2001年,中国倡导建立的上海合作组织致力于打击"三股势力",保障地区安全,如今该组织已由5国扩展至8国,在国际反恐中的作用不断增大。2014年,在亚信第四次峰会上,习近平表示,"对恐怖主义、分裂主义、极端主义这'三股势力',必须采取零容忍态度"④。中国寻求国际安全合作,以共同应对恐怖主义挑战。

2. 安全与发展相融合,以发展促安全

恐怖主义是人类共同的敌人,中国一直坚决反对一切形式的恐怖主义。中国认为,在与恐怖主义斗争的过程中,各国不能盲目,要明确恐怖主义蔓延的病灶所在,对症下药。2015年,就法国巴黎发生的系列恐怖袭击事件,

---

① 参见《深刻认识新疆分裂和反分裂斗争长期性复杂性尖锐性 坚决把暴力恐怖分子的嚣张气焰打下去》,载《人民日报》2014年5月1日。
② 习近平:《决胜全面建成小康社会夺取新时代中国特色社会主义伟大胜利——在中国共产党第十九次全国代表大会上的报告》,载《人民日报》2017年10月28日。
③ 《习近平出席第四届核安全峰会模拟场景互动讨论会暨闭幕式》,载《人民日报》2016年4月3日。
④ 《积极树立亚洲安全观 共创安全合作新局面》,载《人民日报》2014年5月22日。

习近平表示，国际社会应该致力于从政治、经济等方面解决恐怖主义根源问题，实现标本兼治。① 在亚信第四次峰会的演讲中，他指出："发展是安全的基础，安全是发展的条件……对亚洲大多数国家来说，发展就是最大安全，也是解决地区安全问题的'总钥匙'。"② 一语道破了恐怖主义的病根。在很大程度上，安全问题的根源就在发展上，不发展、不发达导致的利益纷争、资源紧张、矛盾问题极大地恶化了国家安全和地区安全的形势。因此，中国一方面在国内致力于发展这个第一要务，化解"人民日益增长的美好生活需要和不平衡不充分的发展之间的矛盾"；另一方面在国际上大力推动"一带一路"倡议和构建人类命运共同体，协同落后地区和世界共同发展。这为世界各国瓦解"独狼"恐怖主义、维护本国安全和海外公民安全指明了方向。

> **思考题**
> 1. "独狼"恐怖主义的特征有哪些？
> 2. 欧美等西方国家应对"独狼"恐怖主义的策略包括哪些？
> 3. 中国为应对恐怖主义贡献了哪些智慧？

> **讨论题**
> 1. 美国的战略重点由反恐转向大国竞争对中美关系的发展有何影响？
> 2. 美墨边境的一堵墙能保护美国吗？

> **推荐阅读材料**
> 1. Ramón Spaaij, *Understanding Lone Wolf Terrorism: Global Patterns, Motivations and Prevention*, New York, NY: Springer, 2012.
> 2. 王晴锋：《"独狼"恐怖主义：定义、成因与特征》，载《山东警察学院学报》2017年第6期。
> 3. 解晓彤、汪景涛：《个人极端暴力犯罪与独狼式恐怖主义犯罪比较研究》，载《净月学刊》2018年第2期。

---

① 参见《习近平：致力于从政治、经济等方面解决恐怖主义根源问题》，http://china.cnr.cn/ygxw/20151115/t20151115_520506929.shtml，2019年2月20日访问。
② 《积极树立亚洲安全观 共创安全合作新局面》，载《人民日报》2014年5月22日。

第八章 恐怖主义危机：现实与趋势

> **导 读**
>
> 恐怖主义是一种多源/元性非传统安全威胁。进入21世纪，恐怖主义成为非传统安全领域备受关注的热点，以美国为首的西方国家以直接出兵或间接参与的方式先后发动或参与了阿富汗战争、伊拉克战争、利比亚战争和叙利亚内战，其目的是打击恐怖主义、推翻支恐国家政权。反恐战争造成的人员伤亡数量、经济损失和社会危害等各方面均居非传统安全威胁之首。然而，恐怖主义却依附战争引发的社会动荡在热点区域不断进化壮大——极端组织"伊斯兰国"圣战分子在伊拉克和叙利亚攻城略地，"基地"组织及其分支伙同塔利班在巴基斯坦和阿富汗等国家肆虐，"博科圣地"以尼日利亚为中心不断扩张势力等，对整个国际秩序和地区安全构成了严重的现实威胁。本章将集中分析当前恐怖主义威胁发展趋势、驱动因素和社会危害，并侧重对未来5年、10年和15年的恐怖主义发展趋势进行战略预测。

资料1 恐怖主义危机事件

第一节 全球恐怖威胁现状分析

一、全球恐怖主义高发态势

从全球恐怖主义威胁变化趋势看，总体呈现高发态势。从图8-1可以看出，2002—2017年全球恐怖威胁水平共经历了4个不同的发展阶段：(1) 2002—2006年，全球恐怖威胁水平总体呈现下降趋势，虽有起伏，但变化不大。(2) 2007—2010年，全球恐怖威胁高发，相比2007年，2010年的恐怖威胁水平上升了15%。(3) 2011—2016年，全球恐怖威胁再次出现高潮，

2016年的恐怖威胁水平较2011年上升了38%，较2002年上升了51%，充分说明全球的恐怖威胁水平持续升高，安全状况逐步恶化。其间经历了极端组织"伊斯兰国"鼎盛活跃期。(4) 2017年，全球恐怖威胁水平呈现下降趋势，极端组织"伊斯兰国"在伊叙控制地带被驱散。2017年11月3日，叙利亚政府军收复被极端组织"伊斯兰国"控制的最后一个城市代尔祖尔，叙利亚反恐战争取得重要进展。

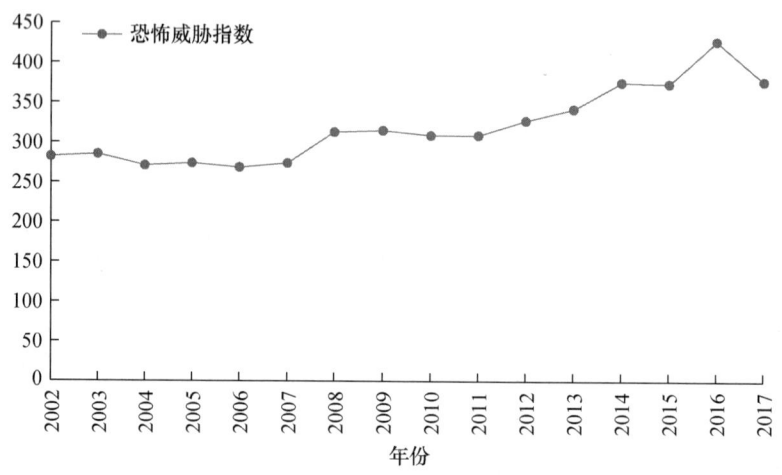

图 8-1　2002—2017 年全球恐怖威胁发展变化趋势图

资料来源：Global Terrorism Index, http://visionofhumanity.org/indexes/terrorism-index/, visited on 2018-07-16。

从区域范围来看，安全状况恶化程度排名前三的区域分别是中东北非、欧洲和撒哈拉以南非洲（Sub-Saharan Africa）。中东北非是安全状况恶化最严重的区域，这源于中东北非很多区域冲突的持续、恶化、相互关联以及新的区域冲突的卷入，这些冲突与全球恐怖主义交织在一起，使得地区安全状况持续恶化；① 欧洲是世界上和平指数最高的区域之一，但因恐怖袭击增多、难民涌入、民粹主义崛起等问题导致社会犯罪急剧增加，使得欧洲的和平指数排名大幅下滑；② 在撒哈拉以南非洲，由于许多国家长期遭受博科圣地等恐怖组织的威胁，使得该地区整体安全局势出现小幅度下降。尽管安全威胁持续存在，但由于部分国家重视并加强了区域安全多边合作，因而安全状况得以改善。在亚太和中东欧，尽管在很大程度上尽量避免区域范围内发生冲突，

---

① See Micah Zenko and Jennifer Wilson, Scary Fact: America Dropped 26,171 Bombs in 7 Countries in 2016, http://nationalinterest.org/blog/the-buzz/scary-fact-america-dropped-26171-bombs-7-countries-2016-18961, visited on 2018-07-06.

② See Report of the Secretary-General on the Work of the Organization, http://www.un.org/en/ga/search/view_doc.asp?symbol=A/71/1, visited on 2018-07-06.

但零星的恐怖袭击持续地影响着区域的繁荣。

从国家层面来看，2017年全球已有133个国家遭受恐怖主义的危害。有70多个国家的恐怖威胁呈恶化趋势，集中在中东北非、欧洲、撒哈拉以南非洲、亚太和俄罗斯欧亚大陆，恶化程度最严重的国家是也门、比利时和利比亚；①约40多个国家的安全局势呈好转趋势，主要集中在中美洲和加勒比海、南美洲、北美洲和南亚地区；仅有30个国家没有受到恐怖威胁的影响。

二、五大恐怖组织及其发展趋势

近几年来，下述五大恐怖组织是导致人类伤亡最严重的因素之一。以2014年为例，这五大恐怖组织声称对全球74%的恐怖袭击致死事件负责，较2013年的59%有了大幅度增加。②

（一）极端组织"伊斯兰国"（ISIS）

极端组织"伊斯兰国"，又称"达伊沙"（DAESH），是一个在叙利亚内战爆发之际进入叙利亚参战的"基地"组织伊拉克分支，领导人巴格达迪自称哈里发。2014年2月，该组织正式宣布与"基地"组织断绝关系，"基地"组织领导人认为该组织违反行动方向滥杀平民。和其他的宗教激进主义圣战组织一样，该组织反对伊斯兰教什叶派支派阿拉维派教徒阿萨德政权和伊拉克什叶派阿巴迪政权，渴求控制包括以色列、伊拉克、约旦、黎巴嫩和叙利亚在内的黎凡特地区实施伊斯兰教法，发动圣战打击什叶派穆斯林、基督徒和雅兹迪族人。极端组织"伊斯兰国"召集了伊拉克前政权萨达姆军队成员，并在全球招募恐怖主义战士，对抗以美国、俄罗斯和埃及为首的联军。值得注意的是，2015年平均每月都有一定数量的外国恐怖主义战士出入叙利亚战区。上半年，约有7000名外国恐怖主义战士流入极端组织"伊斯兰国"。其中，21%来自欧洲，50%来自中东北非。③极端组织"伊斯兰国"不仅使用隧道等隐蔽战术，还研制出了超大型的汽车炸弹并配合化学武器使用，同时部署小型无人机实施侦察。④

---

① See Global Terrorism Index 2016, http://economicsandpeace.org/wp-content/uploads/2016/11/Global-Terrorism-Index-2016.2.pdf, visited on 2018-07-16.
② 资料来源：http://www.start.umd.edu/counter-terrorism-and-countering-violent-extremism, visited on 2018-07-06。
③ See Global Terrorism Index 2015, http://economicsandpeace.org/wp-content/uploads/2015/11/Global-Terrorism-Index-2015.pdf, visited on 2018-07-16.
④ See David Ignatius, The Ugly Truth: Defeating the Islamic State Will Take Decades, *The Washington Post*, January 18, 2016.

2016 年伊始，美国、俄罗斯等外部力量的打击迫使极端组织"伊斯兰国"退出了自 2014 年中期所控制领土的 25%。2017 年 11 月，叙利亚政府军将"伊斯兰国"组织驱离伊叙控制地带，但未能阻止该组织及其下属或支持者对欧盟和美国的袭扰。

（二）博科圣地（BOKO HARAM）

"博科圣地"组织的正式名称是"致力传播先知教导及圣战人民军"（People Committed to the Propagation of the Prophet's Teachings and Jihad），2002 年在尼日利亚东北部博尔诺州首府迈杜古里成立。该组织主要活跃于信奉宗教激进主义的尼日利亚、喀麦隆和乍得等国家，以反对西方文化和教育为宗旨，宣扬西方教育是亵渎伊斯兰教的罪恶之物，并主张推行严格的伊斯兰教法。[①] 2009 年 7 月 30 日，该组织领导人优素福被尼日利亚安全部队打死。2010 年，该组织继任领导人阿布巴卡尔·谢考向尼日利亚政府和美国宣布圣战。该组织寻求在尼日利亚北部建立一个伊斯兰国家，试图将北部的穆斯林和南部的基督徒分开。该组织和"基地"组织北非分支"伊斯兰马格里布基地组织"（AQIM）互动频繁，后又得到极端组织"伊斯兰国"提供的社交媒体、资金和培训的支持。2015 年，该组织正式宣布效忠极端组织"伊斯兰国"，接受巴格达迪的领导，更名为"伊斯兰国西非省"（Islamic State's West Africa Province，ISWAP）。

2014 年，博科圣地的袭击数量较 2013 年高出两倍，导致的死亡人数翻了两番。2015 年后，该组织对尼日利亚周边国家加大了袭击力度，主要使用机枪对目标实施屠杀，并效仿极端组织"伊斯兰国"大量使用爆炸手段，且主要在公共场所进行袭击，如早市和商场等。

（三）塔利班（TALIBAN）

1994 年，穆罕默德·奥马尔创立了塔利班。1996—2001 年，塔利班在阿富汗建立了全国性政权。"9·11"事件发生后，塔利班政权被美国主导的阿富汗战争推翻。重组后的塔利班开始对抗阿富汗政权和由美国领导的北约驻阿联军。

2002 年以来，塔利班在数次袭击中致使包括联军在内的多人丧生，半数以上的袭击目标指向警察，其次是政府、官员和西方国家驻阿大使馆的车队，

---

① 2014 年 5 月，联合国安理会正式将尼日利亚"博科圣地"恐怖组织列入制裁名单。资料来源：http://www.un.org/chinese/News/story.asp?NewsID=21946，2019 年 4 月 12 日访问。

以此削弱政府机构的控制力。主要的恐怖袭击方式包括：约有 48% 采用爆炸手段，每次袭击平均致死 3 人以上；12% 的袭击是自杀式袭击，每次袭击平均致死 6 人以上；另有 23% 采用武装突袭，死亡率为 35%，主要针对派出所和检查站。①

2015 年 7 月，塔利班发表声明确认奥马尔死于 2013 年 4 月。② 在后奥马尔时代，塔利班制造的暴力袭击事件仍时有发生。

（四）富拉尼族激进分子（FULANI MILITANTS）

富拉尼人主要生活在西非 7 个国家内，约有 2000 万人，70% 的富拉尼人靠游牧生活。富拉尼人聚集区与当地农民聚集区的族群之间因资源、宗教等因素长期关系紧张。富拉尼族激进分子来自尼日利亚的一个半游牧民族，因"博科圣地"组织的活跃使得尼日利亚的国家安全形势恶化，富拉尼族激进分子的袭击力度在 2014 年出现戏剧性增加，主要使用机枪攻击村庄、袭击民众。袭击地点主要集中在尼日利亚中间地带的贝努埃州、卡杜纳州、纳萨拉瓦州、高原州、塔拉巴州和北部的赞法拉州 6 个州。"博科圣地"组织主要活跃在尼日利亚北部，袭击目标 92% 为平民，致死率为 81%。③

另外，富拉尼族激进分子还要迎战尼日利亚 3 个最大的农民聚集区其他族群的非政府武装，尤其是最大的基督教提夫族群（TIV），宗教问题成为二者之间冲突的主要因素。

（五）索马里"青年党"（AL-SHABAAB）

索马里"青年党"是"基地"组织的主要分支之一，试图在索马里创建一个伊斯兰国家。该组织曾一度控制索马里中南部大部分国土，包括首都摩加迪沙的部分面积。该组织的袭击目标主要是平民，军队是其第二大袭击目标。该组织的袭击手段多为绑架和劫持，对象多数是反对索马里青年党的部落长老，也包括外国记者和世界卫生组织的医生。该组织号召袭击美国、英国和加拿大等国，吸引了一些来自美国、英国等西方国家的新成员。

---

① See Global Terrorism Index 2016, http://economicsandpeace.org/wp-content/uploads/2016/11/Global-Terrorism-Index-2016.2.pdf, visited on 2018-07-16.
② See Nick Paton Walsh, Peter Bergen, and Jason Hanna, Taliban's Mullah Omar Died in 2013, Afghan Government Says, http://edition.cnn.com/2015/07/29/asia/afghanistan-mullah-omar/, visited on 2019-04-12.
③ See Global Terrorism Index 2015, http://economicsandpeace.org/wp-content/uploads/2015/11/Global-Terrorism-Index-2015.pdf, visited on 2018-07-16.

第二节　全球恐怖主义驱动因素及其社会危害

一、恐怖主义的驱动因素

世界经济与和平研究所对超过 5000 个数据、指标和调查报告进行了大范围的比较和统计，试图找出与恐怖主义行为最密切相关的因素，结果表明：恐怖主义与政治暴力水平高度相关，政治暴力水平可分别从一国国内正在发生的暴力冲突和国家间政治恐怖程度两个方面来衡量。据统计，发生在 1989—2014 年所有恐怖袭击事件中，超过 55% 源于国家内部严重的暴力冲突，33% 涉及国际力量在内的国家间冲突。[①] 这表明恐怖主义活动本质上是缺乏安全稳定的政治环境，政治环境的不稳定在催生各种暴力冲突的同时也催生了恐怖主义。而对于那些未遭受内部暴力冲突的国家，恐怖袭击的发生则更多的与社会经济因素相关。总之，恐怖主义是由特定的国别因素和个体因素共同驱动的结果，其中国别因素主要体现为一个国家的发展水平。

（一）国别因素

这里以经合组织国家和非经合组织国家为对象，对基于国家历史和发展水平的恐怖主义驱动因素进行分析。大量的社会经济学统计数据表明，在经合组织国家，社会经济因素，如青年失业、对媒体的信任度、对民主的信任度、毒品犯罪和对移民的态度等与恐怖威胁指数密切相关；而在非经合组织国家，恐怖活动主要通过政治的、宗教的和与意识形态相关的组织实施。当然，也有一些共性因素同时存在于经合组织国家和非经合组织国家，比如较高层次的政治恐怖、不尊重人权、群体性不满、政治不稳定等。另有一些统计也表明，一些因素与恐怖主义的相关性不大。[②]

（二）个体因素

对个体发展成为暴力极端分子原因的研究是当前最紧迫的问题之一。美国和平研究所（United States Institute of Peace，USIP）对 2032 名选择离开自己国家并加入"基地"组织对抗美国及其盟国的个体恐怖分子进行了定性研究。研究对象多数是男性，女性极少，分别被关押在阿富汗、伊拉克和关塔那摩

---

① See Global Terrorism Index 2015, http：//economicsandpeace.org/wp-content/uploads/2015/11/Global-Terrorism-Index-2015.pdf, visited on 2018-07-16.
② Ibid.

监狱。采用访谈法进行数据采集,其他数据材料来自被缴获的文档、研究对象与其家人和朋友的谈话笔录以及公共档案等。①

研究结果表明:研究对象没有"疯狂"或心理变态,有的甚至家境富裕,他们选择加入"基地"组织的动机主要包括四个方面:身份认同、泄愤报复、追逐名利和寻求刺激。最突出的动机是身份认同,占40%;泄愤复仇和追逐名利分别占30%和25%;寻求刺激者占5%(见图8-2)。值得注意的是,在右翼极端分子身上能够发现类似动机,诸如异化、文化、身份等影响因素。②

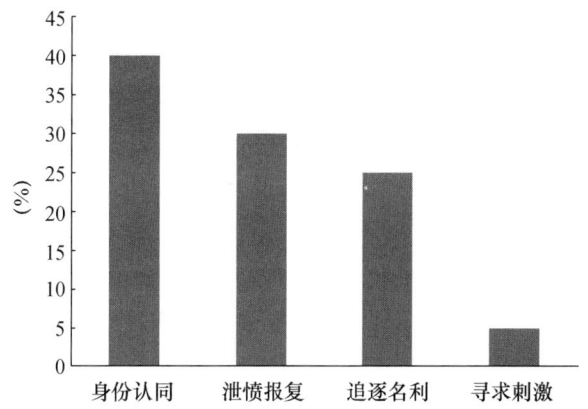

图 8-2　外国恐怖主义战士加入"基地"组织动机分布图

资料来源:Global Terrorism Index 2015, http://economicsandpeace.org/wp-content/uploads/2015/11/Global-Terrorism-Index-2015.pdf, visited on 2018-07-16。

这些通过网络被招募的外国恐怖主义战士大多在15—35岁,研究结果符合这一年龄段的特征。缺乏包容心和社会参与度不足会使个体产生被孤立和异化的感觉,从而变得愤怒,甚至去寻求报复。而当个体寻求维护个人技能和人格目标时,地位、欲望则显得非常重要。最终,当年轻人在社会上的参与度和满意度较低时,寻求刺激将成为一个驱动因素出现。

美国和平研究所强调:一旦严酷的现实未能达到期望,寻求刺激者最可能叛变。国际激进与政治暴力研究中心(ICSR)的研究结果也佐证了这一事实,如极端组织"伊斯兰国"中58%的叛逃者属于寻求刺激者,且易于在内部挑起矛盾。

美国和平研究所指出,个体加入"基地"组织成为外国恐怖主义战士,

---

① See Colonel John M. "Matt" Venhaus, Why Youth Join al-Qaeda, http://www.usip.org/publications/2010/02/why-youth-join-al-qaeda, visited on 2019-04-12.

② See Daniel Oesch, Explaining Workers' Support for Right-Wing Populist Parties in Western Europe: Evidence from Austria, Belgium, France, Norway, and Switzerland, *International Political Science Review*, Vol. 29, No. 3, 2008, pp. 349-373; Responding to White Supremacy—A Guide for Frontline Workers.

主要原因包括：人们加入任何组织依赖于其所处的环境和处境；经济诱惑对从事极端暴力主义起着决定性作用；社会鼓励与殉难能起更重要的作用，因为殉难能给恐怖分子家庭带来社会利益和荣誉；另外还有一部分是被诱拐的年轻人和孩子，他们被迫服务于恐怖组织。①

二、恐怖主义引发的社会危害

（一）大量人员伤亡

世界范围内的恐怖主义已经发展成为导致人类伤亡最重要的因素。2001—2014 年全球范围内共发生 61000 多起恐怖袭击事件，致 14 万人死亡，较 2001 年死亡数量增长了 9 倍，袭击目标主要为平民、警察、军队（见图 8-3）。② 2015—2016 年，针对上述目标的袭击死亡人数增幅趋势明显，半数以上的恐怖袭击采用爆炸，约 15% 的袭击采用轻武器，爆炸装置的广泛应用是死亡率升高的主要因素之一。

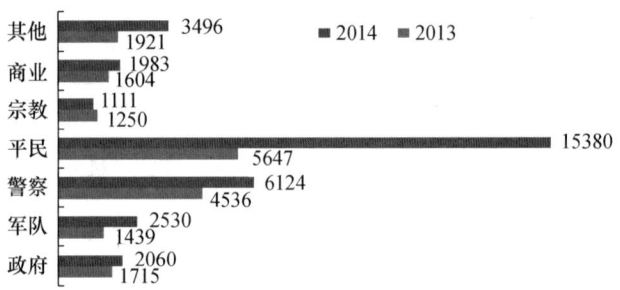

图 8-3　2013—2014 年按袭击目标类型划分的死亡人数统计图（单位：人）

资料来源：Global Terrorism Index 2015, http://economicsandpeace.org/wp-content/uploads/2015/11/Global-Terrorism-Index-2015.pdf, visited on 2018-07-16。

（二）引发"难民危机"③

2015 年是暴力冲突和恐怖袭击导致人类伤亡最严重的一年，全球被迫逃离家园的总人数高达 6530 万，造成自二战以来最严重的难民危机。④ 其中，恐怖袭击造成的死亡人数最多的国家难民数量也最多。⑤

---

① See Alpaslan Özerdem and Sukanya Podder, Disarming Youth Combatants: Mitigating Youth Radicalization and Violent Extremism, *Journal of Strategic Security*, Vol. 4, No. 4, 2011, pp. 63-80.
② See Global Terrorism Index 2015, http://economicsandpeace.org/wp-content/uploads/2015/11/Global-Terrorism-Index-2015.pdf, visited on 2018-07-16.
③ 这里所称的"难民"是指联合国难民署所定义的难民。
④ See Jonathan Clayton and Hereward Holland, Over One Million Sea Arrivals Reach Europe in 2015, http://www.unhcr.org/5683d0b56.html, visited on 2019-04-12.
⑤ See Global Terrorism Index 2015, http://economicsandpeace.org/wp-content/uploads/2015/11/Global-Terrorism-Index-2015.pdf, visited on 2018-07-16.

从图 8-4 中可以看出：全球难民总数呈现逐年递增之势，2015 年上半年的难民人数（1510 万人）较 2011 年全年的难民总数（1040 万人）增长了 470 万人，增长幅度为 45%。这一趋势与 2011—2014 年全球恐怖主义威胁指数的变化趋势保持一致，说明恐怖主义威胁已经发展成为全球难民、流离失所者和寻求避难者激增的主要因素。

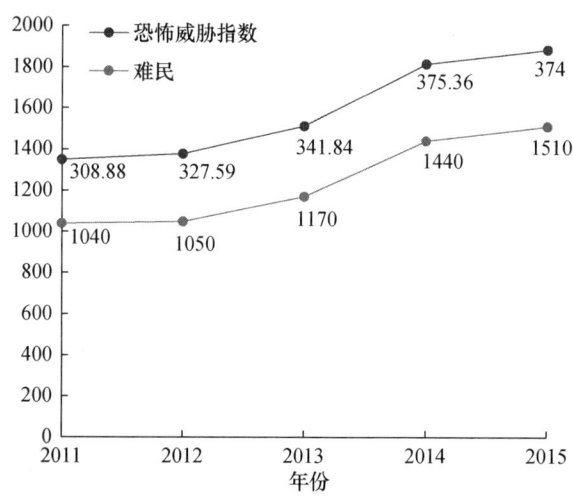

图 8-4　2011—2015 年全球难民人数与恐怖威胁指数对比图（单位：万人）
资料来源：Global Terrorism Index 2015, http://economicsandpeace.org/wp-content/uploads/2015/11/Global-Terrorism-Index-2015.pdf, visited on 2018-07-16。

2015 年，经由地中海抵达意大利和希腊等欧洲国家的难民数量为 100.0573 万人，另有 3735 人在途中溺亡。其中，50% 来自叙利亚，20% 来自阿富汗，7% 来自伊拉克。[1] 截至 2015 年年底，已经抵达德国的难民总数超过 100 万人。2015 年 3 月 26 日至 12 月 31 日，也门武装冲突导致 8100 多人伤亡，40 万人流离失所。[2]

随着恐怖主义在叙利亚、阿富汗、巴基斯坦和尼日利亚等国的持续升级，难民庇护与人道主义现有物资之间的问题不断出现，难民营的贫困条件、不安全感和脆弱性加剧，[3] 难民与警察对峙事件经常上演。难民问题不仅掀起了欧洲当地人因恐怖袭击造成的严重排外主义情绪，也暴露了欧盟成员国之间

---

[1]　See Refugees and Migrants Braving Seas to Flee to Europe in 2015 Top One Million—UN, http://www.un.org/apps/news/story.asp?NewsID=52919#.VpeMMPmF7IU, visited on 2019-04-12.
[2]　See UN Delivers Medicine for 1.2 Million People in War-Ravaged Central Yemen, http://www.un.org/apps/news/story.asp?NewsID=52907#.VpelpvmF7IU, visited on 2019-04-12.
[3]　See New UN Refugee Chief Takes over at Time of Record Numbers and Unprecedented Challenges, http://www.un.org/apps/news/story.asp?NewsID=52934#.VpeUkPmF7IU, visited on 2019-04-12.

以及各国内部的严重分歧,对欧盟一体化进程、政治整合以及经济复苏带来严峻挑战。

(三) 经济损失

为了进一步研究全球范围内恐怖袭击对世界经济造成的影响,世界经济与和平研究所对量化指标范围作出界定,将死亡(death)、受伤(injuries)、爆炸(bombing/explosion)、基础设施攻击(facility/infrastructure attack)、武装突袭(armed assault)、人质劫持(hostage taking, barricade incident)、绑架(hostage taking, kidnapping)、徒手攻击(unarmed assault)和暗杀(assassination)作为评价恐怖袭击造成直接经济损失的主要指标。由于间接经济损失难以量化统计(如安保、保险等级以及交通堵塞等因素造成的经济损失),因而不在此次统计范畴之内。统计表明,伤亡、爆炸造成的经济损失占据因恐怖袭击造成的总经济损失的99.4%。①

图8-5是2011—2014年全球恐怖袭击造成的直接经济损失趋势图,从图中可以看出:在这4年里,恐怖袭击造成的直接经济损失呈逐年递增趋势。其中,2014年直接经济损失达528.98亿美元,较2013年的329.2亿美元增长了61%,是2011年的4.3倍。这一变化规律与前面提到的"恐怖威胁指数变化趋势"保持一致。

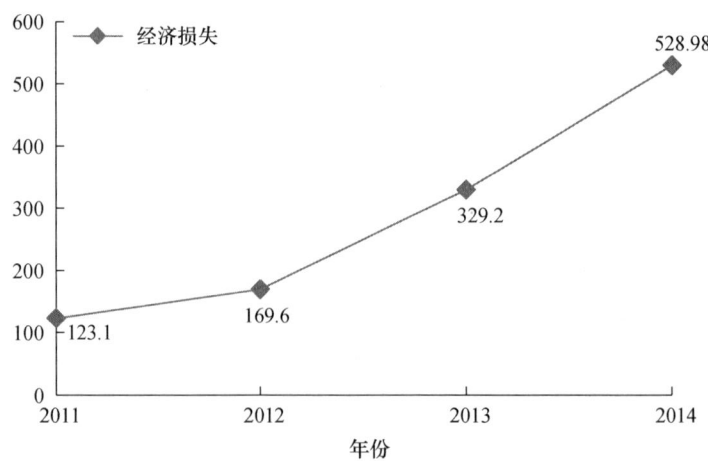

图8-5 2011—2014年全球恐怖袭击造成的直接经济损失趋势图(单位:亿美元)

资料来源:Global Terrorism Index 2015, http://economicsandpeace.org/wp-content/uploads/2015/11/Global-Terrorism-Index-2015.pdf, visited on 2018-07-16。

---

① See Global Terrorism Index 2015, http://economicsandpeace.org/wp-content/uploads/2015/11/Global-Terrorism-Index-2015.pdf, visited on 2018-07-16.

未来，随着恐怖威胁的持续加剧，因恐怖袭击造成的经济损失将会持续攀升。尤其是在政府控制能力和经济发展水平较低的国家，恐怖袭击对能源输出和外资投资的增长影响显著。

第三节 未来恐怖主义的趋势预测

未来，一种更加渗透于人们身心的不安全因素将普遍存在。心理方面的不安全因素主要来自对工作保障的担忧以及围绕人口迁移和移民的恐惧。同时，恐怖主义和内部冲突将很大程度上干扰全球化的进程，使得与国际商务相关的安全成本大大提高，包括更严格的边境控制政策、贸易模式和金融市场。另外，大国之间的冲突、潜在的大规模杀伤性武器（WMD）的扩散也将无处不在地增加世界的不安全感。

一、2020年恐怖威胁变化趋势

（一）引发国际恐怖主义的关键因素在未来5年丝毫没有减弱的迹象

一是穆斯林身份认同的兴起将在中东内外创建一个传播宗教激进主义意识形态的框架。专家评估认为，大多数的国际恐怖组织将继续认同伊斯兰激进组织，并随着穆斯林的团结继续卷入一些国家和地区中的分裂斗争，这一现象主要集中在西欧、东南亚和中亚。[①]

二是极端恐怖主义思潮助长恐怖组织的兴起成为另一个日益令人关注的问题。极端组织"伊斯兰国"的快速崛起，改变了国际恐怖主义的格局，其影响力不仅取代了"基地"组织，也加大了博科圣地、索马里"青年党"等原有极端主义团体在当地的蔓延，给其他恐怖组织带来信心。[②] 目前极端组织"伊斯兰国"在空间上虽已覆灭，但其意识形态上的影响仍在向全世界渗透蔓延。

三是恐怖组织继续依附地区冲突和社会矛盾发展壮大。"大多数恐怖活动发生在有新老冲突交织的国家，凸显恐怖分子利用社会中的政治、社会和经济分裂来建立和推进他们事业的野心。恐怖分子在越来越多的冲突中造成大

[①] See National Intelligence Council, Mapping the Global Future: Report of the National Intelligence Council's 2020 Project, December 2004.

[②] See United Nations, Report of the Secretary-General on the Work of the Organization (2016).

规模的人道主义危机和难民潮。"2020年之前的"武装冲突和恐怖主义相互交错的情况将继续对全球安全局势产生影响"①。

(二) 极端组织"伊斯兰国"同"基地"组织一样,将会被受鼓舞的更易于传播的其他类型的伊斯兰极端组织取代

特朗普上台有望实现的任务之一是与俄罗斯一道消灭极端组织"伊斯兰国"及其在伊叙控制领地。如果该组织失去这一领地,势必引发外国恐怖主义战斗人员从夺取领土转向传统的分散性的恐怖活动,并向原籍国回流扩散。② 这种扩散将促进类似"基地"组织的伊斯兰活动与本土的分离主义活动相融合,从而导致更加致命的威胁。具体来说,信息技术的发展给即时的通信联系、交流和学习提供了便利,使得恐怖威胁得以迅速扩散,由大规模的组织进化成为不需要统一指挥就可以计划并执行恐怖袭击的各种不规则的恐怖小群体、单元和个体,各类培训材料、袭击目标指南、武器使用和筹募资金都会通过网络虚拟的方式来实现。

极端组织"伊斯兰国"的核心成员将持续减少,但是因对政府和西方国家的仇恨而聚集在一起的受极端组织"伊斯兰国"鼓舞的其他群体、本土的群体和个体将成为新的伊斯兰圣战者,并成为实施恐怖袭击的主流。

未来的伊拉克和其他冲突地带将成为新型恐怖分子招募、训练、实战、技术和语言培训的基地,新型恐怖分子将更加专业,并且以政治暴力为终极目标。

恐怖袭击将继续采用以常规武器为主,同时结合新式武器来对抗各种反恐策略。相对于技术和武器层面,恐怖分子更倾向于在恐怖活动的实施理念方面进行创新,如目标选择、行动设计和战术配合等。

(三) 2020年,恐怖组织使用大规模杀伤性武器成为可能

随着极端组织"伊斯兰国"被逐出伊叙控制地区,其袭击手段将由自杀式炸弹袭击、枪击、车撞和持刀砍杀转向化学和生物武器。多年来,恐怖分子对获得核生化武器及其运载工具的强烈兴趣,增加了其将大规模杀伤性武器作为主要武器实施恐怖袭击的可能性。③ 其中,最让人担心的是,如果恐怖分子获取生物药剂或者核装置,均能造成大规模的伤亡事件。因为,生物恐

---

① See United Nations, Report of the Secretary-General on the Work of the Organization (2016).
② 资料来源:http://www.realinstitutoelcano.org/wps/portal/web/rielcano_en, 2019年4月12日访问。
③ See United Nations Security Council, Resolution 2325 (2016): Non-Proliferation of Weapons of Mass Destruction.

怖主义模式尤其适合小恐怖团体，这类恐怖分子的实验室就像家庭厨房一样小巧，制成的武器比面包机还小，使得恐怖分子可能在远程遥控飞机上携带或在火箭弹上搭载这类武器，欧洲任何城市都可能成为被袭击的目标。① 随着对简易核生化武器设计水平的提高，恐怖分子将继续寻求获取核材料制造核生化武器，当然，他们也会从拥核国家窃取和从黑市上购买。

二、2025年恐怖威胁变化趋势

恐怖主义浪潮理论提供了对恐怖活动进行比较分析的基础。该理论认为，一个恐怖活动的周期最多可持续40年，一般会经历上升期、高潮期和衰退期三个过程。研究恐怖主义浪潮理论的专家认为，成立于1988年的"基地"组织已经"老化"——恐怖理念落后、战略衰退，正走向衰落和被边缘化。

在每一个恐怖活动周期里，类似的恐怖活动会发生在很多国家，并且会有多种因素驱动，比如无政府主义、民族主义和伊斯兰极端主义等。形成波峰的恐怖组织在恐怖活动衰退之前首先衰退，它们的衰退最终导致整个恐怖主义浪潮的衰退。目前，"基地"组织呈现出各种衰退迹象——无法实现战略目标、无法吸引更广泛的支持、自相残杀，将会比人们想象得更快地走向灭亡。②

"基地"组织致力于实现两个战略目标——建立全球范围内的哈里发政权与消除美国和西方国家的影响力。研究表明，上述战略目标在两个层面上表现得很失败：一个层面是明显挑战了现有的伊斯兰国家和西方国家利益，从而招致更严厉的反恐措施；另一个层面是恐怖主义既不可行也不解决问题的做法，难以吸引社会精英和一般民众。有轻微的迹象显示，大部分的穆斯林相信"基地"组织的战略目标是非常现实的，如果实现了可以解决他们所面临的失业、贫穷、教育落后和管理失调等现实问题，像北非的伊斯兰马格里布基地组织这样的追随者也在增加。但是，"基地"组织并没有实现在伊斯兰世界的广泛支持，其严酷的泛伊斯兰意识形态和策略只是吸引了少数的穆斯林。一项针对极端主义暴力公共态度的调查显示：在所有被调查的国家里——阿尔及利亚、埃及、约旦、科威特、黎巴嫩、摩洛哥、卡塔尔、沙特阿

---

① See Simon Osborne, UK Terror Warning: ISIS Plots "Chemical Drone Blitz Capable of Hitting Any City in Europe", http://www.express.co.uk/news/world/749804/ISIS-terror-group-plans-chemical-drone-blitz-city-Europe, visited on 2019-04-12.

② See David C. Rapoport, The Four Waves of Terrorsim, https://prezi.com/j5cptnaaxcsf/the-four-waves-of-terrorism-by-david-c-rapoport-2004/?webgl=0, visited on 2019-04-12.

拉伯、阿拉伯联合酋长国和也门,只有一小部分人支持"基地"组织,阿拉伯世界的大部分人反对任何组织在其领土上实施暴力活动。

另外,"基地"组织还通过杀害穆斯林的方式来离间以前的穆斯林支持者,尽管没有准确的数据支持,但已有的证据表明至少40%的受害者是穆斯林。这种不像哈马斯和真主党那样进行政治改革,几乎完全依赖于恐怖主义作为一种手段来实现其战略目标的策略很难成功。有研究表明:恐怖主义通过杀害平民的方式很少能实现其战略目标。在过去40年里,只有6%的恐怖组织活动实现了组织声称的战略目标。"基地"组织缺乏成功执行对"远敌"的攻击,意味着在很长一段时期将表现出挫败感增加、组织力降低、不利于吸收新成员。[①]

三、2030年恐怖威胁发展趋势

2030年,高科技将在全球范围内被广泛运用,与高科技相关的恐怖主义手段的应用会使恐怖主义变得更加难以跟踪、控制。这里有两点趋势值得警惕:

一是未来面临的潜在威胁是"无人恐怖主义"。即利用无人飞行器和其他未知系统附带简易爆炸装置对西方国家的软目标和硬目标实施化学、生物或放射性的恐怖袭击,如几十架甚至上百架小型飞行器从美国空域袭击美国本土,这种隐蔽性强且代价低廉的混合袭击或集群袭击手段能够造成极大的社会恐惧。这类恐怖主义需要动员全社会力量予以应对,意味着恐怖主义与反恐怖主义酝酿出了"社会战争"(society at war)这一新理念。[②]

二是袭击目标出现转向。目前,大部分恐怖主义主要集中在制造大规模伤亡方面,未来这种情况可能会出现改变。随着致命的破坏性技术更为普遍地介入,相关领域(如网络系统、生化技术等)的公司和专家可能会将尖端技术卖给包括与恐怖分子有关联的出高价者,恐怖分子可能会将注意力从大规模屠杀转向网络战并制造大范围的经济和金融破坏。

2016年1月1日,联合国193个会员国领导人通过的《变革我们的世界:2030年可持续发展议程》正式启动实施。该议程是今后15年的全球行动纲

[①] See Global Trends 2025: A Transformed World, https://www.files.ethz.ch/isn/94769/2008_11_Global_Trends_2025.pdf, visited on 2018-07-16.

[②] See Tobias Burgers and Scott Nicholas Romaniuk, The Next Generation of Terror: Swarming, Flying Bomb Robots, http://nationalinterest.org/feature/the-next-generation-terror-swarming-flying-bomb-robots-18817, visited 2018-07-06.

要,勾画出了"创建一个没有恐惧与暴力的世界""让每个人都有体面工作,都过上繁荣和充实的生活"和"绝不让任何一个人掉队"的愿景。① 目标有了,风险和各种挑战也会相应增加。未来几年,国际反恐的努力方向是打击与意识形态和高科技相关的恐怖分子,而不再局限于某一区域,这要比打击那些类似"基地"组织具有高度组织性的恐怖分子难度更大。分散的恐怖个体和单元使得他们的行踪更难被发现,图谋更难被瓦解。

资料2 国际反恐合作止步不前

未来国际反恐可能会出现以下情况:一是美国强权之下的世界安定和平。未来十年,美国依然是世界舞台上最核心的角色之一,在军事、科学技术领域依然保持领先地位。美国和欧洲的反恐合作将使得整体反恐强度加强。美国领导的全球反恐联盟的成功取决于个体国家在本土反恐的决心和能力,并体现为美国支持其他国家安全部队的能力建设和致力于解决其他国家面临的主要问题,比如高犯罪率,只有这样才能增加它们之间的安全合作。二是中国目前对多边主义的承诺在推进联合国上述议程方面发挥着关键作用。面对世界各地所出现的人口增长、气候变化、人口流动、粮食不安全、水资源短缺和恐怖主义叠加在一起所造成的不稳定、动乱甚至冲突,只有基于多边主义的全球化办法才有可能解决全球问题。

> **思考题**
>
> 1. "9·11"事件以来全球恐怖威胁发展趋势如何?
> 2. 极端组织"伊斯兰国"逐步消亡会对全球恐怖威胁带来哪些影响?
> 3. 简要描述未来15年的全球恐怖威胁发展态势。

> **讨论题**
>
> 1. 试析国际恐怖威胁会对"一带一路"沿线项目建设带来的威胁。
> 2. 以叙利亚反恐战争为例,论述西方大国在国际反恐合作中的角色与影响。

---

① See United Nations General Assembly Transforming Our World:The 2030 Agenda forSustainable Development,http://www.un.org/zh/documents/view_doc.asp?symbol=A/RES/70/1&referer=http://www.un.org/zh/sections/what-we-do/promote-sustainable-development/index.html&Lang=E,visited 2018-07-06.

> **推荐材料阅读**

1. 樊守政:《2016~2017全球恐怖威胁现状及未来发展趋势预测报告》,载余潇枫、罗中枢主编:《中国非传统安全研究报告(2016~2017)》,社会科学文献出版社2017年版。

2. Sebastian L. v. Gorka, International Cooperation as a Tool in Counterterrorism: Then and Now, *Connections*, Vol. 10, No. 2, 2011.

3. R. Guy Emerson, Radical Neglect? The "War on Terror" and Latin America, *Latin American Politics and Society*, Vol. 52, No. 1, 2010.

第九章　跨国有组织犯罪与认同危机

> **导读**
>
> 　　根据联合国的界定，跨国有组织犯罪是指，在酝酿阶段、实际作案过程以及直接、间接影响均涉及一个以上国家的罪行。① 需要说明的是，有组织犯罪集团是指，由三人或多人所组成的、在一定时期内存在的、为了实施一项或多项严重犯罪或者根据《联合国打击跨国有组织犯罪公约》确立的犯罪，以直接或间接获得金钱或者其他物质利益而一致行动的有组织结构的集团。② 人类的下一个危机是认同危机。目前，从亚洲区域的跨国有组织犯罪呈现出的发展态势来看，在多个层面引发了人类的认同危机。比如，对毒品、人口拐卖和武装人员等问题的界定与认知，陆续出现了认同危机。
>
> 　　自2003年《联合国打击跨国有组织犯罪公约》生效以后，跨国有组织犯罪才真正成为一项国际议程。据研究，跨国犯罪的范围已经遍及全球，而不再局限于特定地理区域或族群。同时，非法市场的数量和规模、涉及的群体、影响到的国家数量及非法贸易的总量都出现了显著增长。过去非法市场规模较小而且相互隔绝，今天的非法市场则是相互联系、相互支持的，而且更植根于合法经济。③ 另据统计，21世纪初，全球每年从跨国有组织犯罪流出的利润总量，估计约为8700亿美元。如果具体到东亚和太平洋

---

① See United Nations, 4 April, 1995, Results of the Fourth United Nations Survey of Crime Trends and Operations of Criminal Justice Systems, on Transnational Crime, Interim report prepared by the Secretariat, Addendum, A/CONF. 169/15/ADD. 1.

② See United Nations Convention Against Transnational Organized Crime and the Protocols Thereto, http://www.unodc.org/unodc/en/organized-crime/intro/NUTOC.html, visited on 2019-03-20.

③ 参见〔美〕珍妮·吉拉尔多、哈罗德·崔尼库纳斯：《跨国犯罪》，载〔英〕阿兰·柯林斯主编：《当代安全研究（第三版）》，高望来、王荣译，世界知识出版社2016年版，第514页。

区域，保守估计为每年 900 亿美元。①

本章主要关注亚洲的跨国有组织犯罪。一提到亚洲的跨国有组织犯罪，人们往往会首先联想到过去一度纷乱的金三角地区，即地跨缅甸掸邦、泰国清莱和清迈与老挝西北部的地区。时至今日，金三角地区的跨国有组织犯罪已经得到了有效的控制，不复当年喧嚣。在金三角地区的陆路通道上，2015 年 7 月，中国磨憨边防检查站、老挝磨丁公安检查站、老挝会晒第四友谊大桥公安检查站、泰国清孔移民检查站联合建立起了中老泰"三国四站"国际警务合作机制，联合打击跨境犯罪，并为出入境游客及车辆等提供便利。据报道，有一次，磨憨边防检查站接到一位中国公民在境外被非法拘禁的求救后，迅速与磨丁公安检查站启动跨境救助机制，12 小时内便成功解救被拘禁人员。还有一次，尤女士一家到老挝跨境自驾游。尤女士因急事提前回国，不慎将家人的相关资料一并带回，导致家人回国时被滞留，家人便拨通了磨憨口岸求助热线。最终，在中老共同努力下，尤女士的家人得以顺利回国。② 在金三角地区的水路通道上，有关中老缅泰开展第 65 次湄公河联合巡逻执法行动的报道显示，四国采取分段巡航与全线联合巡逻的方式相结合，从中国关累港出发至老缅泰交界的金三角水域返航，全程 500 余公里。行动期间，将采取定点查缉、机动查缉与联合走访相结合的方式，加大联合巡逻执法力度，打击湄公河流域走私、偷渡等跨境违法犯罪活动，确保流域安全稳定。③

目前，亚洲跨国有组织犯罪仍在不断演变，有关的研究方兴未艾。治理跨国有组织犯罪是一项持续进行的任务。面对愈发复杂而多变的安全形势，如果从"社会安全"与"人的安全"角度来考量，亚洲区域的跨国有组织犯罪呈现出哪些新态势？对当前的安全治理带来了怎样的挑战？本章将把这些问题放在亚洲的现实情境中去分析和回答。

---

① See United Nations, 30 January, 2014, Report of the Asia and Pacific Regional Preparatory Meeting for the Thirteenth United Nations Congress on Crime Prevention and Criminal Justice, Held in Bangkok from 22 to 24 January 2014, A/CONF. 222/RPM. 1/1.
② 参见谭旻煦、杨玺：《中老泰"三国四站"警务合作 联合打击跨境犯罪》, http://news.takungpao.com/mainland/topnews/2018-01/3530597_wap.html, 2019 年 1 月 4 日访问。
③ 参见钟立业：《中老缅泰四国启动第 65 次湄公河联合巡逻执法行动》, http://www.Chinanews.com/gn/2017/12-26/8409831.shtml, 2019 年 1 月 4 日访问。

第一节 什么是跨国有组织犯罪

一、非传统安全视域下的跨国有组织犯罪

非传统安全,从广义来看,是指任何被安全化的非军事问题。而从狭义的角度界定,非传统安全可以被定义为"一切免于由非军事武力所造成的生存性威胁的自由"①,是"现有的安全防范系统(不论是各国政府还是国际机构)很少遇到或很难适应的安全挑战"②。具体而言,非传统安全没有明确的地域限制,具有扩散性、多维度和多方向性;不以国家为中心,但具有跨国家或次国家的特征,因为不能够简单地以国家为中心去分析和解决,也不能以传统的政策去应对,更多地需要非军事途径与沟通合作的方式。③非传统安全研究关涉"社会安全"与"人的安全"为主要领域的各种安全威胁,其主要指涉对象是"社会"与"人"。作为一种全球性紧缺的公共产品,非传统安全的产出需要"共建",而这一公共产品的使用则是"共享"的,这其中的"共建"和"共享"相辅相成。④

从定义上说,跨国有组织犯罪应属非传统安全的范畴,因为跨国有组织犯罪通常在两个或两个以上国家发生,而犯罪行为人与被害方往往不属于同一国家,或者犯罪地与犯罪人国籍不属于同一国家。可以说,跨国有组织犯罪兼具"双源性"和"多源性"非传统安全特征。例如,国际恐怖分子和跨国有组织犯罪集团之间的互动日益加强,特别是在恐怖团体活跃的地区,来自跨国有组织犯罪收益的大量资源正流向某些恐怖组织。尽管国际恐怖分子和跨国有组织犯罪集团有着不同的目标,但他们都清楚,分享专门知识和网络对双方都有利。⑤在亚洲,部分恐怖分子或恐怖团体通过跨国有组织犯罪受益,其获益方式包括贩运武器、人口、毒品,绑架以索取赎金等。

---

① 余潇枫主编:《非传统安全概论(第二版)》,北京大学出版社2015年版,第45页。
② 王逸舟:《"非传统安全"问题与中国》,载赵远良、主父笑飞主编:《非传统安全与中国外交新战略》,中国社会科学出版社2011年版,第81页。
③ 参见余潇枫、王江丽:《非传统安全维护的"边界"、"语境"、"范式"》,载《世界经济与政治》2006年第11期,第57页。
④ 参见余潇枫:《共享安全:非传统安全研究的中国视域》,载《国际安全研究》2014年第1期,第30页。
⑤ See United Nations, 20 January, 2016, Letter Dated 18 January 2016 from the Chair of the Security Council Committee Established Pursuant to Resolution 1373 (2001) Concerning Counter-Terrorism Addressed to the President of the Security Council, S/2016/49.

对此,亚洲国家是有共识的。例如,2002年11月4日通过的《中国与东盟关于非传统安全领域合作联合宣言》已明确将跨国有组织犯罪纳入非传统安全的范畴,并将其视为"影响国际和地区安全的重要不确定因素"。① 更为重要的是,在全球化的影响之下,贸易、金融、通信和信息结构的变化为犯罪活动突破国界创造了成熟的条件,并促使其根据市场需求和安全治理而改换其犯罪活动。可以说,跨国有组织犯罪已由传统安全视角下的"非军事问题"转化为具有全球性质的"非传统安全问题",不仅比以往更具扩散性、多维度和多方向性,而且难以用以国家为中心的军事手段来解决。

二、在亚洲较为凸显的跨国有组织犯罪活动

依照联合国有关文件,可将跨国有组织犯罪分为17类,即洗钱、恐怖行动、盗窃文物和艺术品、侵犯知识产权、非法买卖武器、劫机、海盗、抢劫地面交通工具、骗保、计算机犯罪、生态犯罪、贩卖人口、人体器官交易、非法贩卖毒品、虚假破产、渗透合法经营、贪污受贿与行贿。② 其后,《联合国打击跨国有组织犯罪公约关于打击陆、海、空偷运移民的补充议定书》又将"偷运移民"列为新的一类跨国有组织犯罪。③ 据联合国毒品和犯罪问题办公室发布的报告显示,在亚洲区域影响较为普遍的跨国有组织犯罪主要有四类,包括人口贩卖与偷运移民、毒品走私、破坏资源罪与污染罪、假冒商品与伪劣药品。④

1. 人口贩卖与偷运移民

人口贩卖与偷运移民属于不同类型的跨国有组织犯罪。《联合国打击跨国有组织犯罪公约关于预防、禁止和惩治贩运人口特别是妇女和儿童行为的补充议定书》第3条(a)项规定,"人口贩运"系指为剥削目的而通过暴力威胁或使用暴力手段,或通过其他形式的胁迫,通过诱拐、欺诈、欺骗、滥用

---

① 资料来源:http://www.fmprc.gov.cn/mfa_chn/ziliao_611306/1179_611310/t10985.shtml,2019年3月20日访问。
② See United Nations, 4 April, 1995, Results of the Fourth United Nations Survey of Crime Trends and Operations of Criminal Justice Systems, on Transnational Crime, Interim report prepared by the Secretariat, Addendum, A/CONF. 169/15/ADD. 1.
③ See United Nations, 8 January, 2001, Resolution Adopted by the General Assembly, United Nations Convention against Transnational Organized Crime, A/RES/55/25.
④ See United Nations Office on Drugs and Crime, East Asia Pacific Transnational Organized Crime Flows Generate USD 90 Billion Annually, UNODC Says, http://www.unodc.org/documents/southeastasiaandpacific//2013/04/tocta/Press_release_UNODC_Transnational_Organized_Crime_EAP_16_April_2013.pdf, visited on 2019-03-20.

权力或滥用脆弱境况，或通过授受酬金或利益取得对另一人有控制权的某人的同意等手段招募、运送、转移、窝藏或接收人员。①

《联合国打击跨国有组织犯罪公约关于打击陆、海、空偷运移民的补充议定书》第3条（a）项规定，"偷运移民"系指为直接或间接获取金钱或其他物质利益，安排非某一缔约国国民或永久居民的人非法进入该缔约国。② 偷运移民具有三个组成要素：

（1）安排一人非法入境或非法居住；

（2）进入或居留于该人并非其国民或永久居民的国家；

（3）为了金钱或其他物质利益。③

资料1　亚洲人口贩卖与偷运移民

相比之下，这两种跨国有组织犯罪存在三个微妙的差别。首先，人口贩卖犯罪可以在一国境内发生，而偷运移民犯罪始终是跨国进行的。其次，被偷运的移民"一般最初同意被偷运"，而被贩卖者则是犯罪受害人，其对被贩卖的事实"可能从未表示过同意，或其同意可能由于相关手段（威胁使用或使用武力、胁迫、绑架、欺诈、欺骗、滥用权力或滥用脆弱地位、给予或接收付款或好处）的使用而大打折扣"。最后，人口贩卖者的盈利来自对被贩卖者的剥削，而"偷运者从付款中获利，以便使被偷运移民得以能够非法入境或非法滞留"④。

2. 毒品走私

众所周知，毒品走私是当今全球最大的公害之一，也是许多国家公共安全治理的重中之重。当前，由毒品走私引发的一系列社会问题日益严重，譬如由吸毒加剧的艾滋病蔓延等。可以说，毒品走私已成为一种令社会动荡不安的普遍性安全威胁。

相对于鸦片、海洛因等传统毒品而言，合成毒品是一个更为棘手的问题。联合国毒品和犯罪问题办公室于2014年发布的一份研究报告显示，在亚太地区的15个国家中，冰毒（主要成分为甲基苯丙胺属于苯丙胺类合成毒品）在其中13个国家的毒品市场里位居第一或第二，尤其是在孟加拉国、印度、缅

---

① 资料来源：https：//www.un.org/zh/documents/treaty/files/A-RES-55-25-2.shtml，2019年3月20日访问。

② 资料来源：https：//www.ohchr.org/CH/Issues/Documents/other_instruments/79.PDF，2019年3月20日访问。

③ See United Nations, 21 March, 2012, Challenges and Good Practices in the Criminalization, Investigation and Prosecution of the Smuggling of Migrants, CTOC/COP/WG. 7/2012/2.

④ Ibid.

甸和伊朗等国。① 其他亚洲国家的情势也不容乐观。国家禁毒办于 2019 年 6 月发布的《2018 年中国毒品形势报告》显示,冰毒成为滥用"头号毒品",在 240.4 万名现有吸毒人员中,滥用冰毒人员 135 万名,占 56.1%,冰毒已取代海洛因成为中国滥用人数最多的毒品。②

除了冰毒等广为人知的合成毒品,新型合成毒品的种类已由 2009 年的 166 种增至 2014 年的 541 种。其中,名为"合法兴奋药物"(legal highs)的新型合成毒品,已扩散至全球 90 多个国家与地区。所谓"合法兴奋药物",实质上只是在化学成分上与那些受管制的合成毒品稍有不同。此类新型合成毒品能让服用者获得与传统毒品同样的兴奋效果。值得注意的是,此类合成毒品在被官方列为受管制药物之前,依然被公开贩售并被广泛地使用。③

毒品走私对人类生命、财产安全乃至国家与国际安全的威胁是难以估量的。一方面,毒品所产生的致命幻觉严重损害了吸毒者的身心健康,致使其家庭破裂,长此以往,势必会破坏社会的基础;另一方面,跨国犯罪组织将毒品走私作为资助其犯罪活动的资金来源,这已严重损害毒品产地及消费区的社会秩序和经济的可持续发展。

3. 环境与资源问题

在亚洲,跨国有组织犯罪对环境和资源的负面影响主要是非法野生动植物交易与非法捕鱼。目前,一些犯罪集团运用各种隐蔽手段,进行非法捕猎、运输、销售濒危野生动植物及其制品等跨境犯罪。非法野生动植物交易额一年可达 100 亿美元,非法野生动植物交易是继毒品走私、仿冒产品制销、人口贩卖和原油走私之后全球第五大黑市。譬如,犀牛角的黑市价为每公斤 6 万美元。在日本,每克熊胆的价格是等量的可卡因在亚洲价格的 6 倍。④ 据统计,亚太地区最大的野生动物产品市场每年预计获利 8.5 亿美元。⑤ 中国与缅甸、越南、印度、尼泊尔交界的广西、云南、西藏等边境地区,跨境野生动物犯

---

① See Bureau of International Narcotics and Law Enforcement Affairs. http://www.state.gov/j/inl/rls/nrcrpt/2014/vol1/222449.htm, visited on 2015-05-20.
② 参见高语阳:《吸毒人数占比首降 冰毒成"头号毒品"》,载《北京青年报》2019 年 6 月 18 日。
③ 参见《15 种新幻药即日起被列为受管制药物》,http://sg.regishome.com/news/sinnews/39032.html,2019 年 3 月 20 日访问。
④ See The Illegal Trade in Wild-Animal Products: Bitter Pills, *The Economist*, Jul. 19, 2014.
⑤ 资料来源:http://www.unodc.org/documents/southeastasiaandpacific//2013/04/tocta/Press_release_UNODC_Transnational_Organized_Crime_EAP_16_April_2013.pdf,2019 年 3 月 20 日访问。

罪团伙活动频繁。①

4. 假药贩运

从犯罪的角度来看，任何标签有误的产品，不论在制造者或成分上是否有意欺骗，都构成消费欺诈。如果药品没有疗效或者甚至不是其标签所示的类别，那么其结果将可能是灾难性的。显然，有组织犯罪集团在故意欺骗世界上最贫穷的一些地方的消费者，并且导致了致命后果的发生。②

据联合国统计，东亚地区的有组织犯罪所涉及的金额高达900亿美元，其中1/3是来源于假冒伪造商品。2008—2012年，全球收缴的75%的假冒伪造商品是在东亚生产的。假药常常被销往欧洲和美国，获利金额每年高达240多亿美元。③

对基本药品的高需求，加上保健系统和国家管制机制有限，造成相当大的假药跨国市场。有研究发现，东南亚测试的抗疟疾药物中，有36%被确定为是假药。④ 据联合国统计，仅2010年，东亚出口到欧洲的仿造商品价值就高达244亿美元。⑤ 2013年，中国共扣留假冒药品67.3万粒，较2012年同期增长近5.7倍。⑥ 此外，原中国国家食药监局曾发出警告，网上代购的境外抗癌药约有75%被证实是假冒药品，轻则贻误病情，重则造成更大伤害。⑦

第二节 亚洲跨国有组织犯罪引发的认同危机

一、跨国贩毒转变为跨国传播制毒配方：认定毒品的认同危机

在亚洲区域，毒品制贩的隐蔽化日益凸显。这主要表现在以下三方面：

---

① 参见王新猛、姜南：《跨境野生动物团伙犯罪之打击对策研究》，载《林业资源管理》2015年第2期，第23页。
② 资料来源：http://www.unodc.org/documents/data-and-analysis/tocta/Globilization_of_Crime-Ex-Sum_Chinese.pdf，2019年3月20日访问。
③ 资料来源：A Threat Assessment，http://www.unodc.org/documents/southeastasiaandpacific//2013/04/tocta/Press_release_UNODC_Transnational_Organized_Crime_EAP_16_April_2013.pdf，2019年3月20日访问。
④ See Gaurvika M. L. Nayyar, Joel G. Breman, Paul N. Newton and James Herrington, Poor-Quality Antimalarial Drugs in Southeast Asia and Sub-Saharan Africa, *The Lancet Infectious Diseases*, Vol. 12, No. 6, 2012, pp. 488-496.
⑤ 资料来源：A Threat Assessment. http://www.unodc.org/documents/southeastasiaandpacific//2013/04/tocta/Press_release_UNODC_Transnational_Organized_Crime_EAP_16_April_2013.pdf，2019年3月20日访问。
⑥ 参见蔡岩红：《海关查扣侵权货物去年逾七千万件，假冒药品数量增长近六倍》，载《法制日报》2014年4月29日第6版。
⑦ 参见罗凰凤：《代购境外抗癌药75%是假冒药品》，载《钱江晚报》2014年5月9日B08版。

首先，亚洲部分国家的制毒者转向制作合成毒品，并已形成完整的制毒链条。比如，国际贩毒集团在马来西亚设置基地，让其成员上网学习制毒方法。小型的制毒实验室仅需一人便能操作。至于制毒的原料，则从药行或黑市获取。另据报道，在马来西亚，"部分大型化学工厂私自将前体化学物转卖给他人作为私人用途，致使当局无法控制前体化学物的流量，才会导致炼毒的情况日趋严重"①。

在中国，合成毒品已占据毒品市场过半份额，且在内地市场已可以"自产自销"。截至2014年年底，全国累计登记吸毒人员295.5万名，估计实际人数超过1400万名。其中，滥用海洛因人员增长势头趋缓，但基数庞大，登记145.8万名；滥用合成毒品人员急剧增多，登记145.9万名，首次超过滥用传统毒品人数，年均增长36%。②

此外，许多犯罪团伙已掌握了制毒材料"邻酮"的工艺，用"邻酮"制造毒品"氯胺酮"，形成完整的制毒链条。③ 2014年，公安禁毒部门破获非法买卖、走私制毒物品犯罪案件549起，捣毁非法生产溴代苯丙酮、麻黄碱、氯麻黄碱、邻酮、羟亚胺等制毒物品厂点102个，缴获易制毒化学品和其他制毒原料3847.17吨。④

其次，新兴毒品的危害愈发隐蔽。在中国澳门地区，近年来新兴毒品层出不穷。犯罪组织利用分子拆解、混搭调配，掩人耳目，避开执法部门的监管，使得这些新兴毒品未被澳门特区政府列入违禁名单。与海洛因、大麻、冰毒及可卡因等传统毒品相比，这些新兴毒品的危害更加隐蔽。比如，合成大麻素以混合草药的样式出现。⑤

最后，隐蔽吸毒者有增无减，难以被社会察觉，更增加了警方的侦查难度。据香港特别行政区统计处2015年发布的报告显示，隐蔽吸毒问题持续恶化，首次被呈报的吸毒者的毒龄中位数已达5.4年，较3年前上升3倍。⑥ 据中国公安部的数据显示，截至2014年4月，中国登记在册吸毒人员258万人，

---

① 《国际贩毒集团大马设基地，招揽成员上网学炼毒》，载《光明日报（马来西亚）》2014年5月5日。
② 参见周斌：《滥用合成毒品者首超滥用传统毒品人员》，载《法制日报》2015年5月12日第5版。
③ 参见敖敏辉：《粤湘赣破跨省特大制毒工场 捣一条龙生产线 缴K仔逾400公斤》，载《文汇报（香港）》2013年6月25日A13版。
④ 参见封欢欢：《公安部禁毒局发布2014年全国制毒物品十大案件》，http://legal.people.com.cn/n/2015/0314/c42510-26693066.html，2019年3月20日访问。
⑤ 参见夏耘：《与时俱进与毒作战》，载《澳门日报》2014年2月23日B07版。
⑥ 参见《毒品转型 促引"爬山戒毒"》，载《大公报》2015年3月20日A9版。

其中鸦片类 138 万人、合成毒品 117 万人、其他 3 万人。另据估算，全国每年因吸毒耗费数千亿元人民币。① 如果算上隐形吸毒人员，中国实际的吸毒人群和吸毒耗费的资产，恐怕更加触目惊心。如何提高执法机关查明并确定新型精神活性物质和苯丙胺类兴奋剂（包括甲基苯丙胺）的能力，并促进跨境合作和信息共享以防止其滥用和转移，是一个值得研究的课题。

二、人口拐卖转向人体器官交易：打击人口拐卖的认同危机

随着对人体器官移植需求的逐渐增加，利润可观的人体器官黑市便应运而生。据联合国统计，全球人体器官（尤其是肾）的供需失衡，已促使贩运器官成为跨国有组织犯罪集团牟取暴利的非法活动。器官的采购和分配很复杂，由此判断，跨国罪犯组织与保健专业人员之间必定存在紧密的联系，这使得犯罪侦查和定罪更加困难。② 器官可能未经亲属同意而从活人和死者身上获取，或者从太平间偷盗。③

通常，人体器官交易十分隐秘。同时，受害者往往会掩盖自己接受手术这一事实，甚至对关系亲密的家庭成员都会加以隐瞒。因此，此类案件受害者的确认概率非常低。也就是说，绝大多数人体器官交易的受害者恐怕永远也无法获得合法享有的补偿。④

对某些器官移植而言，如心脏与肺的移植，死者仍然是唯一的器官来源。但是，对于某些器官移植手术来说，在某些情况下最好是使用生者的器官。例如，从生者身上移植肾脏，接受者的疗效往往更好。⑤ 目前，被贩运的器官多数是从发展中国家的人身上摘除的，而器官接受者则来自发达国家。跨国有组织犯罪集团一般是从弱势群体（如极度贫穷者）中招募捐献者，先是用虚假的承诺将捐献者引诱至国外，然后说服或强迫他们出售自身的器官。器官接受者支付的费用通常比捐献者得到的要多得多。⑥ 犯罪集团为了获取暴利，有时买卖和转移街头儿童的器官，甚至为器官移植绑架儿童，因为将儿

---

① 参见《中国人年吸千亿毒品》，载《南洋商报》2014 年 6 月 27 日 A21 版。
② See Preventing, Combating and Punishing Trafficking in Human Organs: Report of the Secretary-General, United Nations, 21 February 2006, E/CN.15/2006/10.
③ Ibid.
④ See Trafficking in Persons, Especially Women and Children: Note by the Secretary-General, United Nations, 2 August 2013, A/68/256.
⑤ Ibid.
⑥ See Technical Assistance Provided to States in the Application of the United Nations Convention Against Transnational Organized Crime to New Forms and Dimensions of Transnational Organized Crime: Report of the Secretariat, United Nations, 5 July 2012, CTOC/COP/2012/7.

童器官移植给成人从医学上讲是可能的。①

三、儿童兵问题的凸显：界定武装人员的认同危机

跨国犯罪活动能够摆脱国家边界控制，并开辟了非法运输货物和人员流动的新渠道，从根本上挑战了国家行使其作为国家主权捍卫者、武力垄断者及公共物品提供者的核心职能。在其行动过程中，跨国有组织犯罪集团腐化并削弱了许多国家机构，因而形成了一种可能影响政府和国家政策的实质机制。在最严峻的情况下，跨国犯罪产业变得极其强大，可以挑战并替代国家对使用武力的垄断。②

2014年，多达1500万儿童因武装冲突而身陷危境。其中，500多名巴勒斯坦儿童死亡，部分罹难者是在向联合国寻求庇护时被蓄意作为目标而遭杀害。在加沙，3000多名儿童受伤或终身致残。③ 此外，还有儿童因被怀疑为间谍而遭到武装组织的杀害。2011年2月联合国的一份报告显示，至少已有9起儿童因被怀疑充当国际军事部队间谍而遭武装组织处决的案例，其中包括2010年6月塔利班在阿富汗赫尔曼德省对一名7岁男童执行公开绞刑。④

武装组织对人道主义法和国际人权准则的违反不仅限于此。许多恐怖组织或极端主义武装团体通过招募、绑架、制造恐慌或恐吓，迫使儿童充当战斗人员或担当辅助角色（如厨师、脚夫、信使或间谍）。据报道，哈马斯将17000多名巴勒斯坦少年送往18所军事训练营。进入这些营地的男童接受射击、偷袭以色列国防军哨所和绑架以色列国防军士兵等方面的训练。⑤ 经联合国证实，塔利班会诱骗儿童携带爆炸物或培训儿童，针对国际安全部队或政府官员进行自杀式袭击。具体来说，塔利班跨境从巴基斯坦招募儿童，随后利用他们在阿富汗开展军事行动。有两个男孩报告说，他们于2009年在阿富

资料2　菲律宾等国案例

---

① See Consideration of Reports Submitted by States Parties Under Article 12, Paragraph 1 of the Optional Protocol to the Convention on the Rights of the Child on the Sale of Children, Child Prostitution and Child Pornography: Concluding Observations: Egypt, United Nations, 21 July 2011, CRC/C/OPSC/EGY/CO/1; Preventing, Combating and Punishing Trafficking in Human Organs: Report of the Secretary-General, United Nations, 21 February 2006, E/CN. 15/2006/10.

② 参见〔美〕珍妮·吉拉尔多、哈罗德·崔尼库纳斯：《跨国犯罪》，载〔英〕阿兰·柯林斯主编：《当代安全研究（第三版）》，高望来、王荣译，世界知识出版社2016年版，第522页。

③ See Security Council, Seventieth Year, 7414th Meeting, United Nations, 25 March 2015, S/PV. 7414.

④ See Report of the Secretary-General on Children and Armed Conflict in Afghanistan, United Nations, 3 February 2011, S/2011/55.

⑤ See Security Council, Seventieth Year, 7414th Meeting, United Nations, 25 March 2015, S/PV. 7414.

汗遭到绑架，被带到巴基斯坦，并在那里接受了军事训练。①

此外，武装组织还时常对儿童进行意识形态的灌输。② 在极端非国家行为体用来招募儿童的办法中，有一个办法是通过互联网上的社交媒体传播信息，它们通过某些网站或其他方式与儿童直接互动，通过洗脑来动员世界各地儿童，而不仅仅是动员冲突地区的儿童加入武装组织。③

资料3　其他国家案例

第三节　如何应对亚洲跨国有组织犯罪存在的认同危机

亚洲地区对跨国有组织犯罪的治理主要基于一些国际公约和区域安全论坛。就国际公约而言，联合国对于亚洲地区治理跨国有组织犯罪一直发挥着重要作用。亚洲各国通过实施《联合国禁止非法贩运麻醉药品和精神药物公约》《联合国打击跨国有组织犯罪公约》《联合国反腐败公约》的条款，连同双边、多边或区域条约以及可适用的谅解备忘录，建立了打击跨国犯罪的持久规则和机构，如引渡、司法协助、被判刑人的移管、联合调查、没收事宜的国际合作、执法合作以及资产追回方面的合作。④ 其中，《联合国打击跨国有组织犯罪公约》及其各项议定书，是国际社会在打击跨国有组织犯罪方面最为重要的工具。⑤

从亚洲的区域安全论坛来看，东盟在这方面起步较早，机制化的程度也较高。比如，在2007年1月第12届东盟峰会中，缔结了《东盟反恐怖主义公约》，这也是东南亚区域第一份在安全领域有法律拘束力的文件。该公约是东盟合作打击恐怖主义的区域框架，而东盟打击跨国犯罪问题部长级会议则负责监督该公约的执行情况。此外，2004年第11届东盟地区论坛（ARF）促成马来西亚、印度尼西亚与新加坡在马六甲海域联合巡逻，以打击该区域的恐怖主义与海盗活动。

---

① See Report of the Secretary-General on Children and Armed Conflict in Afghanistan, United Nations, 3 February 2011, S/2011/55.

② See Letter Dated 6 March 2015 from the Permanent Representative of France to the United Nations Addressed to the Secretary-General, United Nations, 6 March 2015, S/2015/168.

③ See Security Council, Seventieth Year, 7414th Meeting, United Nations, 25 March 2015, S/PV.7414.

④ See Annotated Provisional Agenda, United Nations, 8 January 2015, A/CONF.222/1; International Cooperation, Including at the Regional Level, to Combat Transnational Organized Crime, United Nations, 22 January 2015, A/CONF.222/7.

⑤ See International Cooperation in Combating Transnational Organized Crime and Corruption: Report of the Secretary-General, United Nations, 9 March 2015, E/CN.15/2015/3.

除此之外，亚洲各国针对特定的有组织犯罪问题，还建立了相应的区域合作机制。以人口贩卖为例，多数亚洲国家通过了《南亚区域合作联盟防止和打击贩运妇女儿童从事卖淫问题公约》。2002年，东盟发起了"亚洲区域合作防止人口贩运项目"（2003—2006年）。该项目侧重于在伙伴国对贩运活动追究刑事责任。在获得成功后，2011年东盟扩大了该项目范围，更名为"亚洲区域打击人口贩运项目"。此外，东盟还通过了《东盟打击贩运人口特别是妇女和儿童宣言》（2004年），随后通过了实施宣言的工作计划。在大湄公河次区域，签署《协调打击贩运人口活动湄公河部长级倡议》的六个国家（柬埔寨、中国、老挝、缅甸、泰国和越南），自2004年以来一直通过次区域行动、各级工作组和其他机制，处理人口贩运问题。①

再如，《亚洲地区打击海盗行为与船舶武装劫掠合作协议》作为东南亚国家海盗治理的主要议程之一，于2006年9月4日正式生效。该协议的签署国家包括中国、日本、韩国、柬埔寨、缅甸、马来西亚、印度尼西亚、菲律宾、新加坡、泰国与越南等20个国家。该协议是自《联合国海洋法公约》签署以来，国际社会共同促成的第一个专门针对海盗和武装劫船的多边协定，也是亚洲第一个针对海盗行为与武装劫掠议题达成的政府间协议。

从目前亚洲区域的跨国有组织犯罪的发展态势来看，有两大问题亟待解决：

一、普遍管辖权与国家主权的纠葛：安全治理原则的认同差异

作为国际法领域的一项基本原则，普遍管辖权的初衷是解决有罪不罚的问题。根据该原则，"当一个案件不能在犯罪地国，或在有一些主动或被动国籍关联的国家，或以国际法承认的其他管辖权理由审判，普遍管辖权允许其他国家的当局逮捕并起诉被控犯罪人"②。不过，目前唯一被国际社会普遍公认归属普遍管辖权的罪行是海盗。除此之外，哪些罪行可适用普遍管辖权，国际社会尚无共识。

在亚洲的海盗问题治理上，是否可以使用普遍管辖权？令人遗憾的是，答案是否定的。美国等国曾屡次建议将马六甲海峡国际化，并提倡多国参与的治理行动。但是，马六甲海峡沿岸国家（马来西亚、印度尼西亚与新加坡）

资料4　普遍管辖权与主权关系的争论

---

① See Report of the Special Rapporteur on Trafficking in Persons, Especially Women and Children, Maria Grazia Giammarinaro, United Nations, 31 March 2015, A/HRC/29/38.

② Sixth Committee Summary Record of the 13th Meeting, United Nations, 30 November 2011, A/C.6/66/SR.13.

考虑到让渡主权的风险,以及海峡管辖权可能产生的冲突,拒绝了涉及让渡核心利益的建议,不愿与马六甲海峡的使用国分享保护海峡安全的责任。此外,"马来西亚、越南、泰国刑法中没有单独规定海盗罪,新加坡、印尼、菲律宾关于海盗罪的规定也各有不同。这些都造成具体的应对行动中缺乏统一的机制保证、组织协调以及法律支撑"①。

自 2004 年 7 月 20 日起,由马来西亚、新加坡与印度尼西亚三国发起"马、新、印三方协调性巡逻行动"(MALSINDO Coordinated Patrol)。同年 7 月 24 日,巡逻行动首次实施,目标是减少在三国各自管辖的领海范围内的海盗行为与走私活动。② 不过,从巡逻行动机制的实质来看,马六甲海峡沿岸三国主要是在各自的管辖范围内进行有限度的安全合作。其预警机制的有效性、海岸巡逻力量的反应速度,以及对海盗的追踪能力,都存在不同程度的问题。时至今日,三国间若没有事先的协议安排,不得行使跨界紧追权。其中,印尼的领海面积最大,海盗活动最为频繁,但也是三国中海上执法能力最弱的国家。但是,沿岸国受到内国法与国际法的限制,马来西亚与新加坡的海上执法力量依然无法进入印尼海域协防海盗。

相比之下,为什么在治理索马里海盗的个案中,联合国、区域外大国与索马里沿岸使用国家,能够取代索马里成为安全治理的主体?关键在于"各国只有在通常负责调查和起诉犯罪的国家不愿或不能这样做的时候才能行使普遍管辖权"③。索马里自 1991 年发生内战以来,长期缺乏有力的中央政府,造成境内社会秩序败坏、武装林立,基本处于无政府状态。加之周边的沿岸国家也普遍缺乏治理海盗问题的实力。也就是说,索马里缺乏能力行使管辖权。

2008 年 6 月,联合国安理会发布第 1816 号决议案,决定自本决议通过之日起为期六个月内,在索马里过渡联邦政府事先知会联合国秘书长的情况下,同过渡联邦政府合作打击索马里沿岸海盗行为和武装劫掠的国家可进入索马里领海,采用一切必要手段,以制止海盗行为及海上武装劫掠,但做法上应与相关国际法所允许的公海打击海盗行为相同。为响应这一决议,以美国、

---

① 陈彩云、张华民:《打击海盗与南海地区安全》,载《辽宁大学学报(哲学社会科学版)》2016 年第 6 期,第 180 页。
② 参见薛力:《马六甲海峡海盗活动的趋势与特征——一项统计分析》,载《国际政治研究》2011 年第 2 期,第 140 页。
③ Six Committee Summary Record of the 13th Meeting, United Nations, 30 November 2011, A/C. 6/66/SR. 13.

中国、日本与俄罗斯为代表,各国纷纷派遣军舰,在索马里东非沿岸海域巡防海盗。

可以说,普遍管辖权只能在领土国不愿或不能行使管辖权之时方才适用,这恐怕也是大多数国家能接受的次优选择。如果未来联合国有关普遍管辖权的最终决议朝着这个方向走下去,那么各国对于跨国有组织犯罪活动的治理,在绝大多数情况下,恐怕不适用普遍管辖权。

二、用私营安保应对跨国有组织犯罪:安全治理方案的认同差异

在普遍管辖权与国家主权的纠葛未被有效解决的前提下,打击跨国有组织犯罪的最优方案都是不可得的。作为一种次优选择,公私合作伙伴关系(public-private partnership)是"一种公共与私人相互协作协力共同提供公共产品和服务的制度、机制和管理工具"①。换言之,它是公共部门与私人部门建立伙伴关系,并提供公共产品或服务的一种机制安排,也是一种实现非传统安全"共享"和"共建"的机制安排。这种实现安全的路径,能够在一定程度上缓解"作为目的的人的安全这一理想与国家仍然是国际政治中主导行为体这一现实之间的矛盾",并有助于"从国家建设而非国家解构的角度来处理人的安全的保障问题"。② 过去,公私合作伙伴关系一向被认为包括建造有形基础设施,并附带由私人投资于提供服务,现已成为发展无形基础设施以及不发展基础设施而提供公共服务的一种方式。③

此外,《联合国打击跨国有组织犯罪公约》第 31 条也鼓励政府、私营部门和民间社会之间建立跨部门伙伴关系,这应成为打击有组织犯罪战略的一条总原则。④ 目前,各国政府与研究机构或大学的公私合作伙伴关系已取得成效。⑤ 以移植学会为例。该协会由涉及器官移植的医生、外科医生和科学家组成。2008 年 4 月 30 日,国际器官移植学会与国际肾脏病学会在土耳其伊斯坦布尔举行的一次关于移植旅游和贩运器官问题的国际峰会上通过了《贩运器官和移植旅游问题伊斯坦布尔宣言》,对亚洲国家、区域和国际各级的对策产生了重

---

① 曹堂哲:《公共行政执行的中层理论——政府执行力研究》,光明日报出版社 2010 年版,第 192 页。
② 参见余潇枫等:《中国非传统安全能力建设:理论、范式与思路》,中国社会科学出版社 2013 年版,第 29 页。
③ See Discussion Paper, United Nations, 22 April 2013, A/CN.9/782.
④ See United Nations Convention Against Transnational Organized Crime and the Protocols Thereto, http://www.unodc.org/unodc/en/organized-crime/intro/UNTOC.html, visited on 2019-03-20.
⑤ See National Approaches to Public Participation in Strengthening Crime Prevention and Criminal Justice, United Nations, 27 January 2015, A/CONF.222/9.

大影响。①

与此同时，公私合作伙伴关系还有效地引入了高科技手段。新疆公安边防总队吐尔尕特边防检查站联合科技公司共同研发了一款无人飞行器，对口岸的限定区域实现了"远程指挥、现场监控、信息搜集、调查取证"。该款无人飞行器的飞行高度达100米以上，飞行半径超过10公里。与视频监控系统相比，无人飞行器极大地延伸了管控视野，进一步增强了口岸处置突发事件能力。② 此外，公私合作伙伴关系还促进先进的生物识别技术（例如掌纹、人脸和瞳孔识别）进入大规模应用阶段。据报道，2015年，生物识别技术的国际市场销售额会超过100亿美元。以中国为例，公安部已将人脸识别技术应用于户籍查重、视频图像侦察、全国公安机关现场勘验信息管理系统，以及全国打击拐卖儿童DNA比对系统等项目。③ 此外，东南亚国家也在积极应用生物识别技术。例如，马来西亚移民局在马来西亚的机场、陆地及海上关卡安装瞳孔扫描器。④ 所有入境者都必须进行瞳孔扫描，其资料将自动链接到护照。这将有助于打击跨国犯罪。⑤

值得注意的是，近年来私营保安公司在打击跨国有组织犯罪中的作用愈发凸显，在一定程度上履行了某些传统上为警察部门专属的职能。尽管国家与私营安保公司的合作存在某些问题，但是这些问题可以通过政策制定、关系建设和国家借助正式合作框架加强干预的方式予以解决。⑥ 现代意义的私营安保机构在第二次世界大战后开始出现。创建英国"皇家空军特勤团"的著名特种部队指挥官大卫·斯特林（David Stirling）在战后先后创立了两家私营安保机构，开展维和、军事训练等业务。"9·11"事件之后，随着美国反恐战争的步步升级，私营安保机构也得到了较快发展，在动荡地区培训当地武装和提供军事咨询服务。⑦

资料5　中国私营安保公司案例

为了进一步适应东南亚海盗治理的新趋势，并增加中国治理外源性非传

---

① See Trafficking in Persons, Especially Women and Children: Note by the Secretory-General, United Nations, 2 August 2013, A/68/256.
② 参见李德模、朱辉、马士宝：《新疆吐尔尕特边检站无人飞行器研发成功》，载《人民公安报》2015年1月15日第8版。
③ 参见王静：《生物识别步入"黄金时代"》，载《中国科学报》2014年5月20日第6版。
④ 参见《移民局：打击跨国犯罪 关卡年杪设瞳孔扫描器》，载《光明日报（马来西亚）》2014年6月30日。
⑤ 参见《多渠道防跨国犯罪，关卡年杪起扫描眼虹膜》，载《南洋商报》2014年7月1日A03版。
⑥ See Workshop 4: Public Contribution to Crime Prevention and Raising Awareness of Criminal Justice—Experiences and Lessons Learned, United Nations, 2 February 2015, A/CONF. 222/13.
⑦ 参见《西方私营安保机构难保安全》，载《兰州日报》2014年7月22日第14版。

统安全问题的能力建设,当务之急便是,通过中国的私营安保公司,在海外尤其是安全局势动荡的地区,保护中国在海外的公民、企业及投资项目的安全。值得一提的是,赵可金与李少杰在《探索中国海外安全治理市场化》一文中,从需求与供给的市场关系模型出发,构建了一个基于供需关系的分析框架,提出了"解释海外安全治理市场化的安全鸿沟视角"。简而言之,该视角可以概括为"公共安全治理机制难以应对迅速扩大的海外安全治理需求,企业和公民只有诉诸市场向私营安保公司购买安全服务"①。

此外,私营安保公司的合法化问题也在推进之中。早在 2000 年,公安部公布施行的《公安部关于保安服务公司规范管理的若干规定》第 11 条就明确规定,保安服务公司不得提供个人人身保安服务。直到 2010 年 1 月 1 日,中国保安服务业第一部行政法规《保安服务管理条例》正式实施,该条例规定,保安服务公司可提供随身护卫服务,国家认可"保镖"身份合法化,公安机关不再经办保安服务公司,如果具备资质,私人投资百万元也可以开保安公司。② 但是,有学者指出,该条例"对保安员的门槛条件设置较低,而且没有针对种类繁多的安保服务建立健全分门别类的资质和执照制度,没有建立信赖调查和身份证明制度,和行业从业保险和第三者责任保险制度"③。

资料6　中国私营安保公司的优势

另据赵可金与李少杰的研究,"中国政府连续出台的几部指导性文件都曾提出使用私营军事安保公司来维护海外安全,但严厉的《枪支管理法》让这些公司在实际从事该行业的时候难以着手"④。此外,"印度尼西亚、马来西亚和新加坡等国家都明令禁止公民和非国家行为体使用武器,因而东南亚很少有类似于西方国家的私人安保公司"⑤。市场上能够提供完备海外安保服务的公司并不多。中国目前有数百家安保公司宣称提供海外安保业务,但真正开展海外业务的不到 20 家。毕竟,国际安保同行的发展历史长,在经验积累、资源掌控等方面优势明显。比如,作为全球最大的私营安保企业,英国 G4S 公司拥有多达 60 万人的员工,服务于境外 100 多个国家的使领馆安全、化学物质处理等敏感领域。⑥

---

① 赵可金、李少杰:《探索中国海外安全治理市场化》,载《世界经济与政治》2015 年第 10 期,第 133、144 页。
② 参见李晶、李容、张华:《中国式保镖》,载《经济观察报》2013 年 9 月 30 日第 1 版。
③ 李卫海:《中国海上航运的安保模式及其法律保障——以应对 21 世纪海上丝路的海盗为例》,载《中国社会科学》2015 年第 6 期,第 146 页。
④ 赵可金、李少杰:《探索中国海外安全治理市场化》,载《世界经济与政治》2015 年第 10 期,第 154 页。
⑤ 邢瑞利、刘艳峰:《东南亚安全治理中的私人安保公司》,载《国际展望》2015 年第 4 期,第 59 页。
⑥ 参见王靖:《民企在海外安保中可发挥更大作用》,载《光明日报》2016 年 4 月 27 日第 2 版。

从私营军事和安保公司的活动来看，目前缺乏有效的监管、问责和监督机制。在国际层面，没有规定国家对私营军事和安保公司的活动进行监管和监测，追究违反人权者的责任，以及为受害者提供有效补救的具体法律义务。由于缺乏最低国际法律标准，所以各国对私营军事和安保公司的监管程度参差不齐且经常不足，往往无法处理私营军事和安保公司的跨国性质问题。① 比如，2007年9月16日，成立10年的美国私营安保机构"黑水"公司在伊拉克执行任务的车队向巴格达市区尼苏尔广场上的人群开枪，打死17名平民。根据伊拉克方面的调查，这些隶属私营机构的安保人员没有受到安全威胁，开枪前也没有按照政府武装执行任务的惯例先行鸣枪示警。② 无独有偶，2016年，制造了美国历史上死亡人数最多的奥兰多枪击案的枪手奥马尔·马丁（Omar Mateen），自2007年以来一直是G4S公司的雇员。

中国政府强调，"国内立法非常重要，但单靠国内立法是不够的，因为许多私营军事和安保公司的活动具有跨界性质"。与此同时，中国"对拟订一项具有法律约束力的国际文书的主张持开放态度，并赞成就制定一个国际规章框架问题展开深入讨论"。③ 凡是引进私营公司提供军事援助、咨询和安保服务的国家应建立国家监管机制，对这些公司进行登记并发放许可，以确保这些私营公司的服务在引进国既不妨碍享受人权，也不侵犯人权。在可以预见的未来，中国可以考虑在中央国家安全委员会内设立一个临时性的专门委员会，并建立专门的咨询机构。该临时委员会也可以由最高决策者直接领导。这样就会具有反应快、层次高、保密性强的优势。④

资料7　亚洲其他跨国犯罪形式

---

① See Summary of the Third Session of the Open-Ended Intergovernmental Working Group to Consider the Possibility of Elaborating an International Regulatory Framework on the Regulation, Monitoring and Oversight of the Activities of Private Military and Security Companies, United Nations, 2 September 2014, A/HRC/WG. 10/3/2.
② 参见《西方私营安保机构难保安全》，载《兰州日报》2014年7月22日第14版。
③ See Report of the Open-Ended Intergovernmental Working Group to Consider the Possibility of Elaborating An International Regulatory Framework on the Regulation, Monitoring and Oversight of the Activities of Private Military and Security Companies on Its Second Session, United Nations, 24 December 2012, A/HRC/22/41.
④ 参见毕雁英：《国家安全立法进展及走向分析》，载刘慧主编：《中国国家安全研究报告（2014）》，社会科学文献出版社2014年版，第149页。

思考题

1. 非传统安全与跨国有组织犯罪的关系是什么?
2. 跨国有组织犯罪的主要形式是什么?
3. 如何借助追查和没收犯罪资产,更有效地打击亚洲的跨国有组织犯罪?

讨论题

1. 从社会安全与人的安全角度来看,未来亚洲的跨国犯罪形式还有哪些?
2. 亚洲各国的司法机关应如何避免跨国犯罪组织利用各国不同执法机制的漏洞?

推荐阅读材料

1. 〔英〕阿兰·柯林斯主编:《当代安全研究(第三版)》,高望来、王荣译,世界知识出版社2016年版。

2. 余潇枫等:《中国非传统安全能力建设:理论、范式与思路》,中国社会科学出版社2013年版。

3. Felia Allum and Stan Gilmour (eds.), *Routledge Handbook of Transnational Organized Crime*, Abingdon, Oxon: Routledge, 2011.

4. Frank G. Madsen, *Transnational Organized Crime*, London and New York: Routledge, 2009.

5. James O. Finckenauer and Ko-lin Chin, *Asian Transnational Organized Crime*, New York: Nova Science Publishers, 2007.

6. Margaret E. Beare, *Transnational Organized Crime*, Farnham, Surrey, England; Burlington, VT: Ashgate, 2013.

7. Mats Berdal and Mónica Serrano (eds.), *Transnational Organized Crime and International Security: Business as Usual?* Boulder, CO: Lynne Rienner Publishers, 2002.

8. Philip Reichel and Jay Albanese (eds.), *Handbook of Transnational Crime and Justice*, Los Angeles, CA: Sage, 2013.

第十章 人口危机：人类将走向灭绝吗

> **导 读**
>
> 　　人口是非传统安全威胁最基础的影响要素，作为全部社会生产行为的基础和主体，一切的社会活动、社会关系、社会现象和社会问题都与人口发展的过程相关，人口问题是直接指向人类自身存续的最重要的非传统安全问题。
>
> 　　根据联合国人口司的预测，到21世纪末，地球上的人口将增至110亿。随着全球变暖，地球陆地面积的缩小，未来将要增加的40亿人口将住在哪里？如何养活他们？我们脆弱的星球是否还能承受这么多的人口？据统计，之前所有统治过地球的生物，比如恐龙，它们在灭绝之前都曾经历过数量的暴涨，最后在极短的时间内走向灭绝。早在20世纪末，一些西方国家的人口就已呈现出负增长的趋势。在21世纪，除了非洲大陆，世界各地的生育率大多在下降，并长期低于2.1的更替水平。那么，人类是否也会像恐龙一样，步入这条"死亡轨道"，一步步地走向灭绝？

第一节　全球人口危机的前世今生

一、全球人口危机的总体概况

在人类诞生后的最初阶段，人口发展得极为缓慢。自公元前3.5万年至公元前3万年，全球仅有数十万人，年均增速仅为0.01%。到了新石器时代，即公元前1万年，由于农业和畜牧业的发展，人口的增长速度有了巨大的改变,由原来的 0.01% 升至 0.04%。① 在很长一段时间内,高出生率、高死亡率、低自然增长率的人口发展模式主宰着人口的增长。公元前 350 年,世界人口约为 1.25 亿人。公元 954 年,世界人口达到 2.5 亿人。到了 1830 年,世界人口达到 10 亿人。直到 20 世纪,全球人口才发生根本性的变化。从 1830 年到 1930 年,世界人口从 10 亿增加到 20 亿,用了 100 年的时间,可是从 1945 年到 1980 年,世界人口却从 22 亿猛增到 45 亿。②

根据联合国的预测,在今后较长的时期内,世界人口将保持上升的趋势,人口总量在 2030 年将上升到 85 亿,2050 年则接近 100 亿。③ 人口学家马尔萨斯(Thomas Robert Malthus)早就指明,人口的增长和粮食的增加不同,人口是以几何级数率增加的,而粮食等生活资料只以算术级数率增加。由于工业发展的落后,整个 20 世纪都沉浸于马尔萨斯"人口爆炸"的噩梦之中。马尔萨斯的观点引发了学界的广泛讨论,将全世界对人口危机的担忧推向了高潮。对人口与经济发展、环境变化的复合、交织的讨论体现了人口危机的非传统安全威胁的本质。

到了 21 世纪,全球人口状况又发生了新的变化,全球人口不仅面临总体规模的持续膨胀,而且在人口结构和人口分布上还呈现出发展不均衡的状况,人口危机的异质性和复杂性凸显。1999 年,世界人口突破了 60 亿大关,与此同时,这一年也被联合国确定为"国际老年人年"。④ 人口学家黑田俊夫高度概括和前瞻了 20 世纪 50 年代以来世界人口的变化发展趋势,把 1950—2050 年这一百年称为"人口世纪",认为这一百年是人类人口发展的分水岭。他指出,前五十年全球人口规模保持高速增长,后五十年全球人口年龄结构迅速老化。综合来看,全球人口的发展既面临着总体人口的增长,又面临着各地区人口发展的不平衡。这种全球人口发展的异质性、复杂性在发达国家与发展中国家有突出表现。

二、发达国家的人口危机

目前,发达国家普遍面临着人口少子化与加速老龄化的双重挑战。在欧

---

① 参见〔日〕吉川洋:《人工智慧时代人口经济的危机和转机》,黄郁婷译,大牌出版社 2017 年版,第 22—23 页。
② 参见张枫:《当代世界人口发展的特点》,载《南方人口》1986 年第 3 期,第 71 页。
③ See United Nations, Department of Economic and Social Affairs, Population Division, World Population Prospects: The 2015 Revision, Key Findings and Advance Tables, Working Paper No. ESA/P/WP. 241, 2015, p. 1.
④ 参见李建新:《中国人口结构问题》,社会科学文献出版社 2009 年版,第 1 页。

洲，英国、意大利、俄罗斯、西班牙等国家的生育率常年保持极低的水平，人口的负增长趋势尤为明显。随着人口的萎缩，西方社会的老龄化问题将越来越严重。

根据联合国经济与社会事务部人口司发布的《世界人口展望2019：重点》，英国2015—2020年的总和生育率仅为1.75。可以说，今天英国的人口增长主要是国际移民的结果。如果没有移民，英国将面临严重的人口负增长。截至2019年1月1日，意大利的出生人数降至44.9万，较2017年下降9000人，创历史新低。死亡人数63.6万，较2017年减少1.3万，人口自然增减数为-18.7万，创历史第二低。① 意大利面临二战后最严重的人口危机。在俄罗斯，人口危机是当前俄罗斯面临的最严重的问题之一。学者们认为，自苏联解体后，俄罗斯政治、经济和社会困难直接导致了人口的减少。1992年是俄罗斯人口史上的重要转折点，俄罗斯的死亡人口超过出生人口，人口不断萎缩。俄罗斯联邦统计局数据显示，1992—2012年，俄罗斯的人口减少了520万。②

在亚洲地区，截至2017年，日本已连续7年出现人口的负增长。2017年，日本出生人口为94.6万人，连续两年低于100万人，刷新了纪录最低值。③ 根据联合国的预测，日本的人口规模将会继续下降，到2050年，总人口将降至1.06亿人。④ 其他的亚洲国家如韩国，也将迎来人口的负增长。据统计，韩国人口将由目前的5200万人小幅增长到2028年的5223万人，此后不断减少，2067年将减至3900万人。⑤ 由布鲁金斯学会引用的韩国国民议会委托进行的一项2014年研究发现，如果韩国的生育率维持在1.19，那么韩国人将在2750年"面临自然灭绝"。⑥

另外，相比发展中国家，随着少子化程度的加深，发达国家较早地受到

---

① 参见《意大利人口6039.1万，出生人数创历史新低》，http：//it. mofcom. gov. cn/article/jmxw/201902/20190202833884. shtml，2019年2月12日访问。
② 参见曹妍：《综述：俄罗斯人口计划初显成效》，http：//www. chinanews. com/gj/2012/12-14/4410509. shtml，2019年2月12日访问。
③ 参见孙嘉璐编译：《2017年日本出生人口94万6060人 连续两年低于100万人》，http：//japan. people. com. cn/n1/2018/0604/c35421-30033553. html，2019年2月12日访问。
④ See United Nations, Department of Economic and Social Affairs, Population Division, World Population Prospects 2019: Data Booklet, ST/ESA/SER. A/424, 2019, p. 17.
⑤ 参见《统计：韩国人口将从2028年起负增长》，https：//cn. yna. co. kr/view/ACK20190902002500881，2019年9月2日访问。
⑥ 参见《韩国生育率再将新低 继续发展"面临自然灭绝"》https：//new. qq. com/omn/20181220/20181220A07WP1. html，2019年9月2日访问。

了人口老龄化①的冲击。按照国际标准，1865年，法国成为世界上第一个进入老龄化的国家，瑞典、英国、美国、日本紧随其后。② 其中，日本是高龄化速度最快的国家。日本早在2010年就率先进入了人口"超老龄化"时期，预计到2050年，日本65岁及以上人口占比将升至37.8%。③ 随着医疗技术的不断进步和预期寿命的增长，在日本之后，美国、德国等发达国家也将相继进入人口超老龄化、超高龄化阶段。

三、发展中国家的人口危机

在发达国家，我们看到的是少子化与高龄化，而在发展中国家，我们看到的是人口数量的持续增长。除中国外，不少发展中国家还处在二战后以来的人口"爆炸式"增长的阶段，全球人口的持续增加主要是靠发展中国家带动的。未来，在全球范围内，发展中国家的人口占比将不断上升。据相关预测分析，到2050年，中国的人口将减少约6000万，劳动年龄人口也将减少1/3，降至2.21亿，也同发达国家一样面临着人口负增长的问题。但与此同时，中国的老龄化还异常严重。到2050年，中国的老年人口预计将达到3.488亿，大约相当于日本、埃及、德国和澳大利亚四国人口的总和。④ 在未来，中国"渐富快老"的社会发展形态渐趋明显。

发达国家尚且还在费尽心力思索如何促使人们生育孩子，而非洲大陆却是另外一番光景——非洲国家大多还处在如何控制人口过快增长的阶段。根据联合国的统计数据，全球每年的新增人口数量将基本维持在8300万，并且越来越多的新生人口来自非洲。目前，非洲的人口数量正在迅速增长。预计到2050年，非洲大陆的人口将会在现有的11亿人基础上翻番。到21世纪末时，在全球新增的40亿人口中，大约30多亿都将来自于非洲。⑤ 比如，在埃

---

① 人口老龄化是指一个国家60岁及以上的人口在总人口中的占比超过10%，或是65岁及以上人口的占比超过7%。而当65岁及以上人口的占比达到14%时，该国就已经进入了"深度老龄化"时期；若是60岁及以上人口的占比达到21%，或是65岁及以上人口的占比达到15%，则是进入了"超老龄化"时期。
② 参见潘屹：《社区综合养老服务体系建设：挑战、问题与对策》，载《探索》2015年第4期，第70—71页。
③ See Hitoshi Saito, The Effects of Population Ageing on Public Education in Japan: A Reinterpretation Using Micro Data, https://mpra.ub.uni-muenchen.de/79848/1/MPRA_paper_79848.pdf, visited on 2019-09-02.
④ 参见殷欣编译：《港媒称中国劳动人口将剧降：到2050年减少一个巴西》，http://www.cankaoxiaoxi.com/china/20161208/1498703.shtml，2019年2月12日访问。
⑤ 参见何书静：《盖茨：人口增长向非洲转移 如何避免多数人类生而贫困》，http://international.caixin.com/2018-09-19/101327944.html，2019年2月12日访问。

及,每15秒就有一个婴儿出生。① 肯尼亚是东非地区生育率最低的国家,平均每个家庭只有3.65个孩子,虽然肯尼亚的生育率是东非的最低水平,但也远高于2.1的生育更替水平。②

非洲是世界上最贫困的地区之一,据估计,到2050年,86%的极端贫困人口来自撒哈拉以南的非洲地区,而40%以上的极端贫困人口将集中于刚果(金)与尼日利亚这两个国家。③ 对于非洲而言,如何安置庞大的新增贫困人口、如何反贫困将成为重大难题。

第二节 人口危机"祸福相依"?

人口危机是非传统安全威胁复杂、交织的重大典型,谈人口问题离不开对环境、经济等论题的讨论。马尔萨斯后,越来越多的学者将人口数量的迅速增加与经济增长、生态环境的保护等问题联系在了一起。以保罗·艾里奇(Paul Ehrlich)、学术团体"罗马俱乐部"等为代表的人口悲观论者提出了人口爆炸说、人口压力说、增长极限论、最后资源说;朱利安·西蒙(Julian Simon)、盖尔·约翰逊(Gale Johnson)等人从人口红利出发,形成了乐观主义人口经济理论;20世纪80年代中期,以美国国家科学院"人口增长与经济发展"课题小组为代表的中性论者,提出了人口增长对经济发展没有显著影响的观点。

20世纪以来,人类社会就在集中应对人口数量的爆发式增长。而到了21世纪,人类社会的人口危机倒转了,越来越多的国家出现了人口萎缩。与此同时,人口结构的老龄化、高龄化程度也在日益加深。当下,全球正在经历一场规模浩大的"人口转折"。人口危机会危害人口系统自身的发展,同时通过人类的活动,人口系统还会对其他系统造成影响。在全球人口危机不断爆发的时期,人口的数量与结构变化会引发哪些非传统安全危机?人类又当如何应对?

---

① 参见王惠:《埃及人口逼近一亿大关,计划生育能否奏效?》,http://www.sohu.com/a/302216566_115479,2019年2月12日访问。
② 参见《肯尼亚生育率为东非最低,平均每个家庭3.65个孩子》,http://www.mofcom.gov.cn/article/i/jyjl/k/201811/20181102808922.shtml,2019年2月12日访问。
③ 参见《2018目标守卫者报告:贫困是否是一种必然?》,https://gongyi.ifeng.com/a/20180919/45173325_0.shtml,2019年2月12日访问。

一、人口塌陷与经济衰退

根据联合国的预测，全球人口的快速增长将在21世纪中叶到达顶峰，此后步入缓慢增长的时期。从长远来看，全球的人口数量衰退是大趋势。从理论逻辑上分析，伴随着不断加剧的老龄化、少子化，人类社会势必会面临经济增长的困难。但其实，对于"人口塌陷是否必然造成经济衰退"这一问题，我们的答案并不是特别明确。

出生人口的减少必然会造成劳动力规模的萎缩，而"人口塌陷会造成经济衰退"的论断正是建立在劳动力会促进经济增长这一基础之上。这也是许多人口减少悲观主义者的观点，他们普遍认为劳动力人口的减少意味着经济增长的无望。在当今时代，随着人工智能的发展，我们发现，经济的增长量更多地与人口的智力状况联系在了一起。这个时代的经济发展正在进入由人口数量到人口素质转变的时代，也许经济增长与人类的健康状况也应受到重视。

从人口素质来看，人口是作为劳动力而存在的，因此，劳动力的素质高低直接影响着生产率的高低。第一，人口的身体素质是人类生存所必须满足的首要要求，每个个体的身体健康状况不仅影响到其自身的生存，同时影响到整个社会的生存。第二，人口文化素质在促进经济发展上更具有举足轻重的作用，随着科技的发展、社会的进步，生产的科技化程度越来越高，必须有适应现代生产力发展要求的劳动力来实现其发展。以前单纯靠增加劳动力数量进行扩大再生产的方式早已被时代淘汰，只有依靠劳动力受教育程度和文化素质的提高，才能从根本上实现经济的持续快速发展，单以人口数量论经济增长是片面的。

二、结构剧变与财政危机

全球人口不仅在以令人担忧的速度保持下降，各个国家老龄化的程度也不断加深。包括中国、日本、韩国、俄罗斯等在内的国家越来越受到人口负增长和老龄化的困扰。生育率的下降和寿命的延长意味着全球人口越来越"老"，在2020年左右，全球65岁及以上的老年人口数量将远远超过5岁以下的孩童数量。在伴随着少子化的高速老龄化社会，年轻人的压力将越来越大。

人口结构的老化，即人口老龄化和老年抚养比的提高对经济的影响是多方面的，包括劳动力供给、劳动生产率、公共财政、消费需求结构和储蓄等。① 老龄化造成的最直接的后果是社会抚养负担的加重。其中，老龄化对于公共财政的冲击最为明显。一方面，随着大规模的人口老化，社会保障的给付金额将不断膨胀，财政缺口可能将进一步扩大；另一方面，人口生育率的低迷、劳动人口的减少使公共财政的财源缩水从而给国家的财政带来巨大压力。

随着人口形势的变化，各国所面临的财政压力存在着一定的差异。日本是老龄化速度最快的国家，同时日本的财政赤字率也位居全球首位。如今，养老已成为日本财政日益沉重的负担。日本政府的财政赤字总额已达国内生产总值的两倍，居发达国家之首。2016 年，日本社会保障预算同比增长了 1.4%，约占整个财政预算总额的 1/3，增加部分主要用于高龄老人的退休金和医疗费。②

根据《世界人口展望 2019：要点》，老年抚养比在全球范围内普遍下降，但日本的比率之低尤为突出，平均每 1.8 名 25—64 岁的日本人需要负担 1 名 65 岁及以上老人。可以说，日本是全球养老负担最重的国家。③

与此同时，也有人认为，老龄化的"老"需要重新定义。另外，人口老龄化和预期寿命的延长不仅会增加社会储蓄，还会带来"第二个人口红利"。

三、环境保护与乐观主义

生态环境是人类社会经济文化发展的基础和载体，随着人口激增和消费水平的提高，人类对自然资源的需求越来越大。目前，只有地球上有适合人类生存的条件，而地球的空间和资源是有限的，面对世界人口快速增长的事实，人类不得不面对人口增长与环境承载的问题。适度人口理论认为，一个地域的环境承载能力是有限的，人口的过快、过量增长会对自然资源造成致命的冲突，从而造成"马尔萨斯灾难"。随着人口的过度增长，人类的经济发展要求对环境造成的冲击和压力越来越大。毁林开荒、围湖造田等一系列举措导致对资源环境的过度开发和利用，远远超过了环境的再生速度。同时，人类社会产生的垃圾和废弃物不断地加重环境的污染程度，远远超过了环境的自净能力。人类这一系列的行为最终会导致粮食短缺、资源匮乏、环境污

---

① 参见李建民：《中国的人口新常态与经济新常态》，载《人口研究》2015 年第 1 期，第 7 页。
② 参见《发达国家养老不便宜》，载《人民日报》2016 年 2 月 19 日第 23 版。
③ See United Nations, Department of Economic and Social Affairs, Population Division, World Population Prospects 2019: Highlights, ST/ESA/SER. A/423, 2019, p. 20.

染等问题,最终造成经济的衰退。

环境保护主义者对全球人口的减少保持着乐观的态度。环境保护主义者认为人口的持续增长是一个全球性威胁,人口的减少能够减轻自然环境的承载压力,对于人类社会的长远发展极其有利。2017年,联合国指出,全球有14%的国家人口在下降,到2050年时,32%的国家人口将萎缩,而人口的减少将带来良好的社会效益。①

但是,生态环境恶化的原因不是人口增长过快,人口数量过多,更为根本的是人口、资源、环境三者如何协调发展的问题。简言之,环境问题的本质是发展问题。因此,研究人口发展与社会经济系统、资源环境系统如何达到系统间的平衡,如何使各个方面达到相互适应的最佳状态,应当成为研究人口与环境关系问题的核心。

第三节 人口危机与国际应对

资料1 祛魅人口决定论迷思

众所周知,随着年龄的增大,人体的机能将会下降,人口的老龄化、高龄化也就意味着老年人带病生存期的延长。在少子化和深度老龄化的趋势下,谁来赡养数量日益庞大的老年人口?如何让老年人的晚年生活更加幸福?世界银行指出,随着老年人口数量的增加、寿命的延长以及老年人个体机能的衰退,健康与照护问题逐渐成为老年人和社会面临的主要威胁。面对少子化与老龄化这一难题,西方许多国家都采取了系列措施。

一、接收移民

因为劳动力人口的进一步萎缩,许多发达国家不得不依靠引进外来移民填补劳动力缺口。为了吸引外来的年轻劳动力,多数欧洲国家实行了宽松的移民政策。如今,法国近1/4的人口都是外来移民。但是,从现实情况来看,欧洲多是单一民族的国家,由于受"9·11"事件以及中东地区的战争、国际金融危机的影响,众多欧美国家的经济、政治局势发生了变化,由于大规模地接收移民,西方社会双源性的非传统安全威胁,特别是由移民引发的民族间的冲突、矛盾开始凸显出来。

首先,通过引进移民,西方经济萎靡不振的情况似乎没有得到缓解。近

---

① 参见《人口老龄化和减少可能具有社会经济和环境效益》,https://www.cnpension.net/gjzx/36235.html,2019年9月2日访问。

年来，欧洲的失业率居高不下，仍然处在11%的超高水平。[1] 由于缺乏高技术人才，德国有近一半的企业出现了"用工荒"的情况。大多数的外来移民劳动技能低下，并不能解决各国的燃眉之急，甚至还引发了欧洲大陆的"失业恐慌"。

其次，移民加剧了欧洲大陆的不稳定。2013年，流向西班牙的移民人数出现了下降，但同年，有近70万的移民涌向德国，几乎是2009年的两倍。移民在各国之间的流动不仅影响了欧盟及其成员国政治、经济、文化、社会的安全与稳定，而且还在一定程度上阻碍了欧洲一体化的纵深发展。

最后，由于价值观念的差异，规模庞大的移民潮引发了西方社会的"伊斯兰恐惧症"。欧洲的外来移民多属信仰伊斯兰教的民族，由于缺乏生产技能、失业频发，这些移民大多无法融入西方社会。移民，不仅没有挽救欧洲国家的经济衰退，还大大加重了各国的负担。由移民引发的社会融入问题，日益成为欧洲各国共同面对的重大难题。由此，不少欧洲国家开始加大边检力度，逐步收紧移民政策，对移民设置各种障碍，进行"堵"。但从实施的效果来看，通过"堵"来控制移民流入的手段并没有从根本上解决问题，反而还促使问题向多源/元性非传统安全威胁的转化。

二、鼓励生育

缓解老龄化冲击的最根本手段是提高生育率。法国是较早意识到生育危机的欧洲国家。一战时，法国的生育率一度低于1.2，引起了法国政府的重视。一战后，法国的生育率有所回升，但是二战的爆发又将刚刚"回暖"的生育率拉到最低。

为了鼓励生育，自1939年起，法国通过财政补贴降低生育成本以鼓励妇女生育。在法国，对于妇女从怀孕到孩子出生期间的相关医疗费用，法国政府给予100%的报销额度。在家庭津贴上，拥有子女数越多的家庭享受的福利越多。例如，有两名受抚养子女的家庭，每月可领131.2欧元的津贴；有三名受抚养子女的家庭，每月可享受299.2欧元的津贴；四个及以上孩子的家庭享受的津贴数额更多，每月高达467.2欧元。法国政府为鼓励生育，每年相关的财政支出高达830亿欧元，占国内生产总值的5%。2016年，法国的生育率为

---

[1] 参见夏茂盛：《欧洲失业率仍居高不下》，载《光明日报》2014年5月4日第8版。

1.9，排名欧洲第一。①

法国的模式有其自身的特点，但是，我们发现，法国生育率的回升更多的是来自移民而来的信仰伊斯兰教的民族，而非本土民族。据皮尤研究中心测算，2016 年，法国穆斯林人口已达法国总人口的 8.8%；2050 年法国穆斯林人口将达 17%。2015—2020 年，法国穆斯林妇女的生育率高达 2.9，平均每个穆斯林妇女比非穆斯林妇女多生 1 个孩子。② 由于人口结构的年轻化和人口的高增长，穆斯林人口正在成为法国人口增长的重要组成部分。其他欧洲国家，如瑞典、英国、比利时、荷兰、意大利、丹麦、挪威、芬兰、德国，都面临同样的人口发展趋势。

俄罗斯、日本也实行了一系列鼓励生育的政策。在妇女个人福利方面，在生育前后，俄罗斯和日本妇女都能享受带薪休假；在社会照料方面，日本加强经济补贴，大力发展保育园和幼儿园，配备专业的育儿师，政府承担 50% 以上的费用，家庭根据自身的收入状况负担 20% 左右的费用；在妊娠终止方面，俄罗斯限制中晚期堕胎。尽管如此，俄罗斯和日本的人口状况还是不容乐观。根据俄罗斯国家统计局的数据，2017 年，俄罗斯仅有 169 万新出生人口，创十年来最低纪录，而死亡人口却高达 182 万。③ 日本鼓励生育的投入与回报也不成正比，鼓励生育收效甚微，财政赤字愈发严重，日本近几年的生育率维持在 1.4 上下。

三、互助养老

西方国家较早地进入老龄化社会。为缓解养老压力，在不断完善社会保障体系的同时，西方国家对于老年人的养老需求进行了积极的探索和实践，逐渐发展出各式各样的互助式养老模式。其中，德国的"多代居"模式、美国的"村庄模式"和"时间银行"最具代表性。

2015 年，选择居家养老的德国老人高达 69%。④ 而与此同时，成年子女

---

① 参见《为国生娃！法国鼓励生育坚持 60 年，每年补贴 830 亿欧元……》，http://www.sohu.com/a/245776266_719349，2019 年 1 月 4 日访问。

② See Pew Research Center, Europe's Growing Muslim Population, https://www.pewforum.org/2017/11/29/europes-growing-muslim-population/, visited on 2019-09-02.

③ 参见刘秀玲：《普京都坐不住了！俄新出生人口数降至十年最低》，http://www.xinhuanet.com//world/2018-01/31/c_129802133.htm，2019 年 2 月 12 日访问。

④ See Melanie Luppa, et al., Prediction of Institutionalization in the Elderly: A Systematic Review, *Age and Ageing*, Vol. 39, No. 1, 2009, pp. 31-38.

几乎都与父母分开居住。2013 年，德国老年人单代居住的比例高达 93.4%。①自 20 世纪 80 年代起，德国就已经注意到了家庭发展的倾向，开始建设住宅型多代屋，帮助养老服务由家庭提供向社区提供的转变。在德国，"多代居"模式逐渐分化为"公寓式多代居"模式和"家庭式多代居"模式，两种模式分别由社区中的和家庭中的老人组成养老共同体。到 2009 年，在德国登记的"多代居"达 500 多个。无论是哪种模式，德国的"多代居"都是依靠老年群体的互帮互助来减轻社会的养老照护压力。

美国的"村庄"养老模式起源于 2001 年成立的志愿者组织——"比肯山村庄"（Beacon Hill Village）。"村庄"模式由会员交会费和捐赠的形式运转。会员一方面担任管理者，另一方面又充当志愿者，通过会员之间的志愿服务满足会员的养老需求。村庄会员的缴费水平根据各村庄和会员的类型而定。除此之外，"时间银行"养老模式最早也由美国提出。"时间银行"倡导建立互助互惠、分享价值的社会养老模式，鼓励人们在有能力照顾老人时把时间"存"起来，等将来自己老了需要照顾时，再把时间"取"出来使用。据报道，目前北美、欧洲和亚洲已有 23 个国家和地区的 300 多个社区尝试了"时间银行"模式。②

"时间银行"的交换机制建立在爱、分享、互惠的基础上，将人们紧密联系在了一起。但是，"时间银行"最活跃的服务者一般都是六七十岁的老人，"时间银行"只能提供陪伴和一些基础服务，无法承担专业照护。这也是"多代居"模式和"村庄"模式可能会遇到的难题。到 2050 年，二战后的"婴儿潮"一代都将达到 85 岁的高龄。照顾高龄老人，世界各国和地区都需要更多地考虑医疗方面的问题。现有种类繁多的互助养老模式只能稍微缓解养老的压力，并不是根本之计。

资料2　牛津大学人口专家：我们正面临人口"完美风暴"

第四节　"渐富快老"与中国治理

2013 年，中国出台"单独二胎"政策，引发全球热议。为了抑制人口过快增长的势头，自 20 世纪 70 年代起，中国开始实行计划生育。由于独生子女政策的推行，中国的人口金字塔逐渐呈现出危险的倒三角形状。金字塔底部

---

① 参见彭伊侬、周素红：《行动者网络视角下的住宅型多代屋社区治理机制分析——以德国科隆市利多多代屋为例》，载《国际城市规划》2018 年第 2 期，第 75 页。
② 参见袁野：《用"时间银行"养老，看上去很美》，载《青年参考》2018 年 8 月 1 日第 3 版。

的严重萎缩意味着,每一个年轻人在供养自己父母的同时,还要供养四个(外)祖父母,且可能还要养育一两个孩子。中国的年轻人重负在肩,中国的社会经济发展压力倍增。有人指出,中国是世界上老年人口最多的国家,随着生育率的逐渐走低,人口危机将首先冲击中国。作为世界第一人口大国,中国的现实情况如何?人口未来发展的趋势如何?中国又是如何应对的?

一、"渐富快老":中国人口的发展特质

世界上的多数国家都正在经历人口老龄化,但中国的压力似乎更大。目前,中国人口过快增长的趋势已得到根本扭转,但是人口的结构性矛盾异常突出。中国人口所面临的最大挑战就是人口发展的不均衡。截至 2017 年年底,中国 60 岁及以上的老年人口达 2.4 亿人,老龄化率高达 17.3%,距离"超老龄化"越来越近。① 中国的人口现实是,劳动年龄人口②将在未来数年内大幅减少。对于中国而言,21 世纪上半叶最大的人口危机是"渐富快老"。

在国际上,"人口红利"是指一个国家的劳动年龄人口占总人口比重较大,社会抚养比低。随着老龄化的日益加剧,中国"人口红利"的消失是既有事实。2012 年,中国劳动年龄人口首次出现下降,截至 2017 年,中国的劳动年龄人口连续六年都在减少,减少总量达 2500 万。③ 大约到 2030 年,中国人口将进入加速老化期,"人口红利"将逐渐弱化,甚至还将出现劳动年龄人口负增长的情况。自 2015 年实行"全面二孩"以来,中国人口出现了短暂而有限的"堆积反弹"。中国难以逆转低生育趋势。甚至还有人预言,在经历补偿性反弹后,中国人口将进入雪崩式下滑。2017 年,中国的出生人口比上一年还低,其主要原因是"一孩"出生数量的大幅下降。中国的人口发展现状与独生子女政策是紧密相连的,人们的生育观念也不是靠政策鼓励一朝就能改变的。在短期内,"全面二孩"政策不足以扭转当前中国的人口形势,老龄化是中国必须经历的阶段,未来,中国人口的老龄化、高龄化、长寿化特征将会越发明显。

纵观各国的状况,中国的老龄化的确呈现出高速、高龄、与经济发展水

---

① 参见罗争光:《我国 60 岁及以上老年人口数量达 2.41 亿 占总人口 17.3%》,http://www.xinhuanet.com/2018-02/26/c_1122456862.htm,2019 年 1 月 4 日访问。
② 在国际上,一般把 15—64 岁列为劳动年龄人口,中国规定 16—60 岁的男子、16—55 岁的女子为劳动年龄人口。
③ 参见穆光宗:《大转折时代的中国人口:危机与出路》,http://www.cnpop.org/column/mgz/201902/00006190.html,2019 年 1 月 4 日访问。

平存在巨大反差的"渐富快老"特质。首先，相比全球老龄化程度最严重的日本，中国人口基数庞大，老年人口增速更快，养老、医疗卫生面临的压力更大。其次，许多发达国家在变"老"前，经济发展已经进入了富裕水平，而中国的人均收入水平在国际上仍然属于"未富"的阶段，要负担规模庞大的老年群体，中国在经济发展上还需加足马力。根据2015年"第四次中国城乡老年人生活状况抽样调查"和《2015年国民经济和社会发展统计公报》，中国60岁及以上老人的失能发生率为4%，全国的失能老人接近888万人。面对劳动力人口的日益减少与人口的高龄化，中国要负担的不仅是老年人，还有相当一部分丧失自理能力、生活需要他人照料的老人。可以说，中国所面临的养老挑战前所未有。面对如此重担，中国这个"中等收入国家"到底该如何应对？

二、"长期护理保险"与中国经验

由于历史人口基数大，出生人口相对较少，中国仅用了18年就进入老龄化社会。① 近些年来，中国的人均预期寿命也在延长，养老压力巨大。2016—2017年，中国居民人均预期寿命从76.5岁提升至76.7岁。② 从国际上看，中国人口的平均预期寿命明显高于世界平均水平。根据十八大报告的要求，要适应人口和经济社会发展新形势，促进人口长期均衡发展。尽管中国已经逐渐放松了生育政策，但人口是社会发展的慢变量，观察总和生育率、社会抚养比、劳动力和预期寿命的变化需要15—20年的时间，短期之内，中国老龄化的现实难以改变，我们需要未雨绸缪，早做研究。

十九大以来，中国提出："实施健康中国战略"，主张为全国人民提供全方位全生命周期的健康服务——覆盖每个人从生到死全生命周期，涵盖预防、急病、慢病、康复、养老等公平可及、系统连续的健康服务。构建长期护理保险制度是贯彻实施健康中国战略要求的现实路径。

在国外，"长期护理保险"被称为继养老、医疗、失业、工伤、生育之后的第六大保险。自20世纪70年代起，一些西方国家开始了对长期护理保险的探索，逐渐形成了各国的特色：日本以社会保险为主，美国以商业保险为主，德国强调社会保险与强制商业保险的结合。中国对于长期护理保险的探索较

---

① 参见李瑶：《中国老龄化速度惊人：18年走完发达国家一百多年进程》，http：//www.cncaprc.gov.cn/contents/16/10469.html，2019年1月4日访问。
② 参见白剑峰：《中国居民人均预期寿命达76.7岁》，http：//www.xinhuanet.com/politics/2018-06/13/c_1122976888.htm，2019年1月4日访问。

晚,由于经济发展水平有限,中国的长期护理保险优先考虑长期护理的核心需求,由政府承担最主要的责任,首先解决医疗护理方面的难题。

在中国,长期护理保险是为那些因年老、疾病、伤残而丧失自理能力的失能失智人士提供基本生活照料与医疗护理的一项社会保障制度。目前,中国的长期护理保险制度还处于"碎片化"探索的试点阶段。2016年,中国在15个城市开展长期护理保险制度试点工作,效果显著。据人社部统计,试点工作仅实行一年就有超过3800万参保人受益,合规长期护理费用的支付水平达到70%,极大地减轻了失能老人的家庭负担。①

2012年,青岛在全国率先实施了长期护理保险制度的探索,创造性地通过医疗保险基金划拨的方式解决失能和半失能老人的长期护理需求。在政府的主导下,青岛长期医疗护理保险制度结合市场这只"看不见的手",探索出"专护""院护""家护"和"巡护"四种护理模式。七年来,青岛一直在完善长期护理保险的制度建设。2015年,该制度的覆盖范围扩大到农村;2017年,该制度又将重度失智老人纳入覆盖体系;2018年,青岛将60项技术性较强及家庭照料者不能独立完成的居家照护服务项目纳入保障范围,不断丰富服务体系,并逐渐形成了"全人全责"式的新型护理保险制度,为失能失智老人提供"医、养、康、护、防"的整合式照护服务。

中国的长期护理保险制度综合考虑供给侧与需求侧,在应对老龄化、提高老年人生活质量方面发挥了关键作用。以青岛为例,截至2018年7月,青岛享受护理保障待遇的有近6万失能失智人员。其中,老人的平均年龄为83.1岁,平均护理天数为822天/人,人均费用为77.6元/天,人均个人负担8.3元。青岛的长期护理保险制度实施效果十分显著,改变了过去"养老机构不能医、医院不能养、家庭无力护"的困境。②

三、"一带一路":走出"低生育率陷阱"

中国正在经历由"中国制造"到"中国智造"转型的关键时期。近年来,机器人科学和人工智能技术的发展极大地促进了生产效率的提高,这给中国的养老保障带来了无限的发展机遇。随着"人口红利"的逐渐消失,众多的中国企业必然要全面转型升级。但是,在当下看来,人工智能方兴未艾,在

---

① 参见何源:《人社部表示将逐渐扩大长期护理保险试点》,http://china.cnr.cn/news/20171106/t20171106_524013200.shtml,2019年1月4日访问。
② 参见张萍:《国内首部! 青岛长期护理保险蓝皮书发布 累计支出15亿》,http://news.qingdaonews.com/qingdao/2018-12/11/content_20256838.htm,2019年1月4日访问。

新一轮的科技变革到来之前，中国如何承受巨大的养老压力？相比前几代人，中国90后人口数量出现了断崖式减少，少子化已经严重危及中国的可持续发展能力，在"人口红利"结束后，中国该怎么办？

从全球范围来看，因为人口、资源、技术的差异，地区之间的发展极其不平衡。发达国家技术先进，但劳动力匮乏；发展中国家资源较为丰富，但却存在大量的剩余劳动力。根据人口推拉理论，因为区域发展的差异，数量众多的移民都会流向发达国家。从这个角度来看，促进区域的均衡发展成为破解欧洲难民危机的根本。

"一带一路"倡议传承了中华传统"合"与"共"的发展智慧，提倡所有人参与，所有人受益，是全球治理嵌入式多边主义的创新应用。对于中国而言，在少子化日趋严重、人口老龄化提速的今天，与"一带一路"沿线国家合作开发劳动力，推动地区之间人口、经济、社会各方面的均衡发展，能够帮助各国实现优势互补。除此之外，随着人口流动强度和频度的提升，"一带一路"能够助推从追求GDP向GNP的转变，能让广大人民群众真真切切感受到社会经济发展的成果，切实保障国家安全和社会稳定。

当前，以西方为主导的攫取型全球化发展模式日渐步入困境，全球的经济发展停滞不前，全球的经济格局需要进行调整。对于"一带一路"倡议而言，国与国之间的不再是"中心—边缘"格局，而是一种相互依赖的经济关系。"一带一路"倡议的实质是一场打破"零和"规则的双赢游戏，是推动全球经济增长的新动能。从均衡发展的理论看，只有周边国家繁荣发展，中国才能真正地繁荣发展；只有周边道路通畅，中国才能更顺利地走向世界。

从微观层面来看，各国的人口发展情况不一，发达国家老龄化程度严重，多数发展中国家还处于人口发展的"黄金时期"，全球都不同程度地出现了人口结构失衡问题。通过对西方国家的考察，我们更加坚信，仅靠一国的内部政策是难以改变全球少子化、老龄化的发展大势的，只有推动全球治理体系更加平衡，更多地考虑大多数发展中国家的诉求，人类社会才能走出人口危机的漩涡。

资料3　青岛市创新实施"全人全责"长期护理保险制度

> **思考题**
>
> 1. 全球人口塌陷与结构剧变是福是祸？
> 2. 西方国家是如何应对人口危机的？如何评价？
> 3. 什么是人口活动的强度与频度？

> **讨论题**
>
> 1. 如何客观地看待中国当下的人口危机?
> 2. 从非传统安全公共治理的角度来看,青岛对长期护理保险制度的探索与实践的独特贡献是什么?

> **推荐阅读材料**
>
> 1. 〔日〕黑田俊夫:《人口爆炸的新阶段和21世纪》,载《南京人口管理干部学院学报》2002年第4期,第23—27页。
> 2. Danny Dorling, *Population 10 Billion: The Coming Demographic Crisis and How to Survive It*, London: Constable, 2013.
> 3. 米红、叶放:《基于人口、资源、环境约束的人口发展战略规划研究:以嘉兴市为例》,浙江大学出版社2011年版。

第十一章 能源安全危机：生存性焦虑

> **导 读**
>
> 石油、天然气等能源资源不仅是普通的商品，而且是重要的战略资源；既是人类社会发展的物质基础，又是国家力量的重要载体和全球政治的重要变量。当代国际能源体系形成以来，能源安全总是与国际政治斗争、全球战略利益争夺、地区与国家关系、国内政治甚至社会意识形态、民族宗教冲突如影随形。从经济活动、政治决策、国家安全到国家战略乃至国际关系，能源特别是石油的独特价值和政治属性无处不在。过去百余年里，能源安全问题深刻影响着国际关系，在未来相当长一段时期内它仍将对全球政治与国际关系产生重大影响。当前，中国已发展成为世界第一大能源消费国与第一大石油进口国，国家能源安全面临一系列严峻形势和重大问题的挑战。

资料1 能源需求暴涨对能源安全的影响

第一节 能源危机的历史与能源安全概念的演进

"能源安全"是一个综合、复杂而又广泛的概念，其内涵和外延极其丰富，既与既定时空范围内特定国家的碳氢化合物资源（油气）供应基础、供应多元化和能源消费结构有关，又与能源投资和基础设施建设相互联系；既是经济问题，又是环境、政治、外交和军事问题；既有国内政策含义，又有国外政策含义。因此，国家能源安全战略与政策也是一项综合、复杂而又广泛的系统工程。从西方国家的经验来看，对能源安全本质特征的正确理解和分析，是国家能源安全战略建构的内在前提和理论基础，因为"错误定义能源安全对国家经济和政治战略都是致命的"①。为了更好地理解能源安全这一相对复杂的概念,我们不妨从能源安全的对立面,即能源危机的发展入手,来探讨能源安全概念的演进过程。

一、第一阶段:传统安全框架下的能源安全问题

与一般的认识不同,能源危机并不是人类社会在石油与天然气时代才出现的现象。早在17世纪,因森林资源的严重退化,尚处于柴薪时代的英国便曾出现过严重的能源危机。当时,在英国的部分地区,木柴已经成为普通百姓无法负担的奢侈品,甚至经常发生贫困居民因为缺乏取暖燃料而被冻死的现象。②不过,由于那时的能源资源尚属于一种普通商品,能源短缺主要被当成一个纯经济问题看待。与之相应,能源安全也未成为国际政治的重要议题。

学界普遍认为,能源资源由普通商品上升到战略资源的进程始于一战前夕。1911年,温斯顿·丘吉尔(Winston Churchill)受命担任英国海军第一大臣。全力推进海军改革以应对未来与德国可能的战争成为他在任期间的主要工作。丘吉尔面临的主要问题之一就是,是否将英国海军舰艇的燃料由煤炭改为石油。由于内燃机技术的快速发展,其相对于蒸汽机的优势已经愈发明显。如果将燃料改为石油,海军舰艇相较于对手将拥有更大的续航能力与更高的航速,在作战中将获得巨大优势。不过,将海军舰艇燃料改为石油的缺点也是显而易见的。相较于煤炭,石油在世界的分布相对集中,而当时英国并未发现充足的储量。一旦海军舰艇的燃料改为石油,英国的国防安全便不再依赖安全可靠的威尔士煤,而需要寄托于遥远的波斯石油。丘吉尔本人也承认这一改革确实会"招来无限的麻烦"。不过,在权衡利弊后,丘吉尔最终力排众议,决定对海军进行燃料改革。1911年5月,英波石油公司与英国政府签订了两份合同:英国政府向英波石油公司投入200万英镑资金,持有公司51%的股份;公司今后20年内向海军部供应4000万桶燃料油。就这样,英国海军在1911年夏天和石油完全结合在一起了,而石油也在英国的国防建设中占据了不可替代的重要角色。从此之后,石油便成了极为重要的战略商品。③

---

① Amory B. Lovins and L. Hunter Lovins, Rethinking Energy Security, Rocky Mountain Institute, 2001.
② 参见潘荣成:《近代早期英国能源转型及其启示》,载《理论月刊》2016年第2期,第178页。
③ 参见〔美〕丹尼尔·耶金:《石油大博弈(上)》,艾平等译,中信出版社2008年版,第111页。

在一战中，石油开始成为左右战局的重要因素，同时也成为一些国家制订军事计划的核心。其中，德国对罗马尼亚发动进攻的主要战略目的就是控制该地区的石油资源，而该地区也成为一战中德国飞机、海军舰艇与坦克部队所能依赖的唯一产油地。英国为了保障来自俄国巴库地区的石油供给发动了达达尼尔海峡战役，但以失败告终。1917年年底，法国的石油供应出现了严重短缺。在写给美国总统威尔逊（Thomas Wilson）的信中，时任法国总理克列孟梭（Georges Glemenceau）坦诚："如果不能及时供给石油，我们的军队就会立即瘫痪，这将迫使我们在不利的条件下媾和。"法国最终通过美国标准石油公司获得了充足的燃料补给。相比之下，由于罗马尼亚的油田难以满足战争消耗，同时未能及时夺取至关重要的巴库油田，德国虽然在1918年迫使俄国退出战争，但却因燃料不足无法在西线及时发动反击，最终输掉了战争。一战后，时任法国战时石油委员会主任的议员亨利·贝仁格（Henry G. Bérenger）毫不夸张地将石油比喻成战争的"胜利之血"。[1]

在二战中，石油对战争进程的影响有增无减。在欧洲战场，德国一直受到石油供给不足的困扰。德国盟国罗马尼亚的石油产量并不能满足战争的巨大消耗。在这种情况下，德国只得将侵略的矛头指向盛产石油、粮食等战略资源的苏联。在此过程中，德国仅攻占了产油量较低且遭受了严重破坏的迈科普油田，而旨在夺取高加索地区油田的斯大林格勒战役则以失败告终，并成为德国由盛转衰的转折点。在战争后期，燃料的不足成为德国失败的关键因素。1944年，德国部分卡车仅能在公牛的牵引下运输补给。在太平洋战场，日本也面临类似的窘境。为节省燃油，日本被迫将舰队的训练限制在日本近海。为确保自己的石油供应，日本在1941年入侵了印度支那半岛，而结果是引起了美国对日本的全面石油禁运。日本最终选择以偷袭珍珠港的方式试图使美国屈服，但结果却加速了自己的毁灭。在战争中，由于美国进行了有效的石油封锁，日本的军事能力被极大遏制。其中，日本的各类油轮成为美国重点打击的对象。至1944年，日本被击沉的油轮数量已经远远高于建造数量，燃油补给几乎断绝。在此情况下，日本只能大幅压缩飞行员的训练时间，并在1945年完全取消了航空训练。[2]

在这一阶段，对于能源资源的获取已经成为影响国际政治的重要因素。

---

[1] 参见〔美〕威廉·恩道尔：《石油战争：石油政治决定世界新秩序》，赵刚、旷野等译，知识产权出版社2008年版，第43—45页。

[2] 参见舒源：《国际关系中的石油问题》，云南人民出版社2010年版，第32—48页。

不过，此时的能源安全主要属于国防安全的组成部分，尚属于传统安全范畴。

二、第二阶段：能源安全向非传统安全领域的过渡

二战后，石油对国际政治的影响进一步提升，标志性事件就是20世纪70年代初爆发的第一次石油危机。1973年10月6日，埃及与叙利亚分别向以色列占领的加沙和戈兰高地地区进攻，第四次中东战争爆发。由于缺少准备，以色列在战争初期陷入了极为不利的境地。为了拯救中东地区这一最为重要的盟友，美国在10月12日决定对以色列实施武器援助。此举彻底激怒了阿拉伯国家。10月17日，以商讨对美国实行石油禁运为主题的阿拉伯产油国会议在科威特召开。为了抗议美国对以色列的支持，会议通过了实施石油减产的决议。根据该决议，阿拉伯国家将每月减产石油5%，直至以色列撤出从1967年战争中占领的阿拉伯国家全部领土。与此同时，阿拉伯国家还对美国、以色列以及为美国向以色列运送武器提供方便的荷兰实施了石油禁运。至1974年，阿拉伯国家对石油禁运与减产对象进行了进一步细化。其中，支持阿拉伯国家的友好国家可按需供应石油，对中立国家的石油供应应逐步递减，而对支持美国与以色列的敌对国家则实施完全石油禁运。阿拉伯国家对"石油武器"的成功运用对国际经济与政治产生了深远的影响。随着中东石油出口量的逐步降低，国际石油价格迅速上升。至1973年年底，国际油价上涨了约四倍。随着油价的上升，美欧等发达国家和地区的经济发展遭受了巨大打击。1973—1975年，美国实际GDP增长下降了0.7%，失业率则增长了一倍。与此同时，日本也迎来了二战后首次经济负增长。在这种情况下，日本等美国的传统盟友被迫改变中东政策以换取阿拉伯国家的石油供给；而美国也不得不向以色列施压，使后者作出让步，同时尽可能缓和与中东阿拉伯国家间的关系。[①]

阿拉伯国家对"石油武器"的运用凸显出和平时期确保能源供给的重要性。"能源安全"这一概念开始由传统安全向非传统安全领域过渡。此后，以确保石油供应为主要议题的能源安全便成为非传统安全重要的组成部分而受到各国的重视。在这一时期，"能源安全"这一术语意味着减少或降低消费国的石油进口水平，并对石油进口和可能的油价冲击进行风险管理。这一时期西方的主要论著，如《能源安全》《石油供应与油价》《石油价格革命》《石

---

① 参见刘悦：《大国能源决策：解密1973—1974年全球石油危机》，社会科学文献出版社2013年版，第103—125页。

油危机：性质与意义》等，对"能源安全"的概念、本质和特征等基本理论和现实问题进行了分析、界定。① 有的学者认为能源安全是一种"状态"，在这一状态中，国家经济和社会发展必须建立在合理的价格和充足的能源供应并在可预见的将来豁免重大能源供应中断风险的基础上。欧洲委员会把能源安全定义为"供应安全的保障能力"，或通过国内充足的能源供应，或通过国外稳定的能源供给，以可接受的价格确保能源需求得到满足。1985 年，国际能源署（IEA）把"能源安全"定义为"以适度的成本获得的充足供应，特别是石油的充足供应"，可谓是对这一阶段"能源安全"概念的集中界定。②

在这一阶段，能源安全的研究主要集中在"供应安全"角度，主要有以下显著特点：第一，认为能源安全等同于石油安全；第二，主要考虑的是石油进口国的安全；第三，认为较高的石油进口依赖度是产生能源非安全的主要原因；第四，能源安全对国家安全至关重要，从国家安全的角度凸显了能源安全的优先性。③

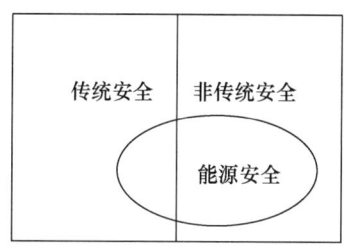

三、第三阶段：逆向石油危机与能源安全内涵的扩大

经历了 20 世纪 70 年代的油价暴涨，世界主要石油消费国采取了一系列手段减少对中东地区石油的依赖。一方面，这些国家积极开发世界其他地区的石油资源。位于英国北海、美国阿拉斯加等地的油田相继投产。另一方面，这些国家也积极发展核能等替代能源，同时增加能源利用效率。与此同时，墨西哥、挪威等新兴能源出口国的出现也增加了中东国家在国际石油市场上的竞争。在 20 世纪 80 年代，国际石油市场逐渐出现了供过于求的情况，欧佩克被迫通过减产的方法维持石油价格。1979—1985 年，欧佩克国家的石油产

资料2 恐怖主义袭击对能源安全的影响

---

① See David A. Deese and Joseph S. Nye（eds.）, *Energy and Security*, Cambrideg, MA: Ballinger Publishing Company, 1981; Steven A. Schneider, *The Oil Price Revolution*, Baltimore: Johns Hopkins University Press, 1983.
② 参见吴磊：《能源安全体系建构的理论与实践》，载《阿拉伯世界研究》2009 年第 1 期，第 37 页。
③ 参见罗振兴：《能源安全概念的演变》，载《中国社会科学报》2011 年 9 月 15 日第 15 版。

量由每日 3100 万桶下降至 1550 万桶。不过，沙特等国最终选择增产以保障自己的市场份额，并最终导致国际油价的大幅下跌。至 1986 年 3 月，国际油价已经下跌至每桶 10 美元。此次石油价格的大幅下跌使世界经济从整体上摆脱了衰退，进入了又一个繁荣期，但石油生产国的经济发展却因石油收入的大幅减少而陷入停滞。因此，此次石油市场波动被称为"逆向石油危机"。[①]

不过，值得注意的是，从长期角度看逆向石油危机对石油消费国的发展也产生了不利影响。长期低迷的能源市场严重阻碍了石油生产国的经济与社会发展，进而影响到这些国家的社会稳定，甚至引发地区动荡与武装冲突。此外，石油生产国经济发展的放缓也将使其被迫削减在石油勘探和生产等领域的投资，造成可持续能源供给能力下降。这将反过来严重影响国际能源供应和价格安全。[②] 2003 年以来，国际油价在震荡中持续走高。造成此轮国际能源安全形势再度紧张的原因众多，其中生产国在石油开采与勘探领域的长期投资不足致使能源市场供应再度偏紧是重要原因之一。

经历过逆向石油危机以及随后的市场波动，政策研究人员逐渐认识到能源安全既是能源消费国的供应安全，也是能源生产国的需求安全问题。只有生产国的市场需求得到保障，国际能源市场才可能正常运行。因此，西方能源安全理论在强调工业化国家"集体能源安全政策"的同时，也越来越意识到生产国的市场需求保障问题。20 世纪 90 年代后，在能源安全战略实践上，能源消费国与能源生产国的安全合作与对话机制得以逐渐建立。两者在海湾战争等事件中就稳定油价问题进行了一系列行之有效的合作。

在这一阶段，能源安全的研究主要有以下特点：第一，能源安全从供应安全转为基于市场供求稳定的生产国与消费国的"共同能源安全"；第二，主要从能源市场的角度来定义能源安全，突出能源市场合理、平稳运行的重要性；第三，能源安全与经济安全及环境安全的联系得到了更多的重视，从维护经济安全和环境安全的角度突显了能源安全的重要性。[③]

四、第四阶段：综合视域下的能源安全

21 世纪以来，能源安全的内涵得到了进一步扩大。其中，恐怖主义、海

[①] 参见舒先林：《美国中东石油战略的经济机制及启示》，载《世界经济与政治论坛》2005 年第 1 期，第 88 页。
[②] See Gawdat Bahgat, Energy Partnership: Pacific Asia and the Middle East, *Middle East Economic Survey*, No. 148, 2005.
[③] 参见罗振兴：《能源安全概念的演变》，载《中国社会科学报》2011 年 9 月 15 日第 15 版。

盗等非传统安全因素与国际石油市场的联动效应得到了广大学者的关注。2006年，尼日尔河三角洲地区反政府武装针对石油设施的各类袭击使得尼日利亚的石油出口量下降了20%，而2012—2014年几内亚湾地区各类海盗袭击也使得石油公司蒙受了高达9500万美元的损失。① 极端组织"伊斯兰国"及其分支在中东、北非地区的大肆扩张也对国际石油市场的稳定运行带来了诸多不利影响。

此外，随着国际社会对可持续发展的日益重视，环境安全也成为能源安全的重要研究维度。自工业革命以来，人类社会对化石燃料的大量燃烧导致了二氧化碳等温室气体的排放量激增。据统计，1981—1990年，全球平均气温相较于一个世纪前上升了约0.48摄氏度。其中，20世纪90年代是自19世纪中期开始温度记录工作以来最温暖的十年。为防止由此产生的自然灾害，国际社会在21世纪初开始加强了对二氧化碳等温室气体排放的管控。此外，硫化物、氮化物与可吸入颗粒物等污染物的排放也引起了国际社会的广泛关注。自1992年《联合国气候变化公约》颁布以来，国际社会已经就环境保护问题进行了多轮博弈，对化石能源的限制使用成为其中的焦点。②

时至今日，"能源安全"的概念和内涵相较于20世纪70年代已经发生了重大变化。国际能源署前执行总干事罗伯特·普里德尔（Robert Priddle）对能源安全的看法较具代表性。他认为，能源安全是一个全球性问题，在能源危机中任何依赖能源进口的国家都难以幸免，只不过是受冲击和遭受损失的程度不同而已，任何国家的能源安全政策都必须具有国际合作的战略视野；能源安全适用于所有形式的能源资源，而不仅限于石油。虽然油价是国际大宗能源商品贸易的"基准"价格，决定或影响着其他能源商品的价格水平，在能源安全中占据着核心地位，但在国家能源安全问题中，天然气、电力（包括核电）和煤炭的供应安全也同等重要；"能源安全"是个超乎市场和经济范畴的概念，它涉及一系列政治、外交和军事战略议题。因此，能源危机的产生不止一个原因，除经济和技术因素外，地缘政治、环境安全等非经济因素也值得高度重视。③

总体而言，我们可认为能源安全包含以下几个方面：第一，能源安全首

资料3 自然灾害对能源安全的影响

---

① 参见王涛：《尼日利亚"油气寄生型"反政府武装探析》，载《西亚非洲》2017年第3期，第151页；曹峰毓：《几内亚湾海盗问题及其治理》，载《西亚非洲》2017年第6期，第88页。
② 参见郑林昌等：《低碳环保发展绿皮书——低碳环保双重约束下的中国发展评估报告（2005—2011）》，中国环境出版社2014年版，第6页。
③ 参见吴磊：《能源安全体系建构的理论与实践》，载《阿拉伯世界研究》2009年第1期，第37页。

先是一种物质安全。它包括能源资产、基础设施、供应链和贸易路线的安全以及紧急情况下进行替代的能力。第二，能源获取最为关键，不论是物质上的，还是合同上的，或者是商业上的开发和获取能源供应的能力。第三，能源安全同时还是一种系统或体系——由国家政策和国际机制构成，旨在对于供应中断、油价暴涨等紧急情况，以合作和协调的方式迅速作出反应，以维持能源供应的稳定性。第四，能源安全与投资安全紧密相关，需要足够的政策支持和安全的商业环境以便确保充足和及时的能源供应。第五，能源安全也是气候变化或环境安全问题。当今气候变化和环境政治的困境在于能源的生产和消费方式，节能减排、低碳经济、清洁能源发展已经成为能源技术革命和全球能源结构变化的主要趋势。第六，能源安全不局限于石油供应和油价安全，长距离天然气管道运输的发展和液化天然气（LNG）市场的增长，正在使天然气成为全球性商品，全球天然气的供应和运输安全问题日趋突出；美国、中国、印度和其他一些国家电力供应的中断、短缺造成的经济损失，突出了电力供应系统的可靠性和安全性风险；灾难性突发事件，如2005年的卡特里娜飓风，不仅对墨西哥湾的海洋石油和天然气生产、海底管道，而且对陆上码头、炼油厂、天然气加工厂、长距离管道运输和电力系统都造成了严重损坏。因此，能源安全也意味着应对突发性的自然和人为灾难引发的能源供应中断和短缺风险的能力。①

在这一阶段，能源安全的研究呈现出以下特点：第一，研究者们开始从全球化的角度探讨能源安全问题，开始关注能源整体供应链的安全，即能源勘探、开发、生产、输送、消费以及基础设施、投资、技术和市场等各领域的风险。能源安全研究进入了"全球能源供应链安全"时代。第二，研究对象范围得以扩大，除石油外，其他形式的能源（尤其是电力）也成为能源安全关注的重点对象。第三，能源安全与非经济要素间的关系得到了重视。②

第二节 对能源安全的多维理论探讨

一、能源安全与国际政治

以石油、天然气为代表的能源是所有工业社会发展不可或缺的重要物质

---

① 参见张同功编著：《能源经济学》，山西经济出版社2016年版，第296页。
② 参见罗振兴：《能源安全概念的演变》，载《中国社会科学报》2011年9月15日第15版。

基础,在国际政治中,能源安全与国际权力政治有着广泛、深刻的联系。

在世界能源政治中,权力潜能包含权力的自然、有形的来源以及无形的来源。①"正是石油使地图上的这些小块地区似乎在一夜之间变为我们所称之的重要国家,甚至成为世界政治中强有力的因素。换言之,原来没有任何东西可以作为权力基础的国家,或传统上缺乏构成国家权力的所有要素的国家,因为拥有了一种重要的财富——石油,突然成为世界政治中强有力的因素。这一事实对世界政治具有革命性的重要意义。"②现实主义理论以国际体系的无政府状态为逻辑起点,以民族国家作为能源安全的行为主体,认为以石油为核心的战略性资源是国家权力的来源。在现实主义学者眼中,能源是国家寻求国际话语权的重要物质基础之一。现实主义大师汉斯·摩根索(Hans Morgenthau)把石油这种战略性资源同人口规模、领土面积和军事力量一起视为构成国家权力的基本要素。从两次世界大战和第一次石油危机中,汉斯·摩根索充分认识到了能源对于维系和改变国际政治格局的重要性,他甚至把石油支配权与军事支配权的重要性在一定意义上相提并论,认为与核武器相比,石油"虽然不那么惊心动魄,但它几乎能够以不同的方式,彻底毁灭工业高度发达国家的文明"③。新现实主义"尽管对国际社会相互依存的普遍性及其对国际政治的影响提出质疑,但是也承认国家的政治影响与经济权力和军事力量是紧密相连的……一国越是依赖于其他国家,它对别国的权力就越小,它就必须更多地考虑其政策对获取国外供给和市场的影响"④。美国学者梅森·威尔里奇(Mason Willrich)认为,能源安全是国际政治的核心问题之一,因为"能源对工业化国家和发展中国家至关重要,各国在能源资源分配、技术和资金上存在巨大的不平衡,国际政治结构也缺乏一个具有分配资源能力的中央集体"⑤。

与现实主义对国际关系持悲观态度不同的是,新自由主义尝试应用新的理论和范式对国际能源权力结构进行新的解释。根据罗伯特·基欧汉(Robert Keohane)和小约瑟夫·奈(Joseph S. Nye, Jr.)的相互依存理论,能源

---

① 参见〔美〕卡伦·明斯特:《国际关系精要》,潘忠岐译,上海人民出版社2007年版,第109—113页。
② 〔美〕汉斯·摩根索著,〔美〕肯尼思·汤普森、戴维·克林顿修订:《国家间政治:权力斗争与和平》,徐昕、郝望、李保平译,北京大学出版社2006年版,第154页。
③ 〔美〕汉斯·摩根索:《国际纵横策论:争强权,求和平》,卢明华、明殷弘、林勇军译,上海译文出版社1995年版,第161页。
④ 〔美〕肯尼思·华尔兹:《国际政治理论》,信强译,上海人民出版社2003年版,第206页。
⑤ Mason Willrich, *Energy and World Politics*, New York: The Free Press, 1975, p. 65.

脆弱性可以视为一种权力资源。在相互依赖关系中，能源脆弱性的差异决定了权力在各国之间的分配格局。两次石油危机诠释了这样的权力结构模式，危机之初，由于西方国家对中东石油的严重依赖而产生了巨大的脆弱性，使得权力从西方国家向中东产油国转移，中东产油国凭借石油赋予的权力对国际政治施加影响，迫使西方调整其对中东地区的外交政策。西方国家通过国际机制建构（如设立 IEA），建立统一的石油协调政策，采取其他减少或降低对中东石油脆弱性的措施，逐步削弱中东产油国的能源权力，抗衡中东产油国的能源影响。新自由主义更加强调石油的商品属性，认为石油只是一种普通商品，国际能源体系实际上只是一个市场体系，通过市场调节和资源配置，能源安全问题就可以迎刃而解，国际能源权力结构就可能实现平衡。市场基本面极其重要，但理论和现实表明，国际能源安全从来都不是一个简单的市场问题。①

在新自由主义构建的国际秩序中，石油政治的权力论同样占有重要的地位。小约瑟夫·奈将权力分为硬权力和软权力，即命令性权力和同化性权力。尽管小约瑟夫·奈强调软权力即同化性权力在当今世界的重要性，但硬权力和软权力实际上并不是两个相互对立的概念，它们之间的区别"不过是行为性质、权力的有形性的程度差异。两种权力均是通过控制他国行为实现其目的的不同能力"②。石油政治正好完美地融合了这两种权力的运用，既可以将石油作为政治武器直接发挥威力，如第一次石油危机中阿拉伯产油国的石油禁运，也可以通过对石油的控制形成对其他国家的威慑力，如 1990 年的海湾战争和 2003 年的伊拉克战争。罗伯特·基欧汉认为："石油多年来一直是国际贸易中最重要的原料。美国所寻求的开放、非歧视性的货币和贸易体系，依赖于其他资本主义国家的发展和繁荣，而这些国家的发展和繁荣，必然也依赖于能以比较合理的价格从中东进口石油。"③ 小约瑟夫·奈对石油权力的定义更为直接，称石油为"权力的源泉"。他认为，石油依然在原材料中占据十分特殊的地位，这在一定程度上导致了 1990 年的海湾战争，并且促使美国在波斯湾一直保持强大的海上力量。④

---

① See Christian Constanin, China's Conception of Energy Security: Sources and International Impacts, Working Paper, No. 43, March 2005, p. 2.
② 〔美〕罗伯特·基欧汉：《霸权之后：世界政治经济中的合作与纷争》，苏和和、信强、何曜译，上海人民出版社 2001 年版，第 279 页。
③ 同上书，第 170 页。
④ 参见〔美〕小约瑟夫·奈：《理解国际冲突：理论与历史》，张小明译，上海人民出版社 2002 年版，第 296 页。

国际政治经济学使用了一个结构性权力的概念分析，并且从石油贸易的角度对能源权力的物质表现进行了探讨。苏珊·斯特兰奇（Susan Strange）指出："到了石油时代，随着运输和通信系统的改进和国际资本市场及金融体系的全球一体化，资本流动更加频繁。因此总的来说，石油可以通过管道运往大陆各地，这就使得这种重要生产要素的流通大量增加。这种流动性意味着，石油政治具有国际性了。"[①] 国际政治经济学中的另一学说霸权稳定论认为，霸权的形成实际上是国际政治权力斗争的一种理想结果，权力被高度集中在一个或几个最具实力的大国手中。从经济领域的角度看，"霸权意味着对物质资源的控制"[②]。全球石油和天然气资源的生产和供应能力分布不平衡以及高度集中于中东伊斯兰地区，致使该地区的一些主要国家具有了"原油力量"（crude power）的重要实力和影响。[③] 20世纪以来，对世界政治、经济影响的广度和深度决定了石油是最重要的战略资源和权力来源。罗伯特·吉尔平（Robert Gilpin）认为，"权力分配最终取决于经济基础"[④]，对石油控制权的掌控一定程度上直接关系到国际政治的权力分配格局。霸权稳定论"试图将有形的国家能力（概念化为'实力资源'）与国家行为联系起来"[⑤]，石油与权力的互动关系显然是推动国际能源体系和国际权力结构发展、变化的重要力量。[⑥]

从能源地缘政治的角度看，随着世界工业革命的深入和向全球扩散，世界开始进入石油时代，对重要能源资源特别是石油的获取与控制已成为事关国家存亡、发展的重中之重，能源已开始成为地缘政治中的最核心变量。有学者认为，能源地缘政治是"围绕能源这种战略资源的占有、使用、控制、

---

① 转引自〔美〕约瑟夫·奈著，约瑟夫·奈、门洪华编：《硬权力与软权力》，门洪华译，北京大学出版社2005年版，第225页。
② Robert Gilpin, *War and Change in World Politics*, Cambridge: Cambridge University Press, 1981, p.144.
③ See Øystein Noreng, *Crude Power: Politics and the Oil Market*, London: I. B. Tauris Publishers, 2002, pp.1-13.
④ 〔美〕罗伯特·吉尔平：《世界政治中的战争与变革》，武军、杜建平、松宁译，中国人民大学出版社1994年版，第7页。
⑤ Stephen D. KraSner, State Power and the Structure of International Trade, *World Politics*, Vol.28, No.3, 1976, pp.317-347.
⑥ 国内学者提出的"能源链"论也有助于对能源权力结构的分析与理解。"能源链是指发现、占有并充分利用能源及其衍生技术等一系列制度和活动的集合。""能源链的核心在于能否最优先地利用能源，其核心在于与新能源匹配的政治经济环境和国家创新体制，而对能源资源的占有、开发等是其物质基础。"国际体系的变化与国际能源权力结构的变化是相互关联的，传统的能源安全理论和地缘政治理论都强调对能源资源的控制、开发、利用和占有，对能源链的控制显然是大国霸权的重要基础。遗憾的是，当代国际政治现实表明，没有一个国家能够完全掌控国际能源链。参见于宏源：《权力转移中的能源链及其挑战》，载《世界经济研究》2008年第2期。

交易,由地理分布以及与地理密切相关的相关因素引起的、不同国际行为体之间相互关系与涉及重大国际政治及国际关系的战略和策略问题"①。卡洛斯·帕斯卡(Carlos Pacsual)认为,能源地缘政治学是研究谁来决定能源供应、谁来确保以合理的价格购买能源的学科。② 无论是何种定义,核心都是在能源成为国际权力政治中的关键变量后,谁能掌控更多的能源资源,并控制相应的贸易通道,谁就能在国际能源权力格局中攫取更大的权力,从而也就在全球地缘政治博弈中居于有利甚而主导、支配的地位,并对全球经济政治格局产生实质而深远的影响。总而言之,新的能源地缘政治理论的逻辑是:资源决定战略,谁控制了资源和市场,谁就能控制世界。③ 资源价值与地缘价值在时间上和空间上合二为一,并以前者为主要矛盾的主要方面,这是现代能源地缘政治理论的鲜明特色。④

二、能源安全危机中的中国方略

作为世界最大的能源消费国,中国面临着十分严重的能源安全问题,其中最突出的表现是油气产品的严重对外依赖。1993 年,中国的石油消费量首次超过开采量,成为石油净进口国。2007 年,中国又成为天然气净进口国。此后,中国油气产品的进口量迅速攀升,对外依存度也不断升高。2014 年,中国超过美国成为世界最大石油进口国。2017 年,中国石油和天然气的进口量已分别达到 4.0 亿吨和 912.4 亿立方米,对外依存度分别为 67.8%与 37.9%。⑤

除了对外依赖上的严重性,中国油气进口的另一个重要问题是运输路线过于单一。目前,中国从中东、非洲和亚太地区进口的油气资源几乎均要经过马六甲海峡及其周边水域,其比例约占到石油总进口量的 49.7%、天然气总进口量的 53.2%。⑥

环境安全是中国的能源安全建设中不可回避的另一个严峻问题。自从《联合国气候变化框架公约》和《京都议定书》等国际协议签署以来,环境安

---

① 杨中强:《当代中国石油安全研究》,中共中央党校出版社 2006 年版,第 45 页。
② See Carlos Pacsual, The Geopolitics of Energy: From Security to Survival, http://www.brookings.edu/papers/2008/01_energy_pascual.aspx, visited on 2019-01-20.
③ 参见潜旭明:《美国的国际能源战略研究:一种能源地缘政治学的分析》,复旦大学出版社 2013 年版,第 4 页。
④ 参见张文木:《世界地缘政治中的中国国家安全利益分析》,山东大学出版社 2004 年版,第 134 页。
⑤ See BP, Statistical Review of World Energy 2018, London: BP, 2018, pp. 14-15, 28-29.
⑥ Ibid., pp. 24, 34.

全日益成为能源安全中的重要组成部分。实际测算的结果表明，中国70%的江河水系受到污染，1/5的城市空气污染严重，1/3的国土面积受到酸雨影响。这些环境恶化现象均与能源消费有关。有学者认为，如果不强化减排政策，能源消费将成为中国环境迅速恶化的最主要原因。①

在此条件下，中国政府为维护能源安全采取了多重保障手段。为了应对日益升高的能源供给压力，中国一方面积极开发与利用新技术以尽可能提高辽河、大庆等老油田的采收率，另一方面大力加强对西部和近海地区油气资源的勘探与开发力度。在不懈的努力下，中国油气产量基本呈持续上升态势。中国石油和天然气产量已经由2000年的1.6亿吨、274亿立方米分别上升至2017年的1.9亿吨和1492亿立方米。② 此外，中国还通过推广节能技术等手段提升能源利用效率。2010—2016年，中国的能源效率已上升了15.9%。③

此外，中国的油气公司还在20世纪90年代初积极实施"走出去"战略，增加在海外油气领域的投资以便为中国获取更多的"份额油气"④ 供给。2008年以后，中石油、中石化与中海油等油气公司加快了拓展海外业务的脚步。据统计，2011—2013年，中国油气公司在海外的投资达到了730亿美元，海外石油生产能力也由每天136万桶上升至约每天210万桶。其中，约26%的产能位于伊拉克，哈萨克斯坦、南北苏丹也占有相当比例。目前，中国油气公司已在42个国家开展了油气上游业务。近几年，为了能获取开采页岩油气等非常规油气的技术与经验，中国油气公司也开始进军北美市场。其中，中海油在2008年以151亿美元并购了加拿大尼克森石油公司（Nexen），刷新了中国海外并购的金额记录。⑤

在能源国际贸易领域，中国采取了多重手段应对运输安全问题。第一，中国与缅甸合作，在该国修建了可绕过马六甲海峡的中缅油气管道。虽然该管道无法让中国彻底摆脱对马六甲海峡的依赖，但其每年2200万吨和120亿

---

① 参见马小军：《关于中国能源—环境安全的几点思考》，载《中共中央党校学报》2011年第5期，第34页。
② See BP Stats Review 2018 All Data, https://www.bp.com/content/dam/bp/business-sites/en/global/corporate/xlsx/energy-economics/statistical-review/bp-stats-review-2018-all-data.xlsx, visited on 2019-01-20.
③ See EIA, International Energy Outlook 2016, http://www.eia.gov/outlooks/archive/ieo16/, visited on 2019-01-20.
④ "份额油气"指的是中国在国外的油气建设项目中参股或投资，每年从项目的油气产量中分取一定的份额，区别于从国际市场采购的"贸易油气"。
⑤ See EIA, China, http://www.eia.gov/beta/international/analysis_includes/countries_long/China/china.pdf, visited on 2019-01-20.

立方米的油气输送能力至少可在不利事态发生时为中国提供一定的缓冲。第二，中国在 2014 年与俄罗斯签署了长达 30 年、总额 4000 亿美元的天然气长期贸易协定。同时，中国加快沿海地区液化天然气接收能力，力图实现天然气进口来源多元化。第三，中国还积极利用军事贸易、人员交流与培训、参与国际护航行动等方式加强与有关国家和地区在维护海上通道安全方面的合作。第四，为了应对可能的供应中断或油气价格波动，中国还在"十五"规划期间建立了石油战略储备机制，计划分三步至 2020 年完成 5 亿桶的战略储备目标。[1]

在环境安全建设方面，中国主要的对策是改变能源消费结构，尽可能增加可再生能源的使用。通过不懈的政策引导与持续的技术进步，中国已经成为世界上最大的可再生能源市场，并在光伏发电、陆上风电与水力发电领域均成为全球增速最高的国家。仅在 2016 年，中国的可再生能源发电能力便增加了 68 吉瓦，占当年世界可再生能源发电能力增量的 40%。[2] 近几年，中国政府也开始利用综合手段大力促进新能源汽车的使用。其中，电力汽车是发展的重点所在。中国目前已经成为全世界最大的电动车市场，截至 2016 年，中国电动车保有量已经达到了 65 万辆，占世界总数的 1/3。[3]

未来，中国政府可从以下几个方面进一步加强能源安全的建设工作：从宏观角度看，由于能源安全本质上是一个全球性问题，中国必须寻求全球和地区合作的解决方案，在全球能源治理、国际能源安全机制建设、地区稳定、全球冲突解决方面有所作为，为全球能源供求平衡、能源市场的平稳发展创造条件，这需要中国的对外战略和外交政策进行必要的调整。在中观层面，除继续巩固和扩大与传统油气资源国的能源合作、获取更多的海外油气资源外，中国也应积极参与全球新能源资源开发以增加全球能源供应，为保障全球与自身的能源安全贡献力量。在微观层面，中国也应进一步加强能源安全的体制建设，加快《能源基本法》等重要法律法规的制定与立法工作。[4]

---

[1] See EIA, China, http://www.eia.gov/beta/international/analysis_includes/countries_long/China/china.pdf, visited on 2019-01-20.
[2] See IEA, World Energy Outlook 2017, Paris：International Energy Agency, 2017, pp. 596, 597.
[3] See IEA, Global EV Outlook 2017, Paris：International Energy Agency, 2017, p. 49.
[4] 参见吴磊：《能源安全体系建构的理论与实践》，载《阿拉伯世界研究》2009 年第 1 期，第 40—41 页；吴磊：《中国能源安全面临的战略形势与对策》，载《国际安全研究》2013 年第 5 期，第 73—75 页。

思考题

1. 能源安全概念演进的主要脉络是什么？不同阶段的推动力分别是什么？
2. 能源安全问题的主要表现形式有哪些？
3. 不同理论流派对能源安全问题的看法有何异同？

讨论题

1. 结合能源安全的组成要素，讨论应如何建立有效的全球能源安全机制。
2. 新能源的大量使用会对国际能源安全局势造成哪些影响？

推荐阅读材料

1. 吴磊：《中国石油安全》，中国社会科学出版社2003年版。
2. 〔美〕丹尼尔·耶金：《石油大博弈（上）》，艾平等译，中信出版社2008年版。
3. 〔法〕菲利普·赛比耶-洛佩兹：《石油地缘政治》，潘革平译，社会科学文献出版社2008年版。
4. 〔英〕戴维·G.维克托、埃米·M.贾菲、马克·H.海斯编著：《天然气地缘政治：从1970到2040》，王震、王鸿雁等译，石油工业出版社2010年版。
5. 〔美〕丹尼尔·耶金：《能源重塑世界》，朱玉犇、阎志敏译，石油工业出版社2012年版。

第十二章 非传统安全与女性安全

> **导读**
>
> 社会性别是当代女性主义理论的核心范畴，安全研究是社会性别研究最晚进入的领域之一。"人的安全""非传统安全"等概念的提出为将社会性别纳入安全研究带来更大空间。对妇女和女童的安全关切具体体现在女性安全中。女性安全包罗万象，影响着女性生活的各个方面，重要性日益凸显。联合国安理会自2000年至2015年先后共通过了8个以妇女、和平与安全为主题的决议，使女性安全这一非传统安全议题在传统安全领域受到重视；联合国可持续发展峰会于2015年通过了《变革我们的世界：2030年可持续发展议程》，该议程涵盖17个可持续发展目标，其中目标5为"实现性别平等，增强所有妇女和女童的权能"，另外16个可持续发展目标也都与性别平等和女性安全相关。同样，气候变化等国际性非传统安全议题、家庭暴力等国内性非传统安全议题皆与女性安全相互影响，密不可分。

第一节 社会性别与女性安全

一、社会性别与安全研究

社会性别（gender）是当代女性主义理论的核心范畴。《路特里奇国际妇女百科全书》对社会性别的定义是："男性和女性在社会建构和社会期望上的差异。它不同于生物学上用以区分男人和女人的性别（sex）概念。""许多女性主义者对生理性别决定社会性别的观点提出质疑。在她们争辩社会性别是由社会建构的同时，也突出了社会性别的文化相关性，即社会性别随时间、不同文化以及不同社会背景改变的方式。"① 谭兢嫦、信春鹰主编的《英汉妇女与法律词汇释义》中强调："社会性别一词用来指社会文化形成的对男女差异的理解,以及在社会文化中形成的属于女性或男性的群体特征和行为方式。"②

作为一个社会、文化和历史的范畴,社会性别侧重于强调在社会文化中形成的属于男性或女性的群体特征和行为方式,即男性特质(masculinity)或女性特质(femininity)。它们原本被认为是普遍的、本质性的和一成不变的,而社会性别概念改变了这种观念。在女性主义学者看来,世界上普遍存在的男女不平等状况是由社会建构的,其中包含着男性与女性之间统治与被统治、支配与被支配的权力关系。作为一个分析范畴,社会性别为人们提供了认识世界、分析世界的新工具、新视角。通过它,可以看到与传统国际政治理论所描述的不同的世界。③

美国历史学家琼·W. 斯科特(Joan W. Scott)认为："(社会)性别是组成以性别差异为基础的社会关系的成分;(社会)性别是区分权力关系的基本方式。""(社会)性别是代表权力关系的主要方式。……(社会)性别是权力形成的源头和主要途径。"④ 中国学者强调社会性别的三层含义:第一,男性和女性在社会、家庭中的地位和相互关系是在社会发展中形成的,而且处于不断的变化之中。第二,属于男性和女性的群体特质和行为方式是社会发展的产物,不是一成不变的。第三,社会性别关系是一种权力关系,世界普遍存在的男女不平等状况实际上包含着男性与女性之间的统治与被统治、支配与被支配的关系。⑤

---

① 〔美〕谢丽斯·克拉马雷、〔澳〕戴尔·斯彭德主编:《路特里奇国际妇女百科全书》,"国际妇女百科全书"课题组译,高等教育出版社 2007 年版,第 449 页。"国际妇女百科全书"课题组集中了国内外的优秀专家学者,经过数年的认真翻译、校对、审核,把在世界范围内享有盛誉的《路特里奇国际妇女百科全书》引进中国。

② 谭兢嫦、信春鹰主编:《英汉妇女与法律词汇释义》,中国对外翻译出版公司 1995 年版,第 145 页。《妇女与法律词汇释义》是国内较早出版的以妇女研究为主题的工具书,于 1995 年 8 月,即联合国第四次世界妇女大会召开之前与读者见面。

③ 对"社会性别"的界定,请参见李英桃:《从"社会性别"视角审视现实主义国际政治理论中的"权力"概念》,载《世界经济与政治》2001 年第 7 期,第 22—26 页;李英桃、胡传荣:《女权/性主义国际政治理论在中国的发展——北京、上海两位女性国际政治研究者的对话》,载《世界经济与政治》2002 年第 12 期,第 5—10 页。

④ 〔美〕琼·W. 斯科特:《性别:历史分析中一个有效范畴》,刘梦译,载李银河主编:《妇女:最漫长的革命:当代西方女权主义理论精选》,生活·读书·新知三联书店 1997 年版,第 168、170 页。需要说明的是,"(社会)性别"中的"(社会)"是本章作者加的,在原中译文中,译者将"gender"译为"性别"。另参见李英桃、胡传荣:《女权/性主义国际政治理论在中国的发展——北京、上海两位女性国际政治研究者的对话》,载《世界经济与政治》2002 年第 12 期,第 6—7 页。

⑤ 参见李英桃、胡传荣:《女权/性主义国际政治理论在中国的发展——北京、上海两位女性国际政治研究者的对话》,载《世界经济与政治》2002 年第 12 期,第 6 页。

在安全研究领域,劳拉·谢泼德(Laura Shepherd)"把社会性别当作一个名词、一个动词和一种逻辑",认为社会性别是她所研究的暴力与安全状况的产物。① 劳拉·舍贝里(Laura Sjoberg)指出:"对于国际安全研究,社会性别在概念、经验和规范层面上都必不可少。"② 社会性别不仅仅与性别相联系,它更是一种观察视角和观察方法,"通过社会性别视角观察世界,是将其看作一种特殊的权力关系来聚焦社会性别,或者找到将社会性别作为中心来理解国际进程的方法"③。社会性别发挥作用的方法复杂多样。从概念上讲,社会性别为理解安全所需要,对解释国际安全领域事件的因果关系十分关键,对建构世界上最重要的安全问题的解决办法至关重要。④ 卡罗琳·肯尼迪(Caroline Kennedy)和索菲娅·丁里(Sophia Dingli)认为,社会性别是指"关于男性特质以力量、军国主义为特征,女性特质以脆弱性及养育、和平的观点为特征的一种认同","社会性别是理解安全问题的中心"⑤。

有学者特别强调:"社会性别经常被误解为可以与妇女互换,但女性主义所说的社会性别分析超越了'添加(add)'妇女,然后再'搅一搅(stir)'的做法。"⑥ 对安全进行社会性别分析,"讨论男人的社会性别可能更为重要,因为主要是由他们制定和执行安全政策",而且可以提出这样的问题:是男人的社会性别使他们相信支配的重要性和武力的效力吗?⑦

二、女性主义安全观与女性安全状况

(一)女性主义安全观

安全研究是社会性别研究最晚进入的领域之一,"就社会性别研究而言,

---

① See Laura J. Shepherd, *Gender, Violence and Security: Discourse as Practice*, London and New York: Zed Books, 2008, p. 3.
② Laura Sjoberg (ed.), *Gender and International Security: Feminist Perspectives*, London and New York: Routledge, 2010, title page.
③ Jill Steans, *Gender and International Relations: An Introduction*, New Brunswick, NJ: Rutgers University Press, 1998, p. 5.
④ See Laura Sjoberg, Introduction, in Laura Sjoberg (ed.), *Gender and International Security: Feminist Perspectives*, London and New York: Routledge, 2010, p. 11.
⑤ See Caroline Kennedy and Sophia Dingli, Gender and Security, in Alan Collins (ed.), *Contemporary Security Studies*, New York: Oxford University Press, 2007, pp. 155, 154.
⑥ Maya Eichler, Gender and the Privatization of Military Security: An Introduction, in Maya Eichler (ed.), *Gender and Private Security in Global Politics*, New York: Oxford University Press, 2015, p. 2.
⑦ See Judith Hicks Stiehm, Theses on the Military, Security, War and Women, in Laura Sjoberg (ed.), *Gender and International Security: Feminist Perspectives*, London and New York: Routledge, 2010, p. 22.

没有比国际安全研究更加死寂的领域了"①。"共同安全""综合安全""非传统安全"等新安全概念的提出,为将社会性别分析纳入安全研究带来更大可能性。

女性主义研究更多从普通人、普通女性而非国家的角度来审视安全议题,不是将社会性别看作一种现象或一个变量,而是将其视为一种跨越传统理论中不同范畴边界的"关系路径"(relational approach)②,从而使民族、国家、阶级、性别等不同范畴之间的交叉与互构关系展现出来。

女性主义学者认为安全应当是多层次的。女性主义安全研究的先行者 J. 安·蒂克纳(J. Ann Tickner)从个人、国家和国际体系三个层面总结了女性主义的安全定义,她指出:"任何女性主义的安全定义都必须包括消除由支配与从属的性别关系产生的一切形式的暴力。"③ 她把安全研究的范围从国家安全扩大到经济和环境领域,进而强调全球安全,突出了女性在国际关系中经常受到伤害的艰难处境。另一位先行者简·金迪·佩特曼(Jan Jindy Pettman)指出:"一个更加全面的安全观点始于探究什么或谁是人类特殊群体的最大威胁。它将打碎任何'国家安全'的定义,因为在许多例子中,对人们安全的最大威胁来自当地的国家代理和军事人员,或者'自己'的男人,他们被建构为士兵——这些人正是他们所危及对象的保护者。"④ 女性主义学者普遍认为,家庭生活、国家内部和国际关系中的暴力行为是相互联系的,国家、民族间的暴力都会从不平等的社会性别关系中折射出来。

朱迪思·希克斯·斯蒂姆(Judith Hicks Stiehm)认为:"安全(security)意味着安全(safety)和福祉(well-being)。它关系到人民,而不仅仅局限于国家或公司、宗教或者其他机制。重要的是,甚至'对手'也需要安全或安全感。"⑤ 一些国际安全学者,特别是女性主义学者通过反思传统安全概念,将安全分为消极安全(negative security)和积极安全(positive security)。消极

---

① Jonathan D. Wadley, Gendering the State: Performativity and Protection in International Security, in Laura Sjoberg (ed.), *Gender and International Security: Feminist Perspectives*, London and New York: Routledge, 2010, p. 39.

② See Saskia Stachowitsch, Chapter 1: Military Privation as a Gendered Process: A Case for Integrating Feminist International Relations and Feminist State Theories, in Maya Eichler (ed.), *Gender and Private Security in Global Politics*, New York: Oxford University Press, 2015, p. 20.

③ J. Ann Tickner, *Gender in International Relations: Feminist Perspectives on Achieving Global Security*, New York: Columbia University Press, 1992, p. 58.

④ Jan Jindy Pettman, *Worlding Women: A Feminist International Politics*, London and New York: Routledge, 1996, p. 75.

⑤ Judith Hicks Stiehm, Theses on the Military, Security, War and Women, in Laura Sjoberg (ed.), *Gender and International Security: Feminist Perspectives*, London and New York: Routledge, 2010, p. 19.

安全是指与人们意图避免的、负面价值关联的安全概念，通常与传统安全相关；而积极安全则是指与人们希望得到的、正面价值关联的安全概念，一般侧重于探讨传统安全未能深入研究的人的安全、非传统安全问题。① 女性主义的安全界定，超越了传统安全定义中摆脱威胁与恐惧的"消极安全"，强调人的需求和每个人都能掌握自己生活的"积极安全"。

傅立叶（Charles Fourier）指出，"妇女解放的程度是衡量普遍解放的天然尺度"②。在安全研究领域，或许可以说"妇女的安全程度是衡量国家安全程度的核心指标"。瓦莱丽·M. 赫德森（Valerie M. Hudson）、玛丽·卡普廖利（Mary Caprioli）等学者通过实证研究指出：妇女安全和国家安全是联系在一起的，"妇女的直接安全与国家的和平状态有着很强和很重要的联系"；"我们的研究结果表明，要了解和促进国家和国际安全，学者和决策者不能忽视妇女的状况和处境。安全是一件必须无缝编织的衣服；如果我们不予以重视，如果妇女系统性不安全的那根线松了，那将破坏所有人的和平。"③

"妇女的人的安全"（women's human security）或"妇女安全"（women's security）已成为国际安全的核心议题之一。由于"妇女和女童"（women and girls）在中文中统称为"女性"，因此"女性安全"这一术语所指的正是"妇女和女童安全"。作为非传统安全的重要组成部分，"女性安全"引起了国内外学术界的重视。《"小人鱼"的安全问题》一文指出："人类安全与综合安全、合作安全、共同安全等概念一起，把长期为国际政治学者所忽视的非传统安全问题纳入国际政治研究，拓宽了我们的视野。它们与传统的安全观共同构成了内容丰富复杂、多主体、多领域、多层次的安全概念。从安全的主体来说，既有传统的主权国家，也有包括男子和妇女在内的个人；我们既要关注国家安全、个人安全，也要考虑全人类的共同安全；从涉及领域来说，既不能忽视国家的军事安全，也要考虑到经济、环境以及个人安全；从行为主体之间的相互关系来看，既要加强合作，也不可能用合作完全代替竞争。可以说，传统安全和非传统安全是相辅相成、相互补充的有机整体，它们不

资料1　全球妇女安全数据库

---

① 关于"消极安全"和"积极安全"的内容，请参见 Gunhild Hoogensen Gjørv, Security by Any Other Name: Negative Security, Positive Security, and a Multi-actor Security Approach, *Review of International Studies*, Vol. 38, No. 4, 2012, pp. 835-859。
② 转引自《马克思恩格斯选集》第3卷，人民出版社2012年版，第647、784页。
③ Valerie M. Hudson, Mary Caprioli, Bonnie Ballif-Spanvill, Rose McDermott and Chad F. Emmett, The Heart of the Matter: The Security of Women and the Security of States, *International Security*, Vol. 33, No. 3, 2009, pp. 42, 43-44.

应该被视为割裂的、甚至是对立的部分。"①

（二）女性安全状况

女性主义安全研究批评了传统国际安全研究的社会性别视角缺失，强调"'保护'等主要安全概念都受到社会性别的影响，它们都包含着对男性特质和女性特质的特定理解"②，认为现实主义安全概念强调国际社会中与男性特质密切联系的冲突与暴力，不仅忽视了非军事安全，而且在将妇女驱逐出公共领域、使妇女的安全问题变得不可见的同时，与妇女相联系的女性特质也被剔除出去。

女性主义研究重视妇女与安全的关系，着力探究现实主义所谓的国家安全，特别是在军事安全观念的影响之下，女性安全是如何被传统国际政治理论所忽视。③ 对于女性安全的现实境况，国内学者多有梳理，主要内容可概括为：

第一，许多女性在战争、冲突和日常生活中遭受强奸等性暴力侵害，但由于传统安全观念主要涉及的是军事安全，既无法涵盖像伊拉克那样受到国际制裁国家女性的不安全状况，也无法涵盖像阿富汗那样处于战后重建阶段的国家中女性的安全困境。

第二，传统安全观念带来的另一个后果就是使许多国家将大量原本可以用在促进社会经济发展、提高女性地位上的财力和物力用在充实武器库和军备竞赛上，影响了国际政治实践中广大"失语的""不可见的"女性的其他安全需要。④

第三，战争和军事行动所带来的发展问题与环境危害同样直接加在女性身上。正如第四次世界妇女大会《行动纲领》所述，"正在毁坏脆弱的生态系统，使各种社群尤其是妇女无法参与生产活动，是对安全和健康的环境不断加重的一种威胁"；"自然资源恶化使各种社群特别是妇女无法从事创收活动，同时使无酬工作大增。在城市和农村地区，环境退化和对整体人口特别是女孩和所有年龄的妇女的健康、福祉和生活素质都产生不利的影响。"⑤

第四，在经济全球化浪潮席卷全球的过程中，大量的国际剥削与犯罪威

---

① 李英桃：《"小人鱼"的安全问题》，载《世界经济与政治》2004 年第 2 期，第 19 页。
② Maya Eichler, Gender and the Privatization of Military Security: An Introduction, in Maya Eichler (ed.), *Gender and Private Security in Global Politics*, New York: Oxford University Press, 2015, p. 7.
③ 参见李英桃：《"小人鱼"的安全问题》，载《世界经济与政治》2004 年第 2 期，第 15 页。
④ 同上书，第 16 页。
⑤ 第四次世界妇女大会《行动纲领》，第 246、247 段，载第四次世界妇女大会、'95 北京非政府组织妇女论坛丛书编委会编：《第四次世界妇女大会重要文献汇编》，中国妇女出版社 1998 年版，第 290、291 页。

胁着妇女、儿童，特别是发展中国家的妇女、儿童。因此，从根本上讲，战争、暴力、男女不平等的社会现实与统治/被统治、控制/被控制的等级关系及社会文化结构紧密相连，与传统上对安全的定义密不可分。女性安全问题不仅是女性面临的问题，也是世界各国国际政治理论家、实践者和各国人民面临的共同问题。①

资料2　习近平在全球妇女峰会上的讲话（节选）

根据2016年联合国安全理事会《秘书长关于妇女与和平与安全的报告》提供的数据，武装冲突和暴力行为造成的流离失所人数继续增加，2015年记录的新增人数达860万。在这些新增人数中，伊拉克、叙利亚和也门占一半以上。在许多情况下，逃离冲突和暴力的人们继续受到各种违反国际人道主义和人权法的行为（包括性暴力和性别暴力行为）的侵害。恐怖主义和暴力极端主义继续产生灾难性后果，不过女性和男子受到的影响不尽相同。侵犯女性的基本权利，包括健康权、受教育权、身体完整和公共生活权利，处于恐怖主义和暴力极端主义团体许多议程的核心。这些团体将性犯罪和性别犯罪作为策略，包括实施强奸、强迫婚姻、绑架和性奴役，这些行为可能构成战争罪、危害人类罪甚至灭绝种族罪。一些女性也参加了恐怖主义和暴力极端主义团体。②

而根据联合国《2015—2016世界妇女进展：改变经济，实现权利》中的统计数据，全球3/4的男性加入了劳动大军，但女性只有一半。在发展中国家，高达95%的女性的就业属于非正规性质，即从事得不到法律保护和社会保障的工作；许多女性仍然在从事没有任何报酬的家务劳动或被迫从事低收入和低质量的工作；她们无法获得基本的健康保健、清洁用水和体面的卫生设施。从全球范围看，目前受过教育的女性人数空前，但女性就业仍不乐观，失业率在许多国家处于历史新高，包括许多中东、北非、拉美国家，以及欧洲南部和加勒比海附近区域；薪酬方面，女性也比男性平均低24%，在全球的大部分地区，妇女收入低，缺乏劳动保障，在类似小规模农场或家务工作从业者中，女性占劳动力总数的83%。③

基于这些事实，女性主义学者有理由提出问题：未与男性获得平等待遇的女性真的安全吗？如果女性处于不安全状况，那么，国家和国际社会真的安全吗？

---

① 参见李英桃：《"小人鱼"的安全问题》，载《世界经济与政治》2004年第2期，第16页。
② 参见《秘书长关于妇女与和平与安全的报告》（S/2016/822），http：//www.un.org/zh/documents/view_doc.asp?symbol=S/2016/822，2019年3月20日访问。
③ See UN Women, Progress of the World's Women 2015-2016: Transforming Economies, Realizing Rights, http：//progress.unwomen.org/en/2015/pdf/UNW_progressreport.pdf, visited on 2019-03-20.

第二节 传统安全、非传统安全与女性安全

一、传统安全中的女性安全

在对传统战争与和平的关注中,女性安全议题已逐渐引起国际社会和各国政府、非政府组织及各个方面的重视,相关国际规范逐步兴起、被广泛接受并在越来越多的国家内化成为国家行动计划。

2000年10月31日,联合国安理会通过第1325号决议:第一,表示关切武装冲突中的平民,尤其是妇女、儿童和其他脆弱群体,包括难民和国内流离失所者,承认在战争和武装冲突中妇女所受到的不利影响,提出保护妇女和女童在武装冲突局势下免受基于性别的暴力;第二,承认妇女和女童在遣返、重新安置、复员、重返社会和冲突后重建中的特殊需要,鼓励所有参与规划解除武装、复员和重返社会工作的人员照顾到男女前战斗人员的不同需要并考虑到其家属的需要;第三,重申妇女在预防和解决冲突及建设和平方面起重要作用,强调妇女平等参加和充分参与维持和促进和平与安全的一切努力至关重要,以及加强妇女在有关预防和解决冲突的决策方面的作用。①

自2000年至2015年,联合国安理会通过了八个相关决议(见表12-1)。

表12-1 联合国安理会关于妇女、和平与安全的八个决议

时间	名称	主要内容
2000	第1325号决议	不仅关注战争对妇女的影响,而且强调妇女在冲突管理、冲突解决和维护持久和平中所起到的重要作用。决议有四个"支柱":参与、保护、预防、救济和恢复,社会性别主流化战略贯穿其中
2008	第1820号决议	承认与冲突相关的性暴力是一种战争战术,呼吁训练部队在预防和对性暴力作出反应时,让更多妇女参与和平行动,强化维持和平部队人员对性剥削、虐待的零容忍政策的执行
2009	第1888号决议	推动执行第1820号决议,呼吁对解决与冲突相关的性暴力问题的领导,在关键冲突领域使用军事和社会性别专家团队,增强对冲突趋势和犯罪者的监控和报告,任命处理冲突中性暴力问题的特别代表

---

① 资料来源:http://www.un.org/chinese/aboutun/prinorgs/sc/sres/00/s1325.htm,2019年3月20日访问。

(续表)

时间	名称	主要内容
2009	第1889号决议	遵循第1325号决议的精神，消除阻碍妇女参与和平进程的障碍，呼吁实现促进性别平等的全球发展指标，强化对妇女在冲突和冲突后环境中所需要的国内和国际反应能力
2010	第1960号决议	呼吁终止武装冲突中的性暴力，特别是针对妇女和女童的性暴力，提供性暴力犯罪者未受惩罚的情况并采取相应措施，包括制裁和报告等
2013	第2106号决议	强调采取有效步骤防止和应对性暴力行为，维护国际和平与安全，任何预防和保护对策都必须有妇女参与，有性别平等顾问发挥独特作用，为性暴力的受害者提供非歧视性的综合保健服务
2013	第2122号决议	让妇女进一步参与和平与安全日程，实施第1325号决议；切实应对妇女赋权、公正、信息、侵犯人权等问题，让公民社会参与其中；重申安理会打算在2015年进行一次高级别审查，请秘书长为筹备高级别审查，委托进行一项第1325号决议执行情况的全球研究，将反对恐怖主义威胁纳入议程
2015	第2242号决议	再次呼吁会员国确保在预防和解决冲突的国家、区域和国际机构及机制的决策层中增加更多女性代表；打击性暴力犯罪和保护妇女权利；把妇女、和平与安全议程，反恐议程以及反对可滋生恐怖主义的暴力极端主义议程综合统一起来，确保妇女和妇女组织参加反恐战略和反对可滋生恐怖主义的暴力极端主义战略的制定工作并发挥领导作用

资料来源：根据联合国安理会相关决议整理，另参见李英桃、金岳嵘：《妇女、和平与安全议程——联合国安理会第1325号决议的发展与执行》，载《世界经济与政治》2016年第2期，第39—40页。

2015年通过的联合国安理会关于妇女、和平与安全的第2242号决议一如既往重视保护妇女免受暴力侵害，强调加强能力建设、增强妇女权能。如何超越辞藻，将承诺变成现实，使妇女的参与和领导成为和平与安全工作的核心，这是联合国、各国政府和相关各方执行决议的核心任务。而进一步把妇女、和平与安全议程，反恐议程以及反对暴力极端主义议程综合统一起来的问题，也在第2242号决议中凸显出来。2017年10月，联合国秘书长安东尼奥·古特雷斯（António Guterres）在关于妇女、和平与安全的报告中总结道：2000年以来，联合国安理会通过的关于妇女、和平与安全的八个决议的规范性作用明显增强，为这一领域的工作提供了强有力的指导。他呼吁会员国发挥全球领导作用，展现更大的政治意愿，将象征性的承诺付诸实践。性别平等和增强妇女权能是防止冲突的前提条件，是保持和平的有力工具，对实现可持续发展目标至关重要。为了解决性暴力和不平等的根本问题，必须结束有罪不罚现象，保证所有妇女享有所有人权，包括经济、社会和文化权利，不论她们的年龄、残疾状况、婚姻状况、性取向、性别认同、种族、民族、宗教和政治归属如何。①

事实上,联合国安理会通过的关于妇女、和平与安全的第1325号决议是国际和平与安全领域的一个重要的里程碑,该决议及后续决议突破了传统安全研究的思路,在传统安全领域加入了非传统安全和女性安全的议题与研究路径。

二、非传统安全中的女性安全

女性安全是非传统安全和人的安全的重要组成部分,而"免于匮乏""免于恐惧"是女性安全的关键问题,其中既包括粮食和营养问题,也包括对妇女、女童的社会保护,妇女免受包括家庭暴力在内的各种暴力问题同样至关重要。

女性安全涉及的众多问题集中体现在2015年9月通过的2030年可持续发展目标中。2015年8月,联合国193个会员国代表就2015年后发展议程达成一致,形成题为《变革我们的世界:2030年可持续发展议程》的文件。9月,世界各国领导人汇聚美国纽约联合国总部,召开联合国可持续发展峰会,正式批准该文件。该文件涵盖经济、社会、环境三大领域,包括17项目标和169个具体目标,内容可以归结为人、地球、繁荣、和平和合作伙伴五个大类。其中,目标5为"实现性别平等,增强所有妇女和女童的权能",是一项针对妇女和女童发展的可持续发展目标(见表12-2)。

表12-2 《变革我们的世界:2030年可持续发展议程》目标5

实现性别平等	5.1 在全球消除对妇女和女童一切形式的歧视
	5.2 消除公共和私营部门针对妇女和女童一切形式的暴力行为,包括贩卖、性剥削及其他形式的剥削
	5.3 消除童婚、早婚、逼婚及割礼等一切伤害行为
	5.4 认可和尊重无偿护理和家务,各国可视本国情况提供公共服务、基础设施和社会保护政策,在家庭内部提倡责任共担
	5.5 确保妇女全面有效参与各级政治、经济和公共生活的决策,并享有进入以上各级决策领导层的平等机会
	5.6 根据《国际人口与发展会议行动纲领》《北京行动纲领》及其历次审查会议的成果文件,确保普遍享有性和生殖健康以及生殖权利

---

① 参见《秘书长关于妇女与和平与安全的报告》(S/2017/861),http://www.un.org/zh/documents/view_doc.asp?symbol=S/2017/861,2019年3月20日访问。

	(续表)
增强妇女和女童的权能	5.a 根据各国法律进行改革，给予妇女平等获取经济资源的权利，以及享有对土地和其他形式财产的所有权和控制权，获取金融服务、遗产和自然资源
	5.b 加强技术特别是信息和通信技术的应用，以增强妇女权能
	5.c 采用和加强合理的政策和有执行力的立法，促进性别平等，在各级增强妇女和女童权能

资料来源：根据《变革我们的世界：2030年可持续发展议程》制表，另参见李英桃、王海媚：《性别平等的可持续发展》，社会科学文献出版社2016年版，第48—49页。

资料3　从性别看可持续发展目标

除了单独列出的性别平等目标5，其他可持续发展目标也都与性别平等有密切关系。

在消除贫困、消除饥饿、确保健康福祉、确保平等教育、提供水和环境卫生、促进经济增长和获得体面工作、减少内部不平等、创建可持续发展城市和创建和平包容的社会等多个方面，《变革我们的世界：2030年可持续发展议程》中明确列出了针对妇女和女童的内容。正如该文件在"序言"中所说的，"我们今天宣布的17个可持续发展目标和169个具体目标……要让所有人享有人权，实现性别平等，增强所有妇女和女童的权能。它们是整体的，不可分割的，并兼顾了可持续发展的三个方面：经济、社会和环境"①。

《变革我们的世界：2030年可持续发展议程》在第20段进一步阐述了实现性别平等以及增强妇女和女童权能对实现所有目标和具体目标的意义："如果人类中有一半人仍然不能充分享有人权和机会，就无法充分发挥人的潜能和实现可持续发展。妇女和女童必须能平等地接受优质教育，获得经济资源和参政机会，并能在就业、担任各级领导和参与决策方面，享有与男子和男童相同的机会。我们将努力争取为缩小两性差距大幅增加投入，在性别平等和增强妇女权能方面，在全球、区域和国家各级进一步为各机构提供支持。将消除对妇女和女童的一切形式歧视和暴力，包括通过让男子和男童参与。"②

此后，落实2030年可持续发展目标成为国际社会、各国政府与相关各方的工作重心。2016年3月，联合国妇女地位委员会第60届会议通过的《增强妇女权能和与可持续发展的联系：2016年妇女地位委员会商定结论》强调：

---

① 《变革我们的世界：2030年可持续发展议程》，https://sustainabledevelopment.un.org/content/documents/94632030%20Agenda_Revised%20Chinese%20translation.pdf，2019年3月20日访问。

② 同上。

"确认农村妇女和女童以及地方社区对粮食安全、消除贫穷、环境可持续性和可持续发展的重要作用和贡献,并致力于支持增强她们的权能,确保农村妇女充分、平等和切实参与社会、经济和政治决策";"敦促各国政府为所有人,特别是在学校、公共设施和建筑物,提供普遍和公平获得安全价廉饮用水以及适当环境卫生和个人卫生的机会,特别注意所有妇女和女童的具体需求,因为她们受到水和卫生设施不足的影响过于严重,在露天大小便时面临更大的暴力和骚扰风险,在经期个人卫生管理方面也有具体需要,还敦促各国政府在妇女的积极参与下改善水管理和废水处理"。文件还提出:"促进和保护所有妇女的人权以及她们的性健康和生殖健康及生殖权利,……确认人权包括有权自由和负责任地控制和决定与妇女性生活有关的事项,包括性健康和生殖健康,免受胁迫、歧视和暴力"。[1] 2017 年 3 月,联合国妇女地位委员会第 61 届会议通过的《在不断变化的劳工世界中增强妇女经济权能的问题:2017 年妇女地位委员会商定结论》指出,在不断变化的劳工世界中,"在妇女生命周期的整个过程中,增强其在不断变化职业领域内的经济权能所面临的结构障碍包括:关于就业、征聘、留用、重返、促进和发展的条款和条件,管理或高级职位,退休和解雇,所有这一切都可因私人和公共领域的多重和交叉性歧视而复杂化,都可能在经济、金融和人道主义危机、武装冲突、冲突后局势,在自然灾害和人为灾害以及难民和国内流离失所情况下加剧"。文件敦促政府和相关各方采取行动,加强规范和法律框架,加强教育、培训和技能发展,实施经济和社会政策以增强妇女经济权能,应对女工工作的非正规性和流动性日益增加的问题,管理技术和数字变化以增强妇女经济权能,加强妇女的集体声音、领导力和决策,加强私营部门在增强妇女经济权能方面的作用。[2]

总之,可持续发展目标中的每一个目标都与性别平等和女性安全息息相关,全球实现可持续发展目标的过程,就是保障女性安全、实现性别平等的过程。

---

[1] 资料来源:http://www2.unwomen.org/-/media/headquarters/attachments/sections/csw/60/csw60%20agreed%20conclusions%20conclusions%20ch.pdf? v = 1&d = 20160915T144349,2019 年 3 月 20 日访问。

[2] 资料来源:http://www.unwomen.org/-/media/headquarters/attachments/sections/csw/61/csw-conclusions-61-chweb.pdf? la = en&vs = 5318,2019 年 3 月 20 日访问。

第三节　女性安全与其他非传统安全议题的交叉互动

一、与国际性非传统安全议题的交叉互动

女性安全与所有国际性非传统安全议题，如环境恶化、气候变化、国际恐怖主义、跨国人口拐卖、跨国犯罪等都有密切联系。其中，气候变化与女性安全的关系具有一定的代表性。

作为全球安全危机的一种形式，气候变化不仅仅是一个生态问题，它对人类的自由、公正和基本人权也构成威胁。"将社会性别作为一个基本因素纳入安全与环境分析路径，给学者提供了一个获得关于人类和环境的关键视角的重要机会。"①

面对气候变化这一非传统安全问题，女性主义学者强调："在气候变化面前，妇女是最脆弱的；与此同时，她们也是遏制气候变化影响的最好的平衡力量。"② 气候变化与女性安全的关系主要可概括为：第一，气候变化的消极影响更容易伤害最贫穷国家的最贫穷的人，而穷人中的大多数是女性。第二，女性所处不利地位使她们获得资源的机会有限，权利有限，在决策方面没有发言权，因而更易受到气候变化的影响。第三，男女不平等社会对女性的传统约束限制使她们在自然灾害面前较男性更为脆弱。第四，女性是世界上维持生存的农作物的主要生产者，而全球气候变化可能使某地的粮食作物生产减产，使依赖农业生产的女性和社区的生活环境继续恶化。第五，气候变化可能会引发新的冲突，而女性在冲突面前更为脆弱。第六，女性特别是来自欠发达国家的女性的权益与作用在气候谈判中容易被忽视。③

在讨论气候变化给女性安全带来消极影响的同时需要强调，女性的参与和贡献可以在很大程度上改变气候变化的整体和局部状况，气候变化中女性安全状况的改善同时意味着整个人类在应对气候变化中取得了成绩。女性不仅是气候变化的受害者，更是应对气候变化的强有力的推动者。女性在与气候变化的影响作斗争、从事自然灾害管理，特别是在基层实践中展现出独特的知识和专长，发挥了关键的领导作用。但总的来说，女性在促进可持续发

---

① Nicole A. Detraz, The Genders of Environmental Security, in Laura Sjoberg (ed.), *Gender and International Security: Feminist Perspectives*, London and New York: Routledge, 2010, p. 120.
② 李英桃：《女性主义和平学》，上海人民出版社2012年版，第285页。
③ 同上书，第285—287页。

展、应对气候变化的领导团队中的代表性较低,这阻碍了她们在上述议题上贡献出自己独特的有价值的观点和专业知识能力。① 经过各方的共同努力,2015 年 12 月在巴黎气候变化大会上通过了《巴黎协定》,"承认气候变化是人类共同关注的问题,缔约方在采取行动应对气候变化时,应当尊重、促进和考虑它们各自对人权、健康权、土著人民权利、当地社区权利、移徙者权利、儿童权利、残疾人权利、弱势人权利、发展权,以及性别平等、妇女赋权和代际公平等的义务",缔约方的"适应行动应当遵循一种国家驱动、注重性别问题、参与型和充分透明的方法"。②

因此,正如女性安全与可持续发展密不可分一样,在保障女性安全与应对气候变化之间建立积极互动关系,将有利于找到解决问题的综合性方案。

二、与国内非传统安全议题的交叉互动

在粮食安全、食品安全、公共卫生安全、社会安全等国内非传统安全领域,都可以发现其与女性安全之间存在不可分割的联系。而在非传统安全研究较少讨论的涉及个人安全的部分——家庭暴力,目前已逐渐成为国内关于女性安全的核心问题。

家庭是社会的基本单位,国家是国际社会的主要行为体,处在不同国家和家庭中的人们构成的国际社会常被比喻为"国际大家庭"。如果说"国际大家庭"需要和平与安全,个人的小家庭同样如此。③ 家庭暴力是家庭问题,更是社会问题、全球问题,是人的安全问题,也是非传统安全问题。家庭暴力的受害者不仅可能是妇女、儿童,也可能是男子,但其中女性遭受家庭暴力的比例远大于男性。

家庭暴力严重侵害女性权益,破坏家庭和谐,弱化家庭的社会化功能,可导致婚姻破裂和家庭解体,给包括儿童在内的家庭成员造成伤害,进而影响社会稳定。家庭暴力会带来身体上的伤害并产生医疗费用,从而增加家庭经济负担;如果施暴的丈夫被处以刑罚,家庭负担和抚养孩子的责任将落在妻子身上;家庭暴力还会给社会增加额外的开支,如施暴者和受害者在工作日的停工、法律援助机制启动后产生的费用。家庭暴力会导致犯罪增多,除施暴一方伤害、杀死家庭成员构成犯罪外,在家庭暴力中长大的子女也可能

---

① 参见李英桃:《女性主义和平学》,上海人民出版社 2012 年版,第 290—293 页。
② 资料来源:http://unfccc.int/files/essential_background/convention/application/pdf/chinese_paris_agreement.pdf,2019 年 3 月 20 日访问。
③ 参见李英桃:《女性主义和平学》,上海人民出版社 2012 年版,第 167 页。

因为没有良好的生长环境而走上犯罪道路，从而给家庭、社会带来了巨大的安全隐患。目前国际上尤其关注因不堪忍受家庭暴力而犯罪的女性群体。①

由于家庭暴力的危害性，国际社会对此问题的重视程度日渐增强，联合国消除对妇女歧视委员会（简称"消歧委员会"）1992年通过了《第19号一般性建议：对妇女的暴力行为》。其中规定："家庭暴力是对妇女的最有害的暴力形式之一。它在所有的社会都普遍存在。在家庭关系中，各个年龄的子女都会遭受各种各样的暴力，包括殴打、强奸、其他形式的性攻击、精神方面的暴力以及由于传统观念而长期存在的其他形式的暴力。因缺乏经济独立，许多妇女被迫处在暴力关系之中。男子不承担其家庭责任的行为，也是一种形式的暴力和胁迫。这些形式的暴力置妇女的健康于危险之中，并损及她们平等地参与家庭生活及公共生活的能力。"② 据此，消歧委员会建议缔约国应采取适当而有效的措施，以消除一切形式的基于性别的暴力，充分保护所有妇女并且尊重她们的人格完整和尊严。2015年12月27日，《中华人民共和国反家庭暴力法》经第十二届全国人大常委会第十八次会议通过，并已于2016年3月1日实施。该法第2条规定，家庭暴力"是指家庭成员之间以殴打、捆绑、残害、限制人身自由以及经常性谩骂、恐吓等方式实施的身体、精神等侵害行为"。该法详细规定了家庭暴力的预防、家庭暴力的处置、人身安全保护令、法律责任等事宜。

资料4 《中华人民共和国反家庭暴力法（节选）》

反对并逐步消除家庭暴力对女性安全的意义是不言而喻的，它不仅是"人的安全"中"免于恐惧"的重要方面，而且是减少其他非传统安全问题的重要手段。

综上所述，作为一个分析范畴和研究视角，社会性别为实现性别平等以及增强所有妇女和女童的权能提供了一个兼具批判性和建设性的有力工具。作为连接传统安全与非传统安全的交叉性议题，女性安全在传统安全和非传统安全中都至关重要，在安全研究与构建全球安全的社会实践中处于中心地位。国际社会、各国政府和各相关方面必须高度重视并积极应对女性安全议题。

---

① 参见李英桃：《女性主义和平学》，上海人民出版社2012年版，第178—182页。
② 资料来源：http://hrlibrary.umn.edu/chinese/CHgencomm/CHgenerl19.htm，2019年3月20日访问。

思考题

1. 辨析社会性别与性别的概念，阐述社会性别分析的意义。
2. 简析《变革我们的世界：2030年可持续发展议程》中的性别平等目标。
3. 简述联合国安理会关于妇女、和平与安全的第1325号决议及其后续决议的主要内容，分析其对女性安全的影响。

讨论题

1. 请剖析气候变化与女性安全之间的关系。
2. 试比较《中华人民共和国反家庭暴力法》与联合国消除对妇女歧视委员会《第19号一般性建议：对妇女的暴力行为》中关于家庭暴力的定义。

推荐阅读材料

1. J. Ann Tickner, *Gender in International Relations: Feminist Perspectives on Achieving Global Security*, New York: Columbia University Press, 1992.
2. Laura Sjoberg (ed.), *Gender and International Security: Feminist perspectives*, London and New York: Routledge, 2010.
3. Resolution 1325 (2000), United Nations, 31 October 2000, S/RES/1325 (2000).
4. 《变革我们的世界：2030年可持续发展议程》, https://sustainabledevelopment.un.org/content/documents/94632030%20Agenda_Revised%20Chinese%20translation.pdf, 2019年3月20日访问。
5. 李英桃：《女性主义和平学》，上海人民出版社2012年版。

第十三章　话语危机、安全化与应对

> **导　读**
>
> 2003年3月20日，美国小布什政府在没有联合国授权的情况下发动了伊拉克战争，理由之一是伊拉克生产和藏匿了大规模杀伤性武器，并且将来会用这些武器对美国发动"9·11"式的袭击。时任总统小布什在战前警告，"我们国家面临的危险非常严峻，这种危险正在增加。伊拉克政权拥有生化武器。伊拉克政权正在建设更多的生产生化武器所需要的设施"①；"伊拉克的大规模杀伤性武器正被一个曾使用过它们的嗜杀成性的暴君所控制……"②在这种话语的影响下，多数美国人甚至其他国家的很多人都相信伊拉克拥有大规模杀伤性武器，是美国迫在眉睫的威胁。但是，直到现在美国在伊拉克也没有发现大规模杀伤性武器。这个不存在的理由所导致的伊拉克战争却对伊拉克、中东其他国家乃至整个世界产生了深远影响。这个例子表明是话语建构了危机，小布什政府通过语言把伊拉克建构为美国面临的一个严重的安全威胁，伊拉克被赋予了一个威胁美国安全的特殊身份，话语把不存在的东西建构成了一种社会存在，让人觉得它是真的。这种话语危机直接影响了世界政治的进程与结果。因此，话语危机是当今世界需要关注的一个重要领域，各国都需要妥善应对。话语危机应被视为非传统安全领域的一个重要组成部分。

---

① George W. Bush, President Bush Discusses Iraq with Congressional Leaders, Remarks by the President on Iraq, https://georgewbush-whitehouse.archives.gov/news/releases/2002/09/20020926-7.html, visited on 2019-05-15.

② George W. Bush, President Bush Outlines Iraqi Threat, Remarks by the President on Iraq, https://georgewbush-whitehouse.archives.gov/news/releases/2002/10/20021007-8.html, visited on 2019-05-15.

第一节 何谓话语危机？

话语可以建构危机，产生话语危机。话语是特定社会语境中人与人之间进行沟通的具体言语行为，是一定的说话人与话语对象之间在特定社会语境中展开的沟通活动，涉及说话人、受话人、文本、沟通、语境等要素。话语同时是构建社会现实的意义结构，每个话语都包含一定的意义体系，这些体系一起构成了社会知识网络，成为人们认识社会的基础。话语的形成依赖于语言的使用，语言之所以可以建构话语危机，主要是由于语言本身不但具有表象功能，还具有建构功能。正是因为语言的建构功能，国际政治中的很多危机都是通过话语建构而来，表面上看是安全危机、能源危机或是迫在眉睫的威胁，实际是语言在整个危机的形成过程中发挥了推波助澜的重要作用，在某种程度上实为话语危机。

一、语言特点

话语之所以能够建构话语危机，主要是由语言的以下特点所决定：

第一个特点是语言具有表象功能，可以作为人们的工具，交流信息，传递信息。这也是语言最基本的社会功能。人是社会动物，可以通过语言实现交流目的。从哲学领域看，人们首先认可的是语言的镜像观，认为语言可以呈现事实，事实是什么样子，人们通过语言就可以把它客观再现成什么样子，语言起一种客观媒介的作用。哲学家维特根斯坦（Ludwig Wittgenstein）在早期主要持该语言观，强调语言的客观传递作用，即人们通过语言把世界客观展现出来，别人通过语言所认识到的也是这样一个客观世界。在这个过程中，语言只是起了传递的作用，像镜子一样映射出世界的本来面目。

第二个特点是语言具有行事功能和建构功能，人们可以通过语言建构社会现实，建构社会存在。这种认识也与哲学领域人们对语言的认识相关。随着语言哲学的发展，19世纪末20世纪初，西方哲学发生了语言转向，人们对语言的认识也发生了变化。以维特根斯坦等为代表的哲学家们开始强调语言的行事功能和建构功能，认为语言可以用来传递信息，而且人在说话的同时也伴随着行为的发生。因此，语言的使用本身也是一种实践。语言作为社会生活的一个基本行为，正如维特根斯坦所言，不仅反映出真实的存在，更重要的是一种可以产生社会意义的社会实践，把所说的内容变为真实存在的东西。语言的建构性不仅体现在它可以建构社会存在,同时也体现在它可以建构社会意义。不同的语言实践会建构不同的社会身份、社会关系,甚至是"知识"或是"真理"。例如,对于同一个客观事物,人们对其进行不同的命名,采用不同的叙述方式等会体现出语言使用者不同的观念和态度,产生的建构效果也会完全不同。由此可见,话语本身不是客观的,它体现了人们在使用语言交流中形成的共识,具有主体间性。20世纪80年代末以来,语言的这种建构作用日益引起国际关系研究领域的关注,这也是为什么我们需要关注话语危机的原因。

二、话语策略

语言使用者可以使用不同的言语策略,达到建构效果,也包括建构话语危机,主要体现在以下几个方面:[①]

首先,在词汇的选用方面,不同的词汇会产生不同的建构效果,如选择不同的名词实际是进行了不同的命名,赋予话语主体不同的标签,同时定义话语主体,呈现话语主体的类别和性质。词汇还可以用来定义语境、塑造身份,赋予相关的话语主体、客观事物、行为等特殊的意义,决定它们在社会话语中的存在形式。例如,在国际关系中,身份定位在国家间交往过程中非常常见,而身份的定位具有重要意义,会直接影响国家间的相关政策。中国在发展自己的全球伙伴关系网时,针对不同的国家,有不同的身份定位,如"伙伴关系""战略伙伴关系""全面战略伙伴关系""全面战略合作伙伴关系""全面战略协作伙伴关系"等,不同的身份定位体现了不同的双边关系特点和国家间亲疏关系的不同,也决定了彼此间采取的政策。再如,美国在对其他国家的身份定位中,有"盟友""特殊关系""流氓国家""邪恶轴心""支持恐怖主义国家"等,这些定位也决定了美国对不同国家采取有差别的政策,如经济制裁、军事干预等。对词汇而言,最容易产生话语影响的是名词、动词、形容词、副词等:名词直接命名话语主体,体现其具体范畴和类别,不但定性了话语主体本身,还能够建构相关的规则和规范。同样是针对网络袭击,将其说成是一种网络技术行为与将其说成是安全袭击所产生的话语效果和社会影响完全不同,前者只是局限在技术领域,而后者则上升到国家安全层面,需要从国家层面采取安全应对措施。动词具体描述行为体的行为,

---

[①] 具体可参见孙吉胜:《语言、意义与国际政治——伊拉克战争解析》,上海人民出版社2009年版。

使人们清楚话语主体具体做了什么。而形容词和副词之所以重要是由于它们可以进一步修饰名词和动词,通过这些修饰词汇的使用,人们对名词和动词的认识会更加具体,对它们的特征也会呈现得更具体。

其次,一些比喻和类比会产生特殊的建构效果。比喻不仅仅是简单的修辞手段,还塑造特殊的意义。我们所接触的很多概念体系都是通过比喻建立起来的。比喻不仅可以帮助人们通过熟悉的事物来理解不熟悉的事物,而且可以使语言更加形象生动、易懂,达到更好的话语效果。例如,习近平主席在世界经济论坛2017年年会的主旨演讲中指出:"搞保护主义如同把自己关入黑屋子,看似躲过了风吹雨打,但也隔绝了阳光和空气。"① 他用"黑屋子"比喻贸易保护主义,比喻简单、易懂,在国际上引起强烈反响,多家国际媒体直接转引。2017年1月,他在联合国日内瓦总部演讲时说:"如果我们能为我们这个世界打造一把精巧的瑞士军刀就好了,人类遇到了什么问题,就用其中一个工具来解决它。我相信,只要国际社会不懈努力,这样一把瑞士军刀是可以打造出来的。"② 他将瑞士军刀类比为能够解决世界问题的工具,同样达到了很好的交流效果。再如,在中国20世纪五六十年代常用的"纸老虎"这个比喻在国外被广为接受和使用,也是同样道理。近年来,美国学者经常用"修昔底德陷阱"来描述中美关系,这让人们直接联想到雅典和斯巴达之间的争霸战争,也暗示中美之间的战争无法避免,对两国关系产生了消极的话语影响。

最后,语言可以框定叙事内容和意义体系,通过不同叙事方式塑造紧迫感和危机感。语言通过叙述框定了话语的内容。叙述会直接框定人们对事件的认识,影响人们对事件的感知,影响其社会化的过程。在宏观层面,通过语言频繁地提及某些方面的内容而把它们框定在话语之内,同时把其他内容排除在外。通过这样一个话语过程赋予了事件特殊的社会意义。语言通过叙事也可以框定不同的角度。就如同人们在拍摄一张照片时,取景范围和取景角度会直接影响人们所看到的照片的内容和对照片的整体感觉。因此,在整个框定过程中,言语的选择非常重要,决定了话语的叙述内容和话语边界。也正因为如此,关于同一事件的不同框定之间会存在竞争。一个事件会涉及多个方面,而选取哪些方面的内容进行叙述、以什么样的方式进行叙述则直

---

① 习近平:《共担时代责任 共促全球发展——在世界经济论坛2017年年会开幕式上的主旨演讲》,http://www.xinhuanet.com/politics/2017-01/18/c_1120331545.htm,2019年5月15日访问。
② 习近平:《共同构建人类命运共同体——在联合国日内瓦总部的演讲》,http://www.xinhuanet.com//world/2017-01/19/c_1120340081.htm,2019年5月15日访问。

接影响人们对该事件的感知、认识和最终的态度，最终决定了这个事件是以什么形式被人们接受和在这个社会上存在。不同的叙事产生的效果不同，需要采取的政策也自然不同。例如，小布什政府在谈到恐怖分子时，经常会说他们对整个文明世界发起了进攻，把恐怖分子置于普世价值的对立面上，那么应采取的政策就是全球团结起来共同反恐，建立反恐统一战线。语言的不同叙事方式会产生不同的建构效果，可以说服、恫吓、启发、取悦他人，也可以让他人做原本不会做的事，尤其会塑造紧迫感和危机感。无论是紧迫感还是危机感实际都是一种感知。例如，对于气候变化，通过一些数字的列举和纵向、横向的对比，就可以将其塑造为人类所面临的最严峻的威胁，但也可以对其轻描淡写，让人们认为它只是一种简单的自然现象。

三、话语危机建构

除了以上语言使用者对语言的单向使用，即由语言使用者通过身份标签、话语框定和危机叙事的方式建构话语危机之外，语言使用者之间经常会通过你来我往的话语互动，不断使用更强硬的言辞，在话语博弈中显示自己的影响力。这种博弈经常使双方话语对抗出现螺旋式升级，导致话语危机。在国际关系的无政府状态下，话语博弈的成本要远低于军事、经济竞争，可以说是没有硝烟的战场，非常常见。例如，美国和朝鲜经常唇枪舌剑，双方隔着太平洋，通过现代社交媒体和官方媒介，话语博弈经常不断升级，最严重时甚至令人感觉战争一触即发。首先，特朗普和金正恩在相互定位身份时，语言暴力不断，成为双方紧张关系的助推器。2017年9月，特朗普在一系列推文中称金正恩为"小火箭人"（little rocket man），他首次在联合国大会发言时称金正恩为"走在自杀路上的火箭人"（rocket man on a suicide mission）。金正恩则回称特朗普为"老年痴呆症患者"（dotard），并说，"采取行动是对那些迷恋自己又听不得不同意见之人最好的回应……我一定会用烈火驯服那个精神错乱的美国老年痴呆症患者。"接着特朗普强硬回应说，"他们（朝鲜）不会活很久了"。这种"口水战"成为美朝紧张关系的重要组成部分，构建了敌对、仇视的社会语境。其次，双方的语言对峙使危机感不断升级，使朝鲜半岛局势多次高度紧张。2017年4月，美军太平洋司令部发布消息称，"卡尔·文森"号航母战斗群离开新加坡向北驶向西太平洋海域。人们认为这是美国在朝鲜4月15日金日成诞辰日阅兵之前对朝鲜施压，以遏制朝鲜声称的核试验。12日，特朗普说，"我们正派出一支无敌舰队，非常强大"。而朝鲜媒体则把美航母抵近称为"赤裸裸的军事讹诈"。朝鲜劳动党中央委员会机关报《劳动新闻》表示,"我们的革命武装已经做好战斗准备,一次打击就可击沉美国核动力航母"。25日,在朝鲜建军节当天,朝鲜在江原道元山一带进行其所称"史上最大规模"的火力演习,而韩美联合司令部司令文森特·布鲁克斯(Vincent Brooks)则发出警告称,"我们已经做好了准备"。朝鲜人民军总参谋部通过朝中社发表声明,称朝鲜军队将以朝鲜式"特殊作战"粉碎韩美军演中所谓的"特殊作战"阴谋。朝鲜外务省强调,美韩联合军演已把半岛拖到战争边缘,美国应对半岛可能爆发的战争负全部责任,并称当前半岛局势下,朝鲜将不得不选择"先发制人打击"以清除侵略基地,实现民族统一。这种话语对抗把朝美紧张关系推到了极限。2018年,尽管美朝关系出现了向好态势,但是5月21日,美国副总统彭斯在接受福克斯新闻采访时说,美国对朝鲜作出让步是为了换取朝鲜弃核的承诺,但是朝鲜没有信守承诺。"如果朝鲜无法与美国达成协议,那么结局就会跟利比亚一样。"朝鲜不愿意与利比亚相提并论,因此对于美国说用"利比亚模式"对待朝核问题非常敏感。针对彭斯的言论,朝鲜外交部副部长崔松辉回应说,"朝美首脑要么相会于谈判桌,要么就进行核决战,一切取决于美国"。随着双方"语言暴力"的升级,双方的军事动作也频频滑向危机边缘,国际社会对双方擦枪走火的担忧大大增加,半岛危机也成为国际社会关注和担忧的热点。

第二节 话语危机、危机结果与相关政策

语言的使用可以塑造话语危机,话语危机会直接产生相应的后果,直接影响相关政策。话语危机可以使某个问题安全化,有时甚至可以直接引发战争。

一、话语危机与安全化

话语危机可以把本不是安全问题的问题安全化,在话语上将其转变为安全问题,从而影响对其采取的相应政策。例如,气候变化问题由来已久,但是美国不同的总统却对其采取了不同的政策。克林顿执政期间,在内政和外交方面均高度重视气候变化问题。克林顿政府通过话语把气候变化与安全问题紧密联系起来,把气候变化问题塑造为国家安全问题,美国对气候变化问

题也采取了安全应对政策。而同样是针对气候变化问题，小布什政府却持完全不同的立场，重视程度降低，在国际上还退出了《京都议定书》。相比较而言，克林顿政府主要通过大量的安全化话语，把气候变化与美国安全战略联系起来，把气候变化塑造为一个美国必须应对的安全危机。① 克林顿政府主要通过以下话语手段实现了气候变化问题的安全化和危机化：

第一，频繁强调气候变化问题，提升气候变化在各场合、各类文件中的话语存在，增强民众对气候变化问题的关注度，同时通过提供各种数据等具体信息，增强应对气候变化问题的紧迫感。例如，1997年10月，克林顿在阿根廷发表演讲时说："（气候变化）后果将导致更多的疾病，海平面的上升，各大洲低地和海洋岛屿的淹没，所有的大洲都会发生更加频繁和严重的极端性天气，包括更多的干旱和洪涝灾害。"1999年9月，他在新西兰的演讲中警告说："如果同样的事情（冰雪融化）发生在南极西部冰盖，上帝保佑我们这还是一个遥远的事情，但它总有发生的一天；如果发生，全球海平面将会上升20英尺之多。"他接着列举了气候变化的多种影响指标："如果我们不做出改变，大多数科学家认为海平面的上升将会吞噬整个岛屿和沿海地区。诸如飓风这样的风暴和干旱，都会加剧。像疟疾这样的疾病将由蚊子传播到越来越高的纬度，并跨越国界，威胁到更多的生命，这是我们在非洲看到的现象。"

第二，针对气候变化问题，克林顿政府在承认它是一个环境问题的同时，更加强调其安全问题的特性，认为美国要把气候变化问题作为一个安全问题来应对，进一步把气候变化问题扩展到了军事和安全层面。1993年10月，美国公布了《气候变化行动方案》，确认环境恶化对美国国家利益构成了新的挑战，把全球变暖等"非传统的外交政策"定位为新的战略重点。自然安全被视为国家安全的一部分。1996年发布的《国家安全战略》提出，大规模的环境恶化，人口增长加剧，破坏了许多国家和地区的政治稳定。在随后几年的国家安全战略报告中，美国反复提到环境灾难的危害以及对美国国家安全和人们生活的威胁，以凸显国家政策中的环保因素。

第三，强调气候变化对每个个体和后代的影响，增强民众的危机感，让每个美国民众意识到气候变化时刻影响自己的安全利益。1997年，克林顿在美利坚大学发表演讲时指出，气候变化会影响所有人，不分收入，不分背景，

---

① 具体可参见艾喜荣：《话语操控与安全化——克林顿政府与小布什政府气候变化政策对比研究》，外交学院2016年博士学位论文。

不分地域。在 1997 年举行的气候变化讨论中，克林顿说："如果我们不采取行动，科学家们预计，我们的海洋将上升 1 至 3 英尺，我们美国的佛罗里达、路易斯安那和其他沿海地区的数千平方英里土地将被淹没。传染病将蔓延到新的地区。严重的热浪将夺去生命。农业将遭受严重的干旱，洪水将更加普遍。这些都是合理的预测。"1999 年发布的《国家安全战略》强调，环境威胁，如平流层臭氧的破坏，妨害性动植物种类的引进，对鱼类、森林和其他生物资源的过度利用和有害化学品和废品的运输，直接威胁着美国公民的健康和经济福利。在 1998 年《联合国气候变化框架公约》第四次缔约方会议召开之前，克林顿重申了他的立场："如果不减少温室气体的排放，在下个世纪的某个时间，会破坏我们的气候，并且把我们的子孙后代置于危险的境地。"1997 年，美国国务院发布的《环境外交：环境与美国对外政策》指出："全球变暖是严重且不断加剧的威胁……气候变化将影响到我们所有的人。"1998 年，克林顿在国会发表国情咨文演讲时指出："全球变暖问题是美国目前面临的严峻环境挑战，如果人们不就削减温室气体立即采取行动，全球气候变化将会给下一代人未来的生活带来巨大的风险。"这些因素和紧迫感，极大地激发了公众的忧患意识。

综上可见，克林顿政府就是通过上述这样一个话语过程成功地使气候变化问题安全化、危机化。

二、话语危机与战争

话语不仅能够把本不属于安全领域的问题安全化和危机化，还可以引发战争。2002 年，美国小布什政府通过话语把伊拉克建构为美国迫在眉睫的威胁，进而策划发动伊拉克战争。具体来说，小布什政府主要从以下几个方面进行话语建构：

资料1 美国"外语能力"危机

第一，"9·11"事件后小布什政府把伊拉克、伊朗、朝鲜命名为"邪恶轴心"。2002 年，小布什在国会发表国情咨文演讲时指出，伊拉克、伊朗、朝鲜是"邪恶轴心"国家，重点突出了伊拉克，并把伊拉克和大规模杀伤性武器、恐怖主义联系起来。他强调："邪恶轴心国们正在威胁世界的和平，它们在寻求发展大规模杀伤性武器，这些政权是一种严重的威胁而且在不断发展，对它们不理睬绝对是灾难性的。"同时，小布什不断建构消除恐怖主义以及美国应对威胁的紧迫性："但是时间在我们这边，当危险聚集时，我们不能等待，我们决不能让世界最危险的政权用世界最具杀伤力的武器来威胁我们。"

第二，美国提出了先发制人战略和预防性战略，为发动伊拉克战争提供了充分的理由。小布什强调，针对"无赖国家"，必须在它们能够发动进攻之前就将其摧毁。2002年6月1日，他在西点军校的演讲中指出："依靠防御是不能赢得反恐战争的胜利的，我们必须对敌人发动战役，扰乱敌人的计划，在威胁出现之前就要和这些最危险的威胁斗争……我们的安全要求我们做最坏的打算，要意志坚决，必要时为了保护我们的自由和生命先发制人。"这种应对威胁的话语成为小布什话语中出现频率非常高的语言。

第三，宣扬关于民主和自由的话语。推广自由和民主在2002年的国情咨文演讲中被正式提出。小布什指出，"9·11"事件后美国应该改变那些发动袭击的人和国家的意识形态。民主、自由与恐怖主义的意识形态相对立，民主和自由的传播能够使美国更安全。

2002年下半年，美国政府把重点放在了建构萨达姆这个特殊敌人对美国的威胁上，萨达姆代替了本·拉登成为小布什政府话语的中心。从2002年9月开始，小布什几乎每次演讲都会提到伊拉克及其大规模杀伤性武器甚至是核武器对美国和世界的威胁，表示如果美国不及时采取行动，就会再次遭到类似"9·11"甚至更严重的袭击。例如，2002年6月，小布什在西点军校发表演讲时强调："当独裁者拥有大规模杀伤性武器，并且可以运送、发射这些武器，或是把它们秘密地转给恐怖分子，遏制是行不通的。"2002年9月，美国情报部门向国会提交了国家情报评估报告，详细介绍了伊拉克大规模杀伤性武器的发展情况。该报告语气确定，尤其是关于核武器的部分。实际上，它并不是准确地表达了情报部门的观点，而只是把观点说成了"事实"。当年10月，国会通过授权决议：如果需要，可以对伊拉克动用武力。为获得联合国的支持，9月12日小布什在联合国大会发表演讲时，详细描述了伊拉克政权的特点及其对美国和世界的威胁。11月8日，联合国安理会通过了第1441号决议，认为伊拉克一直而且仍然在严重违反安理会有关决议，决定加强对伊拉克武器核查机制，要求伊拉克立即、无条件接受核查。2003年2月5日，时任美国国务卿鲍威尔（Colin Luther Powell）在联合国安理会就伊拉克问题发言时全面阐述了伊拉克的威胁："事实和伊拉克的行径表明，萨达姆·侯赛因及其政权在隐藏其生产更多的大规模杀伤性武器的行为……目前局势的严重性与伊拉克大规模毁灭性武器对世界构成的严重威胁密切相关。"

就是通过上述话语构建过程，小布什政府把伊拉克建构为美国面临的一个主要安全威胁，其主要推理是如果不消除这个危机，美国将面临"9·11"

式的袭击，但是这次袭击者不会像"9·11"袭击者那样使用飞机，而是使用大规模杀伤性武器，甚至是核武器。美国通过以上话语和逻辑，为发动伊拉克战争提供了紧迫性和合法性，从而发动了伊拉克战争。

资料2　"石油危机"话语建构

第三节　话语危机对中国对外宣传的启示

话语可以塑造危机，直接影响国家的内外政策、国家间关系，甚至影响整个国际关系的进程与结果。中国作为崛起中的世界大国，也经常面临话语压力，甚至有时也会陷入话语危机，它们不仅在国际层面为中国带来负面影响，也影响了中国的国际形象构建，很多时候中国不得不花费大量的时间和精力进行回应、解释。对于话语危机可能产生的后果以及对相关政策的影响，中国需要在对外宣传中采取有效措施，化解自己面临的软压力，为提升国家形象奠定基础。

一、中国面临的话语压力

中国这些年面临的第一个也是最多的话语压力是"中国威胁论"。在不同阶段，"中国威胁论"被赋予了不同的内容和侧重点。冷战后，随着中国经济实力和综合国力的增强，"中国威胁论"开始在美国、日本、菲律宾等国不断泛滥。西方从意识形态、社会制度乃至文明角度阐述"中国威胁论"。进入21世纪后，"中国威胁论"的内容日益扩大，涉及更多方面，如中国计算机黑客威胁论、食品安全威胁论、环境威胁论、价值观威胁论、地缘政治威胁论等。近年来，澳大利亚、印度等国连同美国在国际上开始进行新一轮"中国威胁论"的炒作，歪曲中国的发展道路和发展成绩，认为中国的崛起会挑战现有国际秩序和价值观，是对整个国际体系的威胁。

中国面临的第二个话语压力是"中国强硬论"。随着中国的崛起，尤其是中国成功举办2008年奥运会和2010年上海世博会后，西方国家在世界炒作"中国强硬论"，认为中国越来越强硬，给人的感觉是中国真的变为一个强硬国家。美国经济学家弗雷德·伯格斯滕（Fred Bergsten）提出"中美共治"（G2）概念以及美国经济史学教授尼尔·弗格森（Niall Ferguson）等人提出的"中美共同体"或"中美国"（Chinmerica）概念更是给人们以中国要与美国平起平坐的感觉。但是，事实并非如此。中国无论是政府层面还是学者层面都没有接受这些概念。美国哈佛大学教授江忆恩（Alastair Iain Johnston）通过对比中国在南海问题、美对台军售问题、气候变化问题等方面在 2009 年前后的表态之后发现，实际上西方国家所强调的"中国强硬论"并不成立。但是，这种强硬论对中国形象造成了不良影响，加深了世界对中国的误读。

中国面临的第三个话语压力是围绕南海问题美国提出的中国威胁南海航行自由的话语。2015 年开始，美国加大了在南海的军事存在，选边态度明显。中美关系围绕南海问题不断紧张。美国在菲律宾就南海问题仲裁前后，不断批评中国威胁南海航行自由，并借助 CNN 等媒体优势在全世界范围内传播这种声音，给中国造成了巨大的话语压力，一些国家认为中国在南海问题上强势压人，欺负周边小国，威胁航海自由乃至亚太地区的安全与稳定。中国被贴上了威胁地区稳定、破坏航海自由的标签，而实际情况是如外交部发言人陆康所言：美国拉森号军舰未经中国政府允许，非法进入中国南沙群岛有关岛礁邻近海域。美方军舰有关行为威胁中国主权和安全利益，危及岛礁人员及设施安全，损害地区和平稳定。①

中国面临的第四个话语压力乃至话语危机是针对中美关系的"修昔底德陷阱"。随着中美实力差距的缩小，学界针对中美关系进行了大量讨论。近年来讨论比较多的是哈佛大学教授格雷厄姆·艾利森（Graham Allison）提出的"修昔底德陷阱"，他借用古希腊历史学家修昔底德的观点来预测中美关系，认为随着中国实力的增强，中国和美国将无法避免陷入"修昔底德陷阱"。此论断一出，在学界和政界被广泛引用，这与之前约翰·米尔斯海默（John Mearsheimer）等美国学者提出的美国与中国之间的结构性冲突会导致中美之战的观点如出一辙。尽管中国反复强调中国要与美国发展新型大国关系，要不冲突，不对抗，相互尊重，互利共赢，习近平主席明确提出"我们都应该努力避免陷入'修昔底德陷阱'"②，但是"修昔底德陷阱"一度成为定义中美关系的代名词，为中国推进中美新型大国关系进程增加了话语障碍。

二、中国如何有效化解话语危机

针对以上话语压力、话语障碍或是话语危机，中国需要采取针对性措施，有效化解话语危机，为国家形象提升和国家的对外发展塑造良好的话语环境和软环境。

资料3　美国"南海危机"话语建构

---

① 资料来源：http://www.xinhuanet.com/mil/2015-10/27/c_128363288.htm，2019 年 5 月 15 日访问。
② 转引自申孟哲：《大国如何避免"修昔底德陷阱"？》，载《人民日报（海外版）》2015 年 11 月 27 日第 16 版。

第一，中国要努力提高话语存在，有效发出中国声音。中国受语言、文化背景等限制，在话语方面一直处于相对弱势，无论是在媒体方面还是学术方面。而话语存在是提升国际话语权的基础，它主要体现在各领域有来自中国的声音，不仅包括政界，也包括学界和媒体。就媒体而言，在国外媒体中，很多关于中国的"故事"都不是由中国人所讲述的；关于中国的学理争辩也是在国外学者之间展开的，中国人时常处于一种失语境地。而从学者层面看，中国学者在社会科学引文索引（SSCI）中的发文量要比在科学引文索引（SCI）、艺术与人文科学引文索引（A&HCI）中的发文量低得多。[①] 中国学者在这方面还有很大的提升空间。以国际关系与外交学为例，尽管中国高校中从事国际关系与外交学教学与研究的学者与日俱增，但是中国学者在国际学术界是否能有效地传递出自己的观点，从当前的情况看不容乐观，国际影响有限。因此，中国在国际媒体、学术期刊发出自己的声音，扩大话语存在的任务艰巨而紧迫。党的十八大以来，中国外交着眼于新形势新任务，积极推动外交理论与实践创新，涌现了很多新理念、新布局和新实践，取得了很多理论和实践创新成果。这些体现中国特色和中国风格的创新也需要国际社会的理解和支持，这也是目前中国需要加强话语主动性和自觉性的一个重要方面。党的十八大以来，国家领导人利用到国外进行访问的机会有意识地在当地主流媒体发声，提高中国的话语存在。由于出访前后是当地民众比较关注中国的一个时间节点，在这样的时间段发声，关注度相对更高，话语影响更大。例如，在习近平主席和李克强总理每次到国外进行国事访问时，都会在当地主流媒体发表署名文章，文章除了介绍中国的国情和具体发展之外，也会专门涉及当地的具体国情以及与中国的特殊关系和历史，拉近与国外受众的距离。在面临一些具体问题和挑战时，尤其是中国面临话语压力，甚至可能陷入话语危机时，有意识地组织发声，阐明中国立场和观点，避免中国处于失语状态就更加重要。例如，2016年围绕南海争端，在南海仲裁结果公布前后，中国外交部部长、副部长及多位驻外大使在国内外积极发表文章或接受当地媒体采访，从不同的角度系统阐述中国观点和中国立场。另外，在一些重要节点，他们还主动到国外参加一些重要智库的研讨或是高端论坛，讲述中国故事和中国观点，取得了良好效果。今后，这种努力还需要继续。

第二，加大对中国文化的宣传，增强中国话语的影响力和感召力。话语

[①] 参见孙吉胜：《话语、国家形象与对外宣传：以"中国崛起"话语为例》，载《国际论坛》2016年第1期，第1—7页。

影响力和感召力的一个重要体现就是国际社会对自己提出的理念和主张的认可、接受，甚至欢迎和效仿。中国提出的很多理念和主张都是基于中国的传统和文化，如中国在对外交往过程中所持的秩序观、天下观、交往观、义利观等，外国受众在文化背景、认知基础和社会语境方面都与中国人不同，因此，对中国话语与中国理念很容易产生误解和误读。例如，中国提出"一带一路"倡议后，西方学者就将其类比为"马歇尔计划"；中国提出中国和美国应该建立不冲突、不对抗、相互尊重、互利共赢的新型大国关系，而美国学者则多次强调结构性冲突和"修昔底德陷阱"。此外，中国的安全观和安全话语与西方传统的安全观和安全话语也完全不同。一般而言，按照西方的传统安全理论，提到安全人们首先会想到安全困境、囚徒困境、零和博弈、国强必霸、大国必战，或是权力政治、丛林法则、力量均衡等，体现的是典型的二元对立思维，是一种竞争、冲突的游戏。中国的可持续安全观则强调共同、综合、合作、可持续，体现了"共商、共建、共享"的治理理念。理解这些话语的真正内涵需要理解其背后的中国文化、中国的思维方式和行为方式。因此，加大对中国传统文化、中国思维和中国行事逻辑的宣传是化解话语危机和避免话语误解需要做的工作。此外，加大人文交流也是促进中外相互理解和民心相通的基础，这一点对中国而言更加重要。2017年7月，中央全面深化改革领导小组审议通过了《关于加强和改进中外人文交流工作的若干意见》，要求将人文交流贯彻到中国对外交往的各个领域。通过以上努力，可以把西方理解中国话语与行为的社会语境最大限度地重塑，使国外受众对中国话语与中国行为尽可能产生与中国相近的理解和认同。

第三，提升国际话语权，努力把中国话语转变为世界话语。提升自己的话语权可以很好地在话语方面占据主动，避免被动陷入话语危机。首先，充分利用主场外交发出中国声音，把中国话语转为世界话语。例如，中国在人权领域经常受到西方国家的质疑和攻击，中国不时陷入人权话语危机。这些年，中国在提升人权领域的国际话语权方面取得了不少成效。例如，2017年12月7日，中国召开首届"南南人权论坛"，使发展中国家找到人权领域的共同语言，强调生存权和发展权是首要的基本人权。会议最后通过了《北京宣言》，强调国际社会对人权事项的关切，应始终遵循国际法和国际公认的国际关系准则，其中最为关键的就是尊重国家主权、领土完整和不干涉内政。同时，宣言也强调发展中国家应该坚持人权的普遍性和特殊性相结合的原则，不断提高人权保障水平。这些理念改变了西方国家在人权领域的霸权话语和影响，有效体现了中国的话语权。其次，主动提出中国倡议和中国理念，努力掌控议程设置权和规则制定权。党的十八大以来，中国在这些方面的努力明显增多。最典型的就是"一带一路"倡议。"一带一路"倡议自2013年提出以来，逐渐成为中国外交最重要的抓手，也成为中国在新时期扩大对外开放和深化同参与各国进行国际合作的新平台。同时，"一带一路"倡议为应对国际经济社会发展不均衡提供了中国思路，也成为塑造新型全球化的有效平台。"一带一路"已经成为典型的中国话语。中国除了积极提出倡议之外，也不断提出中国的外交理念。最有代表性的理念是构建人类命运共同体和新型国际关系。构建人类命运共同体理念提出后，逐渐被越来越多的国家理解和接受，上升为一种中国的世界话语。从2017年起，构建人类命运共同体理念多次被写入联合国文件，转变为联合国语言。例如，2017年2月，联合国社会发展委员会第五十五届会议协商一致通过"非洲发展新伙伴关系的社会层面"决议，呼吁国际社会本着合作共赢和构建人类命运共同体的精神，加强对非洲经济社会发展的支持。在2017年11月召开的第七十二届联大负责裁军和国际安全事务第一委员会会议上，构建人类命运共同体理念被写入"防止外空军备竞赛进一步切实措施"和"不首先在外空放置武器"两份安全决议，这些都体现出中国安全话语的影响力。

第四，要避免话语和行为盲目自大，引来外部不必要的话语攻击和误解。由于近年来中国的快速发展，中国与世界发达国家的差距不断缩小，西方国家警惕中国挑战现有国际秩序，挑战西方价值理念等声音不绝于耳。西方国家认为中国将填补国际体系的权力真空，经常存有焦虑和恐慌心理，从传统的"中国威胁论"到"中国强硬论"，再到新一轮"中国威胁论"，都不同程度体现出这种心理，这些话语也经常给中国在国际舞台上带来软性压力。因此，中国尤其需要注意自己的言行，避免给西方国家用"放大镜"或是"哈哈镜"来放大中国缺点或是扭曲中国形象提供理由，避免给自己带来不必要的话语误解和麻烦。虽然这些误解不会影响中国发展和对外交往的主旋律，但是会影响整个过程的顺畅度，同时也会牵扯中国不必要的精力来解释和消除误解。近年来，有些中国学者和媒体宣称中国在某些方面已进入全面赶超、主体超越美国时期。此类话语一方面欠准确，另一方面也容易引起西方国家对中国心态的误读。中国虽然已经成为世界第二大经济体，但是人均GDP仅略高于中等偏上收入地区的平均GDP水平，中国国内还面临着方方面面的问题,盲目自大的心态和话语都不可取。

第五,重点做好中国在美国的话语改善工作。美国的话语权在国际上处于极强势地位,不仅仅体现在信息源方面,也体现在其发达的传播渠道和传播手段方面。美国无论在传统媒体还是网络等新媒体方面都具有绝对优势,在一定程度上控制着世界的新闻议程与新闻流向。美国的中国话语不仅仅影响中美关系,影响美国公众对中国的认知,在某种程度上也影响整个国际社会的中国话语导向。有很多国家和地区的媒体经常引用美国媒体的报道和观点。美国学界在国际上的学术影响力更是有目共睹。而就外交本身而言,中美关系无论对中国、美国,还是对整个世界可能都是最重要的双边关系,各国也对中美关系极为关注。因此,中国首先需要有针对性地改善在美国的"中国话语",要对美国媒体、学界等主动做好针对性工作。

综上,话语可以建构话语危机,这种危机不仅可以把某个本不属于安全范围的问题安全化,与国家安全联系起来,而且有时也会把话语对立双方带到战争边缘,甚至直接引发战争。对于中国而言,为自己营造良好的话语软环境,尽可能在各方面减少自己的话语障碍和话语压力,避免陷入话语危机是中国进一步发展,在国际上更好地发挥作用的基础。中国在对外宣传中需要树立话语意识,从不同方面采取针对性措施来营造对己有利的话语环境,避免陷入话语危机。

> **思考题**
> 1. 为何话语可以塑造和产生危机?
> 2. 话语危机可以从哪些方面理解?
> 3. 中国如何有效化解话语危机?

> **讨论题**
> 1. 在对外交往中应注意话语的哪些特点?
> 2. 如何从话语危机角度更好地认识和理解安全问题?

> **推荐阅读材料**

1. 孙吉胜:《语言、意义与国际政治——伊拉克战争解析》,上海人民出版社2009年版。
2. 孙吉胜主编:《国际政治语言学:理论与实践》,世界知识出版社2017年版。
3. Lene Hansen, *Security as Practice: Discourse Analysis and Bosnian War*, Abingdon, OX: Routledge, 2006.
4. K. M. Fierke, *Changing Games, Changing Strategies: Critical Investigations in Security*, Manchester: Manchester University Press, 1998.

后　　记

编写教材是一件累人的事，著述"学术性教材"则是一件累上加累的事。在《非传统安全概论（第三版）》上、下卷（上卷为"理论卷"，下卷为"案例卷"并各取名为《世界为什么不安全》《人类的下一个危机是什么》）付梓之际，我们又一次感受到了那种如释重负的欣慰与鉴赏成果的喜悦。捧着这部由34位作者共同参与撰写的"厚重"作品，我们的非传统安全理论研究与教学的终生使命感与责任感油然而生。

《非传统安全概论（第三版）》的作者队伍由来自北京大学、清华大学、浙江大学、南京大学、中山大学、四川大学、复旦大学、吉林大学、重庆大学、外交学院、北京外国语大学、中国人民公安大学、国际关系学院、厦门大学、云南大学、浙江财经大学、长沙理工大学、中国石油大学、西北大学、中国社会科学院、上海社会科学院、社会科学文献出版社等25所不同高校或单位的学者组成，其中大多数学者均是国际关系理论和非传统安全研究领域的知名专家，对非传统安全的研究、教学与政策咨询有着多年的实践与探索。同时，让我们倍受鼓舞的是其中不少年轻研究者的热情与潜力。

为了保证质量，2016年10月，本书的大多数作者聚集于浙江大学紫金港校区，在"浙江大学非传统安全与和平发展研究中心"会议室举行了集体统稿会议，在随后的几年中上下卷主编余潇枫和副主编魏志江、上卷副主编廖丹子、下卷副主编王卓又多次分头会面研究，并经与作者们反复沟通与修改，在第二版出版后的第5个年头，终于交出了这份新的答卷。

《非传统安全概论（第三版）》（上卷）的写作分工是：序，王逸舟；前言、第一章、第二章、第五章，余潇枫；第三章、第七章，余潇枫、廖丹子；第四章，周冉；第六章，李开盛；第八章，魏志江；第九章，张贵洪；第十章，卢静；第十一章，郑先武；第十二章，刘跃进；第十三章，李佳、蒋杰；第十四章，谢贵平。上卷由余潇枫、廖丹子统稿。

《非传统安全概论（第三版）》（下卷）的写作分工是：序，王逸舟；前言，余潇枫；第一章，余乃忠；第二章，魏志江、陈佳；第三章，李志斐；第四章，王卓；第五章，王晓丽；第六章，寿慧生；第七章，肖晞、郎帅；第八章，樊守政；第九章，陈锴；第十章，米红、马齐旖旎；第十一章，吴磊、曹峰毓；第十二章，李英桃；第十三章，孙吉胜、郑世高。下卷由余潇枫统稿。

在此要特别感谢担任"浙江大学非传统安全与和平发展研究中心"名誉主任的王逸舟教授的长期关心与支持，连续八年为非传统安全蓝皮书并特别为《非传统安全概论（第三版）》写序。感谢北京大学出版社对本书的大力支持，特别是编辑们为本书出版所付出的辛劳！要感谢本书作者们的一次次认真修改，还要感谢余潇枫教授的博士生王梦婷、潘临灵、章雅荻对书稿初稿的审读及提出的宝贵意见，感谢潘临灵对第三版的脚注校对工作，感谢廖丹子从第一版、第二版到第三版一以贯之的关心与投入。

余潇枫　魏志江　廖丹子　王　卓

2019 年 7 月 30 日